U0917647

宏观经济分析中的财政政策

高培勇◎著

中国社会科学出版社

图书在版编目（CIP）数据

宏观经济分析中的财政政策／高培勇著. —北京：中国社会科学出版社，2013.10

ISBN 978-7-5161-3292-0

Ⅰ.①宏… Ⅱ.①高… Ⅲ.①财政政策—研究—中国 Ⅳ.①F812.0

中国版本图书馆 CIP 数据核字（2013）第224092号

出 版 人 赵剑英
责任编辑 王 曦
责任校对 孙洪波
责任印制 戴 宽

出 版 中国社会科学出版社
社 址 北京鼓楼西大街甲 158 号（邮编 100720）
网 址 http://www.csspw.cn
中文域名：中国社科网 010 - 64070619
发 行 部 010—84083685
门 市 部 010—84029450
经 销 新华书店及其他书店

印刷装订 环球印刷（北京）有限公司
版 次 2013 年 10 月第 1 版
印 次 2013 年 10 月第 1 次印刷

开 本 710×1000 1/16
印 张 20.25
插 页 2
字 数 322 千字
定 价 58.00 元

序　言

中国社会科学院学部主席团组织出版《中国社会科学院学部委员专题文集》，旨在集中反映学部委员在相关学科、专业方向中的专题性研究成果，历时动态地展现学部委员围绕长期关注的某一专业方向或研究主题不断深化的研究路径和学术心得。我体会，这不仅是一项与中国社会科学院学部委员有关的出版计划，更是一个审视自己在治学路途上的足迹，借以整理自己的学术思想并提升学术研究水平和质量的过程。

利用这一契机，我将近些年发表的代表性论著整理、编辑，锁定其中的两个线索，分别形成了两个集子—《1994年后的财税改革》和《宏观经济分析中的财政政策》。

读者面前的这本《宏观经济分析中的财政政策》，以宏观经济决策中的财政政策分析为主要线索，将我自上个世纪90年代以来围绕宏观经济与财政政策相关问题所发表的代表性论著集合而成。

做这样的选择，我是有些考虑的。

从大学本科到硕士研究生、博士研究生的学业，从天津财经大学、中国人民大学的执教生涯再到中国社会科学院的研究岗位，我始终没有离开过财政学专业领域，可算得上属于财政学科班出身、长期蹲守于财政学学科的财政学专业学者。从多年的财政学学术熏陶甚或洗礼中，我逐步获得了这样一些认知：

与其他方面的经济范畴有所不同，财政所具有的一个特殊品质，就是极具“综合性”。由于财政收支既是所有政府活动的基础，又是连接政府和企业、居民的最直接的纽带，故而，它的活动范围，能够覆盖所有政府职能、所有政府部门以及所有政府活动领域。它的活动触角，能够延伸至所有企业和居民、所有消费和投资环节以及所有经济社会活动领域。这意味着，在这个领域从事的研究，不能就财政论财政，必须有脱出专业局限的综合视野。

与其他方面的经济学科有所不同，财政学不仅是一门致用之学，而且是一门实践性颇强的致用之学。有关财政收支的所有安排，从来就是“硬碰硬”的——直接触动利益格局，直接牵涉百姓福祉，直接影响经济社会发展，直接关乎国家长治久安。故而，它的发展轨迹，从来就不是“隔岸观火”式的，而是同火热的现实生活密切联系在一起的。它的建设方向，从来就不是满足于“坐而论道”的，而是同实践层面所关注的实际问题相合拍的。这意味着，在这个领域从事的研究，不能就学术论学术，必须有脱出理论局限的实践感知。

对于财政收支活动，即便在计划经济年代，其实也是被当做总量问题而放在综合平衡要素序列的。进入市场经济体制之后，随着总供求均衡这个具有普遍真理性的命题越来越多地提至人们面前，不仅财政收支越来越多地被当做宏观经济平衡中的一个重要砝码，而且宏观经济分析入主财政学学科的势头亦十分显著。立足于宏观，从宏观角度探索财政问题。并且，运用宏观经济分析方法研究财政资源的配置，实现国民经济的持续健康发展，越来越成为财政学学科建设与发展的主流取向。这也意味着，在这个领域从事的研究，不能不具有宏观意识，不能不操用宏观思维，不能不脱出一般财政问题研究的局限而进入宏观经济分析的新天地。

作为掌握在政府手中的一个重要的宏观经济变量，财政收支可以改变原有的GDP分配格局，深刻影响企业与居民的消费、投资和社会总供求，进而牵动整个经济社会活动的运行。故而，在宏观经济分析框架中，财政政策从来都是宏观经济调控的一个主要手段。有关它的抉择和布局，少有缓冲地带，事关宏观经济决策成败。从某种意义上讲，宏观经济决策中的财政政策分析，当属财政学专业领域覆盖内容的重中之重。这也意味着，在这个领域从事的研究，不能不以真正学有所长为准入门槛，不能不以真正能解决问题为追求目标，不能不脱出一般学术研究的思维局限而进入经济学者的专业化和职业化境界。

有鉴于上述种种，这些年来，我一直关注并致力于宏观经济与财政政策的相关问题研究。将财政政策引入宏观经济分析框架，以此为基础，即时跟踪宏观经济运行的起伏变化，系统透视宏观经济政策的实施效果，勾画设计财政政策的操作路线，相机提出财政政策的布局方案，构成了我所从事的学术研究的一条主要线索。

在这本集子中所收录的论文，是按照发表时间顺序编列的。其内容，大致覆盖了上个世纪90年代以来中国宏观经济运行层面所经历的主要变化以及作为宏观经济调控主要手段的财政政策抉择的演进轨迹，基本反映了我对于宏观经济决策中的财政政策的主要思想。

感谢中国社会科学出版社的领导和编辑为这本文集的出版所提供的支持和帮助。

借此机会，就教于各位同行和广大的读者朋友。

高培勇

2013年7月10日

目　录

九十年代西方发达国家的税制改革与税收政策

80年代发生于西方发达国家的大规模的税制改革，在税收政策上有四个方面特别引人注目：一是减少税收对经济的干预，将这种干预控制在“适度”水平上；二是以减税为中心，将税收调节的重点从需求转向供给；三是更为注重中长期的政策目标，短期调节的成分趋于缩小；四是重视流转课税的作用，开始走降低所得税、加强和改进流转税的道路。

那么，进入90年代后，西方发达国家的税制改革与税收政策又将有怎样的走向呢？

一　税制改革的主旋律仍将是减税

90年代伊始，西方发达国家相继推出的税制改革方案，重心大都经历了一个由增税向减税倾斜的过程。

美国总统布什在1990年11月6日正式签署的《1990年综合预算协调法案》，决定从1991年起提高个人所得税税率，增加消费税和薪工税。1991年2月4日向国会提交的1992年度预算咨文中，提出了新的一揽子税制调整法案。按照这两项法案，可使联邦税收在1991年度增加202亿美元，1991—1995年度增加1646亿美元，同期联邦税收的减少额则分别为 26亿美元和274亿美元。增减相抵，结果是联邦税收1991年净增加176亿美元，1991—1995年度净增加1372亿美元。随着1992年的到来，情况却发生了微妙的变化。1992年1月28日布什在发表国情咨文讲话时，抛出了一个以减税为核心内容的所谓“反危机计划”。在这个计划中，布什要求国会同意减少资本利得税，增加个人所得税的减免额，降低房产业与购房者的税负，对公司投资的某些部分作特定的减税处理，增加对纳税人“个人退休账户”的税收优惠等。1992年7月8日为确定总统候选人提名而分别召开的民主党和共和党代表大会，都将减税写入了竞选纲领。

英国财政大臣诺曼·拉蒙特1991年3月19日向议会提交了《1991年度税制修正案》，决定从1991年起增加增值税和其他消费税，减少公司所得税和人头税。同时调整个人所得税、资本利得税、继承税等税种的有关计税规定。按照这个修正案，1991年度英国税收净增加2.95亿英镑。但在1992年3月10日，拉蒙特公布新财政年度预算时，又转而加强了减税方面的措施，调低个人所得税的税率，放宽了适用较低税率的应税所得的级距，并对私人投资给予更多的税收优惠。

在法国，1990年12月29日通过的《1991年度预算案》，决定调高富裕税和与有价证券、资本利得有关的税种的税率，适当降低增值税和公司所得税的税率。同时根据物价上涨情况对个人所得税的应税所得级距作相应调整。其净影响也是税收收入的增加。进入1992年后，新任总理皮埃尔·贝雷格瓦4月8日向国民议会发表的施政报告中，强调要以减税促进经济发展，从当月便调低对汽车、电子产品征收的增值税税率。

德国的情况也是这样，1991年3月8日联邦政府向议会提交的《1991年度税制修正案》规定，在前东德地区停征财产税和营业资本税，对私人投资实行一系列的税收优惠政策，同时在全国范围内，提高石油税、烟税等消费税税率。增税和减税措施相抵后，1991—1992年度联邦税收净增加440亿马克。然而，1992年2月4日联邦议会通过的《税制修正案》中，在调高增值税的标准税率的同时，也加强了减税方面的措施：增加个人所得税的减免税额，提高折旧率，延长前东德地区贸易税的财产税的免税期限。并拟议年内进行第二次税制调整，进一步降低公司所得税和个人所得税的最高税率。

加拿大1991年实施销售税的改革，开征商品和劳务税，大幅度增加了联邦销售税收入。1992年2月25日新任财政部长马赞克斯基在向议会呈交的1992年度预算报告中，虽仍继续其前任的控制支出以削减财政赤字的努力，但在税收方面却将注意力集中于减税以刺激加拿大企业的竞争力上。提出了降低制造业利润税，提高机器设备的资本折耗等一系列措施。

其他如澳大利亚、比利时、日本、意大利、丹麦等国，也都有大致相似的动向。

各国的税制改革方案，重心由增税到减税，变化如此之大，是出于什么原因呢？大致有这样几个：

其一，近两年西方发达国家以增税为主的税制改革方案，是在严重赤字的困扰下被迫作出的，并不代表税制改革的动向。我们知道，80年代西方发达国家进行税制改革的初衷在于，通过大规模减税（主要是降低税率）以刺激经济增长，依靠经济增长保证税收收入不致减少，反而有所增加。然而，降低税率虽在一定程度上刺激了经济增长，但税收却未如所期望的那样相应增加。同时，财政支出在各种因素的作用下又呈现出明显的增长趋势。其结果是，各国的财政赤字越来越大。美国联邦财政赤字已连续几年越过2000亿美元（1991年度赤字近3000亿美元），达到不能再继续加码的严重程度。英国的财政赤字1990年度为83亿英镑，1991年度已达到105亿英镑，是1986年税制改革以来最大的一年。德国的财政赤字已连续两年超过1000亿马克。加拿大1989年的财政赤字是190亿加元，1990年为306亿加元，1991年又比1990年高出10亿加元。澳大利亚1991年度的财政赤字也突破了百亿澳元大关。面对着需要削减赤字的强大压力，各国政府不得不将税收政策的重心暂时放在“战胜赤字”上。而削减赤字，在财政支出难以压缩的条件下，显然又只有增税一种选择。正是在这种情况下，西方发达国家的税制改革才暂时偏离了其80年代以来所刻意追求的目标，将增税作为权宜之计，来应付其面临的财政难题。既然如此，一旦这种难题减缓或较赤字更为严重的经济问题出现，小问题就要服从于大问题，增税就要让位于减税，回到以轻税政策为中心的税制改革的轨道上去。

其二，西方发达国家的税制改革受制于资本主义经济周期的变化，伴随着经济形势的恶化，税制改革的重心必然要从增税转向减税。经过几十年的摸索，西方发达国家已形成一套能够对经济周期波动进行逆向调节的政策机制。表现在税收政策上，就是在经济衰退时期实行减税，以扩大总需求；在通货膨胀时期实行增税，以抑制总需求。这种逆向调节的政策机制，在80年代的税制改革中，虽曾遭到供给学派和货币主义的猛烈抨击，西方发达国家也一度倾向于放任市场机制自我调节，将政策重心放在刺激供给上的主张，但是，随着1990年后期以来西方发达国家的经济先后步入衰退的日益恶化，逆向调节的税收政策便又出现了“回潮”的势头。

以美国为例，自1990年10月步入经济衰退以后，在美国经济理论界一直存在着两种截然对立的主张。一种以供给学派为代表，认为经济周期波动作为一种有规律的现象只能依靠其内在机制自动调节。通过80年代以来税制改革和其他经济政策再造的微观经济机制能够较快地摆脱危机，无须政策的干预，更无须运用凯恩斯主义的以减税刺激消费的传统方式，仍应将税收政策的重心放在刺激供给上。这种主张对布什政府的影响是很大的，从1990年至1991年布什政府推行以增税为主的税制改革方案，将“战胜赤字”作为主要政策目标的理论背景就在于此。在此期间，美国经济也曾一度有过复苏的迹象，但从1991年第4季度起再次下滑，似又陷入了复苏无望的局面。在这种条件下，以凯恩斯主义经济学派为代表的另一种主张开始抬头。他们反对供给学派让市场机制自发调节经济和只求减税刺激供给的主张，认为经济衰退只有通过国家干预才能摆脱，强调在总需求不足的衰退条件下，减税的重点应从刺激供给转向刺激消费。这给正处于大选之年，急欲使经济从衰退中摆脱出来，以求竞选连任的布什政府带来了很大的压力。也正是在这种背景下，布什暂时将“战胜赤字”目标放在一边，而把经济不景气视为主要敌人，开始推行以减税为主要内容的，且对需求和供给两个方面同时实施刺激的税收政策和税制改革方案。

其三，进一步来看，当今世界军事冷战已为经济热战所取代，国际形势的这一巨大变化，给西方国家的税收政策带来了两方面的影响。一方面国家间在经济上的竞争越来越激烈，必然要求税制向有利于增强国际竞争力、吸引外来投资的方向转化。为了达到这一目的，税收政策的走向只能是轻税。80年代以来，在美国以大幅度减税为中心的税制改革的冲击下，西方主要发达国家普遍出现了减税的浪潮，很难说同国家间的经济竞争没有关系。另一方面，以军事冷战的结束为契机，各国多倾向于削减占其财政支出较大的国防费用开支。据报道，美国国防部正在规划削减国防经费，至1996年将把国防经费削减至占国民生产总值的4%。这也为减税政策的实施提供了可能。

再深一步，以资本主义经济发展的一般规律而论，经历了持续几年的衰退之后的西方发达国家的经济，估计有可能在1992年底或1993年初走出低谷，出现全面回升的势头。随着经济形势的好转，就业增加，生产交易规模扩大，税收可望随之自动增加。同时，支出方面的压力也会有所减弱，不仅国防费用要下降，与经济衰退密切相关的各种社会福利支出也会趋于减少。两者双管齐下，财政赤字的压力可望减轻，各国经济和税收政策的目标将更多地集中在刺激经济增长上。其结论为，80年代以来西方发达国家以减税为主旋律的税制改革，仍将贯穿于整个90年代。

二　减税的幅度和重点将不同于80年代

就减税的幅度而言，应当看到，在经历了80年代大规模的减税之后，西方发达国家的税负水平已经大大降低了。在这样的背景之下搞减税，相对于80年代来说，余地已经不大。所以，90年代的减税只能针对某些具体情况、具体问题作些小范围、小幅度的结构性“微调”。

就减税的对象而言，与80年代以个人所得税为减税重点的情况有所不同，90年代西方发达国家减税的重点将是公司所得税和资本利得税。这是因为，减税总是有一定限度的，原有税负水平越高，减税带来的刺激效应越大。在80年代对个人所得税已经作了较大幅度削减的情况下，个人所得税实施减税政策的空间已经很小。即使小幅度削减，其所能达到的政策效应同预定的目标也是有距离的。况且，既然今后西方发达国家的经济政策走向将更多地以刺激经济增长为中心，而当前阻碍西方经济增长的关键在于私人投资不振，减税的重点放在对私人投资影响较大的公司所得税和资本利得税上，也是不言而喻的。

进入90年代以来，西方发达国家围绕减税而采取的税制改革措施，已经初步呈现了以下趋向：

美国有关减税的方案，主要涉及四个方面：一是减轻资本利得的课税。先是规定对资本利得一律固定按25%的税率课税，并按资本持有期限的长短分别给予相应的扣除优惠。后又通过“反危机计划”进一步削减了资本利得税税率，3年期的资本利得税率减为15.4%，2年期的资本利得税率减为19.6%，1年期的资本利得税率则为23.6%。二是家庭储蓄优惠。从1991年起每个纳税人每年可从其应税所得中扣除2500美元，作为非课税储蓄存入银行，不计征个人所得税。但同时附有严格的限制，凡作为非课税储蓄存入银行的存款，为期7年不支用，可完全免税。在3—7年间支用，须按支用数课征10%的税款。不足3年支用，则须全部补征原应课征之税款。三是对企业投资给予减税优惠。如对新设备的投资给予加速折旧，简化折旧的计算程序，对研究和发展费用继续给予20%的税收抵免等。四是降低房产业者和购房者的税负。规定房产业主可以其房产投资损失冲抵其他项目的利得，允许首次购房者享受5000美元的税收抵免，并可免税动用“个人退休账户”上的款项。

英国的减税方案，除了人头税是在国民的强烈反对下被迫削减，并最终到1993年完全废止，以及个人所得税税率作了小幅度下调之外，实际上只涉及公司所得税和资本利得税两个税种。在公司所得税方面：（1）最高税率由1990年的34%降至33%。（2）适用25%一级税率的小型企业和利润额，由原来的20万英镑以下改为25万英镑以下。相应的，原来的20万—100万英镑，适用税率不变。（3）因发生亏损而滞纳税款的允许期限，由原来的1年延长为3年。在资本利得税方面，对通过不动产、股票等的转让而实现的资本利得，在计征所得税时，扣除额由原来的5000英镑上调至5500英镑。

法国的情况有特殊之处。由于历史的原因，增值税自50年代以来一直是法国的第一大税种，所得税反处在第三位。很自然，法国1990年以来的减税方案，除了涉及公司所得税之外，增值税也在其中。公司所得税方面的减税方案是：最高税率由1990年已降至37%的基础上，再降至34%（原拟降至35%，鉴于因海湾战争引起的石油价格上涨的局面，为避免经济因此下滑，故多降了一个百分点）。增值税方面的减税方案是：重税率由原来的25%降至22%，标准税率18.6%和轻税率5.5%维持不变。同时，汽车、电子产品等奢侈品适用的增值税税率，从22%下降至18%。

德国的减税方案也具有不同于其他国家的特点，基本上是围绕促进前东德地区的经济重建而制定的。其中较为重要的有这样几条：（1）为加速前东德地区资金市场的发展，在前东德地区免征有价证券转让交易税；（2）在前东德地区投资所获收益，可作为非课税准备金而不予征税；（3）在前东德地区免征财产税和营业资本税；（4）对居住在前东德地区且有职业的纳税人，实行特殊的个人所得税制，即固定税额。独身者每年纳税600马克，夫妇共同申报每年纳税1200马克。除此之外，还拟议在全国范围内降低公司所得税和个人所得税。其中公司所得税最高税率从50%降至46%，个人所得税最高税率从53%降至46%。同时也采取了提高折旧率，增加对私人建房者的税收优惠等措施。

加拿大近两年来的减税重点是制造业的利润税，也就是公司所得税。从1993年1月1日起，税率从24%降至22%，至1994年1月1日将进一步降至21%。此外提高直接用于制造业的机器设备的资本成本折耗率和折旧率，也在减税方案之列。

三 流转课税的地位将趋于提高，但不会回到以流转课税为主的老路上去

众所周知，西方发达国家的税制结构大都经历了一个由简单、原始的直接税制演变为间接税制，再由间接税制发展为发达的直接税制的历史过程。也就是说，流转课税曾经占西方发达国家税收收入的绝大比重，目前这种以所得课税为主的税制结构是在第二次世界大战以后逐步发展起来的。在西方发达国家的税收实践中，所得课税曾一度被视为良税，而将流转课税作为落后税种，结果流转税收入占各国税收收入的比重出现了日益下降的倾向。

80年代的税制改革使这种状况得到了初步的扭转。在认识到高额的累进所得税对人们的劳动积极性和储蓄、投资热情都有阻碍作用，从而不利于生产和经济发展的情况下，各国开始探索走降低所得税、加强和改进流转税的道路。进入90年代以来的税制改革方案，实际上也是循着这种思路设计的。各国有关增税的措施，涉及的税种范围虽有宽有窄，但重点大都是放在流转课税上的。

例如，美国的增税方案，主要涉及消费税、个人所得税和薪工税，但大头是消费税。在消费税方面：（1）汽油税税率由原来的每升汽油纳税9.1%上

调至14.1%。预计一年可增税50亿美元。（2）提高烟税税率，预计一年可增税11.8亿美元。（3）提高酒税税率，预计一年可增税17.6亿美元。（4）客运机票税税率由原每张机票纳税3美元上调至6美元，预计一年可增税23.8亿美元。（5）开征电话使用税，按电话收费的3%课征，预计一年可增税26.2亿美元。（6）提高对化工产品课征的污染税税率，按每磅计算，1991—1992年纳税1.37美元，1993年纳税2.65美元，1994年以后每年递增45美分。同时对一部分奢侈品开征特别消费税，如汽车、游艇、皮毛制品、珠宝等，预计一年可增税47.2亿美元。上述各项合计，消费税的年增加额是176.6亿美元。在个人所得税方面：（1）最高税率由原来的28%提高至31%，预计一年可增税22.4亿美元；（2）限制免税额，预计一年可增税35.8亿美元；（3）限制扣除额，预计一年可增税21.6亿美元。上述三项合计，个人所得税的年增加额为79.8亿美元 。在薪工税方面：（1）提高最高计税额，预计一年可增税53.8亿美元；（2）扩大州和地方政府实施社会保障（即开征薪工税）的范围，预计一年可增税18.4亿美元。两项合计，薪工税的年增加额为66.2亿美元。在以上三个税种中，消费税的增加幅度最大（年增税额176.6亿美元），远远高于个人所得税（年增税额79.8亿美元）和薪工税（年增税额66.2亿美元）的增加幅度。消费税的年增税额甚至比其余两税年增税额的合计数还多。增税的重心何在，是很清楚的。

英国的情况更为明显，1990年以来有关增税涉及增值税和消费税。增税的注意力完全放在流转课税的范围内。消费税方面的增税方案是：（1）提高石化产品税率，其中含铅汽油每公升税额增加3.9便士，不含铅汽油每公升税额增加3.4便士；（2）提高酒税的税率，其中啤酒每568cc税额增加两个便士，粮食酒每750cc税额增加56个便士，葡萄酒每750cc税额增加9个便士；（3）提高烟税税率，纸烟每箱（20条）税额增加16个便士，烟叶每箱（5条）税额增加8个便士。增值税方面的减税方案主要是提高税率。从1991年4月1日起，增值税税率由原来的15%上调至17.5%。

德国也是这样，有关增值税的方案虽涉及个人所得税、公司所得税和消费税三个税种，实际上也是以消费税为主的。个人和公司所得税方面的增税方案是：开征个人所得税和公司所得税的附加税。课税幅度为纳税人应缴个人所得税和公司所得税税额的7.5%。消费税方面的增税方案是：（1）提高石油税税率，其中含铅汽油每公升税额由53芬尼增加到92芬尼，不含铅汽油每公升税额由48芬尼增加到82芬尼，航空用轻油每公升税额由44.15芬尼增加到54.15芬尼，轻质重油每公升税额由5.66芬尼增加到8芬尼，天然气每公升税额由2.6芬尼增加到3.6芬尼；（2）提高保险税税率，由原来的7%上调至10%；（3）提高烟税税率，每条烟税额增加1个芬尼。

加拿大的增税是围绕销售税的改革和商品与劳务税的开征而进行的。60多年来加拿大一直实行的是制造商销售税。这次之所以进行改革，一方面是为了填补因80年代后半期以来大幅度减少个人所得税和公司所得税出现的财政亏空，避免财政赤字进一步扩大，另一方面也是为了加强流转课税，向国际通行的增值税靠拢。1991年1月1日开征的商品与劳务税是一个在很大程度上带有增值税性质的税种。它取代原有的制造商销售税以后，将几乎所有在加拿大国内市场上的商品（包括国产品和进口品）与劳务均纳入课税范围，并在生产、批发、零售的各个环节上征收。其直接结果是，流转课税收入从占加拿大国内生产总值的4.1%上升到4.3%—4.5%左右，一跃而成为加拿大税制结构中的第二大税种。

其他国家的情况也大致如此。这种趋势充分说明西方发达国家在继续朝着重视流转课税的方向转变。不过，也应当看到，90年代的经济条件毕竟不同于第二次世界大战以前。尽管所得课税存在这样或那样的缺点，但其在调节经济和社会生活上所具有的直接、适时、灵活以及可对资本主义经济周期波动发挥“内在稳定器”作用的特点，不是流转课税所能替代得了的。所以，在西方发达国家，流转课税地位的提高会有一定限度，不会回到第二次世界大战以后以流转课税为主体税种的税制结构的老路上去。

四　几点结论

由上述分析，可以引申出这样几点结论：

第一，从总体上说，西方发达国家不可能放弃干预经济的税收政策，有可能变化的仅仅是干预的形式和程度。现代资本主义经济的发展已经使完全市场调节成为历史。换言之，税收政策和税制设置仍将作为西方发达国家干预经济的重要杠杆而发挥作用。当然，这并不排除税收干预的形式可能会因经济形势的变化而进行某些调整，税收干预的程度也可能视经济政策的需要而相应增减。由此也决定了，西方发达国家在减少税收对经济的干预方面不会走得太远。“适度”干预的水平是要随着经济形势的变化和经济政策的需要而升降的。

第二，从根本上说，西方发达国家的税制改革方案和税收政策是受制于资本主义经济的周期性变化的。尽管减税是西方发达国家90年代以至今后更长时间内的税制改革的主旋律，但资本主义经济的周期性变化规律决定了西方发达国家在税收政策的取向是，不仅要交替运用减税和增税作用于经济，税收调节的对象也是需求和供给兼容，并在重点上时而转向。就是说，逆向调节的税收政策机制在西方发达国家仍很有市场。供给学派和凯恩斯主义的税收政策主张在实践上会越来越趋向相互“融合”。西方发达国家近些年在税收政策上的“减税→增税→减税”的循环变动，以及从单方面重视需求或供给到需求和供给并重的政策趋向，已经清楚地表明了这一点。

第三，西方发达国家的税收政策在越来越重视中长期目标的同时，不会忽视短期调节的作用。众所周知，西方发达国家是在70年代经济陷入“滞胀”局面，而短期调节在滞胀面前又处于几乎失灵状态的历史背景下，走上注重中长期经济政策目标的道路的。但是，注重中长期政策目标并不意味着短期调节的放弃或消失。只要资本主义经济尚无法找到消除周期性波动的灵丹妙药，包括税收政策在内的各种经济政策就只能在矛盾的夹缝中左右周旋。近期以美国为代表的西方发达国家旨在尽快摆脱衰退的税制改革方案，即具有明显的短期调节性质的。

第四，流转课税在西方发达国家重新受到青睐，直接动因固然在于弥补因所得课税减少而造成的财政亏空，但也不乏税收政策方面的考虑。在西方税收原则理论中，公平和效率历来是一对难解的矛盾。通常的情况是，要么强调公平，牺牲效率；要么强调效率，牺牲公平。长期以来，处在主要体现在收入分配上的激烈社会矛盾包围之中的西方发达国家，普遍存在着重公平而轻效率的倾向。反映在税制结构的设计上，就是调节功能较强的所得课税地位显著加强，而流转课税的地位相对弱化。特别是主要着眼于调节个人收入的分配，以实现所谓纵向公平的高度累进的个人所得税的地位直线上升。其结果是，不仅打击了人们劳动投入、储蓄和投资的积极性，也因累进税率的作用而限制了规模经营的发展，最终导致有限资源配置上的浪费。80年代以来，西方发达国家围绕着降低所得课税，加强和改进流转课税的努力，一个重要目的就在于摆脱经济增长迟缓的局面，以牺牲公平为代价换取经济效益的提高。从发展趋势来看，由于今后一个相当长的时期内，促进经济的快速增长将是西方发达国家所追求的主要经济政策目标，估计它们会继续沿着这个路子走下去。但如前已述及的原因，流转课税的地位尽管会趋于提高，但不会超过所得课税。今后西方发达国家的税制结构很可能会朝着以所得课税为主，流转课税次之（这里未考虑具有不同于一般税种的特殊性质的社会保险税），所得课税与流转课税相互配合的方向转化。

（原载《世界经济》1993年第1期）

应当建立一门《国债管理学》

一

20世纪的70年代末和80年代初，中国的财政领域接连发生了两件大事情：1979年我国恢复向国外举债，1981年国务院又决定在国内发行国库券。从那以后，中国的国债一改过去长达20多年的“空白”局面，以前所未有的势头，在中国的经济生活中迅速崛起，从十几年的发展看，中国的国债已发生了极大的变化：

1. 指导思想由弥补赤字扩大到支持经济建设。我国重新发行国债是在国家财政连续两年发生较大赤字的历史背景下起步的，发行之初即将国债与赤字挂在一起。1981年发行的48.6亿元国库券几乎全部用于弥补赤字。在国家经济形势趋于好转，财政赤字开始减少之后，发行国债的目的转向“适当集中各方面财力，进行社会主义现代化建设”。1982年以后发行的国库券以及近年发行的国家建设债券、国家重点建设债券等收入，除仍有一部分用于弥补赤字外，基本上都用于支持能源、交通等重点建设。国债的发行已成为国家长期筹集建设资金的重要途径。

2. 应债来源由以企业、地方政府的大宗预算外资金为主转向以民间的闲散储蓄资金为主。1981年的国库券，企业和地方政府的预算外资金是主要应债来源。对城乡居民则是“可以自愿认购”，不分配任务。随着国债由应付暂时财政困难的权宜之计转变为筹集建设资金的长期战略措施，应债来源的重心便转向民间的闲散储蓄资金。从1982年起，城乡居民认购国债额在我国历年国债发行总额中的比重，始终保持在50%—60%及以上的水平，1985年还曾超过70%。

3．发行办法由简单的政治动员、行政摊派转向以经济手段为主。国债恢复发行初期，推销依靠政治动员，层层设立推销委员会，按特定计算标准分配任务，而对认购者的经济利益考虑不够。1985年在国债推销一度遇到困难的情况下，国家接连在发行办法和条件上进行了一系列改革。一方面提高国库券利率，缩短国库券还本期限，另一方面允许持券者中途贴现、抵押，直至开放流通市场，允许在指定场所转让。1991年又首次推行国债承购包销，当年199亿元国库券的65%靠承购包销卖出，从而加快了国债由行政发行向经济发行的转轨步伐。

4．国债的管理由单一的债券推销扩展到流通转让、还本付息等多种业务。1981—1985年的整整5年时间里，我国的国债管理工作比较单一，仅限于国库券的推销业务。从1986年起，还本付息工作开始提上议事日程，面临的任务也急剧递增。1988年以后，60多个城市开始国库券转让市场试点。1991年，国债转让市场全面铺开。国债的管理工作从此纳入包括债券推销、流通转让、还本付息诸项内容在内的全面管理的轨道。

5．对负债的认识由传统的无债优越论转向负债必要论。负债发展经济，虽说我们在“一五”期间就开始尝试，并取得了有目共睹的良好效果，但当时之所以举债，只是为了解决临时的需要，并未想将它作为一项长期战略，更没有上升到理论，明确认识到国债对发展经济的必要性，以至在此后20多年的时间里，我们竟将“既无内债，又无外债”当作社会主义制度的优越性一味追求。即使在80年代初严重财政困难迫使我们不得不举债的时候，也还是当作一项权宜之计、暂时措施加以利用的。随着改革开放的步伐，传统的负债观念受到冲击，特别是近些年来国债发行对支持国家重点建设、促进国民经济持续、稳定、协调发展所起的积极作用，更使理论及实际工作者对负债发展经济的必要性有了清楚的认识。也正是在这样的条件下，不仅国债的发行规模出现突破，由过去的每年40亿元增加到近300亿元（1991年我国国债的发行规模为：国库券199亿元，特种国债20亿元，财政债券70亿元），国债的发行种类也由最初单一的国库券，增加到包括国库券、国家重点建设债券、国家建设债券、财政债券、保值公债、特种国债在内的6种类型。若再加上我国同期举借的外债，按可比口径计算，目前我国国债收入和国债累积额占当年财政收入的比重，已达到世界上中等债务国的水平。

一个确定不疑的结论：在中国，国债已成为一种有前途的、必然会大大发展的财政活动形式。

二

国债实践上的迅速突破，与国民经济的关系也达到如此密切的程度，对它的运行以及管理机制的研究，照理也应是深入、系统，或起码要同步。然而，我们却面临着一种难以回避、也无法回避的现实。

长期以来，国债的备遭冷落造成了我国国债管理理论研究的相对薄弱，不仅有关国债管理的著作极少见，研究这个问题的文章也寥若晨星。研究国债问题的文章虽已逐渐增多，但大多是从某一角度或某一侧面对某个具体的问题展开讨论的。即使是近年出版的几本较为全面地阐述国债经济学原理的著作，我们也只能在其中的一些章节中找到有关国债管理问题的内容。全面而系统地研究国债管理问题，特别是将它作为一门独立学科加以研究的著述，尚不曾见到过。

国债管理理论研究的薄弱，带来了国债管理工作的困难。恢复国债发行以来，由于不具备有关国债管理的专门知识，缺乏国债管理理论的指导，影响了国债管理工作者对一些具体问题的判断和处理，甚至在遇到这样或那样的困难时茫然不知所措，可以说是屡见不鲜的。国债对经济“潜能”的充分发挥或完全释放因此而受阻，也应当说是很自然的事情。

客观经济生活已经给我们提出了这样的要求：建立一门国债管理学，将国债管理学作为一门独立学科全面而系统地加以研究，应当说是摆在我们面前的一项刻不容缓的任务。

三

那么，国债管理学是一门什么样的科学呢？

在笔者看来，所谓国债的管理，就是指为国家的举债活动而进行的一系列具体的决策、组织工作的总称。本着这样的理解，可以认为，国债管理学是一门关于社会主义市场经济条件下国债的运行管理机制及其规律性的经济学科。即是说，我们所要研究的国债管理学，应当以社会主义市场经济条件下的国债运行和管理机制及其规律性为研究对象。

这一界定包含两个方面的意义：

其一，它是以给定的社会主义市场经济经济制度作为考察分析国债运行和管理机制的前提。国债的运行和管理机制在不同的社会经济体制下肯定是有差异的。在中国，我们已经确定以社会主义市场经济为经济体制改革的目标模式，并正在向这个目标模式努力。我们的国债运行和管理机制及其规律性，也应当且必须放在这个大的社会经济前景下去研究。

其二，它主要的不是研究国债这一经济范畴本身，而是注重研究更富有实用价值的东西——国债的运行和管理机制。国债管理学首先是一门“致用之学”。在这门学科中所作出的研究，应有助于社会去解决一个个具体的有关国债管理的问题，去理解发生在我们身边的一个个细微的有关国债运行的经济现象。当然，现实生活中中国国债的运行和管理机制是相当复杂的，作这样的研究，一定程度的抽象和演绎是不可避免的。但我们的立足点必须放在对实际问题的处理上，并通过比较具体的实际问题的分析，作出若干有助于解决实际问题的理论判断，我们研究国债管理问题，应当也必须遵循这个指导思想。

由此也决定了国债管理学的基本任务，一是要描述和分析国债在社会主义市场经济条件下运行和管理的规律，二是要为我国国债的管理工作提供理论及科学指南。

四

国债管理学的研究内容是相当广泛的。除了必须搞清楚国债这一经济范畴的概念、特性、作用及其历史发展之外，还要涉及许多有关的理论和实际问题。以下可说是有关国债管理学主要研究内容的一份大致清单：

1. 在社会主义建设中充分而有效地运用国债、发挥国债所具有的多方面作用，并不意味着国债的发行或累积规模可以无限扩大，多多益善。因为它毕竟是一种信用形式，要受到客观经济因素的制约，如国家财政的收支状况、国民经济的增长速度、国家有形资产的多寡、社会游资的总量以及运用举债资金所能产生的效益，等等。所以，必须研究国债运用的“适度”规模。根据古今中外所积累的有关国债运用规模的经验教训，切实把握现实和未来的客观经济状况及走势，恰当地确定我国国债的发行或累积规模。

2. 为了充分而有效地运用国债，建立合理的国债结构无疑是十分必要的。而为了达到这一目的，首先必须对国债的发行种类进行科学的设计。国债发行种类的设计是一项十分复杂的工作，它不仅要考虑到多种主客观需要，如扩大国债推销范围的需要，迎合资金持有者投资偏好的需要，国家执行经济政策的需要，适应经济形势变化的需要，减少债息成本支出的需要，等等；而且要面对多种国债种类的选择，如国债的期限种类（是发行短期、中期债券，还是发行长期债券）、国债的面额种类（是发行小至几元、几十元的债券，还是发行大至上千、上万元的债券）、国债的条件种类（是发行流动性高但收益率低的债券，还是发行流动性低但收益率高的债券）、国债的名称种类（是发行国库券、保值公债，还是发行财政债券、特种国债或国家建设债券）、国债的付息方式（是采取按面额打折扣发行，还是实行按率计息或以奖代息），等等。所以必须研究国债的种类构成情况及其合理国债结构的设计原则。

3. 国债的发行规模一旦确定，不管其种类如何，都必须有一个推销的过程。国债的推销涉及多方面的问题。例如，由于国债的发行条件是资金持有者认购国债的出发点，因而必须对国债发行的一些基本条件，如债券的票面额、发行价格、利率等作出恰当的规定；由于国债可有多种推销方式，并且不同的推销方式有着不同的特点，因而必须根据当时当地的具体情况和所推销债券本身的特点，在各种推销方式中作出慎重的选择；由于国债推销总要通过一定的机构，选择一定的时机来进行，因而还必须在国债的推销机构、推销时机等方面，作出相应的安排；由于国债的推销过程中，总会遇到这样或那样的一系列具体的操作问题，因而又必须对国债的推销业务进行周密地组织，等等。所以，必须研究顺利推销国债的条件以及如何在可供选择的不同制度、方法中作出正确的抉择。

4. 国债总要有其应债来源，其应债来源不同，对经济造成的影响有着很大的区别。在国债发行规模一定的条件下，常常会因应债来源的不同而使国债的运用产生截然不同的效果。如选择银行系统（既包括工商银行、农业银行等专业银行，也包括中国人民银行）作为应债来源，可以扩大货币供给，对经济施加扩张性影响。而选择非银行系统（包括居民个人、工商企业等社会公众，也包括除财政部以外的中央政府各部门、各级地方政府机关和行政事业单位）作为应债来源，可以减少通货膨胀的可能性，避免因举债而扩大货币供给量；选择单一的应债来源，有助于缩小国债发行的影响面，若应债来源广泛多样化，则有助于扩大国债的发行规模和顺利推销国债，等等。所以，还必须研究各种应债来源的经济影响的异同以及在不同经济条件下所应采取的对策。

5．国债发行之后，总要设立国债交易场所，允许债券持有人进行流通转让，由此便产生了国债的二级市场。一方面，二级市场的存在是非常必要的，它可保证国家债券具有足够的流动性，有利于动员各种社会游资，顺利推销国债。另一方面，二级市场又是必须加以管理的。若不能对国债市场的投机和倒买倒卖活动加以有效管理，便可能影响国债的声誉，也会给国债的继续发行带来困难。所以，也必须研究国债二级市场的运行规律以及为加强国债二级市场管理所能采取的措施。

6．国债发行以后，除短期者外（已通过折价发行预扣利息），在其存在期间内，必须付息。国债到期之后，还要依发行时的规定，按期如数还本。它对于维持国家债信，保证国债的长期运用具有关键性意义。国债的还本付息也是一项相当重要的工作，不仅要依据国债的期限结构和国家的财政状况，相应地安排好国债的付息方式（包括付息次数、付息时间及付息办法等），还必须考虑到经济发展状况和国家的财政收支形势，慎重地选择好国债的偿还方式，如是采用分期逐步偿还法和抽签轮次偿还法，以分散国债还本对国库的压力；还是采用到期一次支付法，以简化政府的国债兑付管理工作；或是采用市场购销偿还法和以新替旧偿还法，以增加政府筹措还本基金的灵活性，避免在偿还资金来源上可能面临的困难，等等。所以，又必须研究国债还本付息各种方式的优缺点以及恰当地选择还本付息方式所应考虑的因素与遵循的原则。

除此之外，由于国债的管理活动对经济有着广泛的影响，所以不但要研究国债管理的基本政策目标，而且还必须研究国债管理作为一种特殊的经济调节工具所能发挥的作用以及如何同国家执行的宏观经济政策相协调，等等。

由此可见，国债管理学是一门复杂的学问，是一门特殊的专门科学，是值得我们全面而系统地加以研究的。

（原载《财政研究》1993年第4期）

国债管理与宏观经济调控

这几年，我国国债发行和累计规模的不断扩大，成为人们普遍关注的话题。比如说，有这样的疑问，国债的规模具有逐年增加的趋势，我们能否控制得住？至少近期应当控制在什么水平上？也存在这样的说法，因国债规模不断增大而导致的国债还本付息费用占我国财政支出的比重已经过高，长此以往是很危险的。诸如此类的议论还有很多。然而，对于国债管理同宏观经济调控的关系问题，似乎很少有人谈到。其实，同前面的话题相比，后者可能是当务之急，具有更大的现实意义。

一 国债管理的内涵与外延应当科学地界定

对于国债管理与宏观经济调控关系问题的讨论，应当以准确地把握国债管理这一经济范畴的内涵和外延为前提。

初看起来，人们对国债管理并不陌生。凡是同举借国债有关的经济活动，似乎都可列入国债管理的清单。国债管理也似乎就是政府围绕国债运行过程所进行的决策、组织、规划、指导、监督和调节等一系列工作的总称。但细想起来，总觉得有些搞不清的头绪搅在一起。比如，按照上述说法，在财政发生赤字的情况下，对于赤字是否用举债方式弥补的抉择，是应当视做国债管理活动的。但是，赤字弥补政策在政府那里是被作为财政政策的一部分来对待的。将本属于财政政策范畴的赤字弥补方式的抉择当作国债管理活动的内容，显然是不合适的。更何况，可供选择的赤字弥补方式，除了国债之外，还有税收和财政性透支等其他财政收入形式。当然，这并不排除国债是弥补赤字的一种方式。但不管怎样，将为弥补赤字而在诸种财政收入形式之间的抉择，统统归入国债管理的范畴，是说不通的。

若再进一步探究，即使实践中财政赤字的发生总是由举债相伴随的，也不能由此断定举借的国债就是为了弥补赤字，而通过税收和其他财政收入形式取得的收入就不是用于弥补赤字。原因很简单。正如很难说清财政赤字是哪一项或哪几项财政支出的反映一样，实际工作中将特定的财政收入形式同财政赤字挂钩几乎是不可能的。事实上，尽管取得财政收入的形式有这样或那样的不同，但就财政收入本身来说，在质上是统一的，无差别的。如果这样的推论能够成立，将赤字弥补方式的抉择揽入国债管理的范畴，就更没有道理了。

又如，通过国债取得的财政资金如何安排？投向何处？效益怎样？这无疑是与举借国债有关的问题。但若将这类问题也算做国债管理的内容，那又要同财政支出政策搅在一起了。而财政支出政策在理论上也是属于财政政策范畴的。

再如，中央银行为执行货币政策，调节货币供给量而进行的政府债券买卖活动即所谓公开市场业务，不能说同国债无关。但同样的道理，若将中央银行的公开市场业务也作为国债管理活动对待，那么，国债管理同货币政策的分工也就很难说清了。

这里最为根本的一个问题是，国债管理对于宏观经济调控的意义，只有在同其他宏观经济调控手段的异同点分析中，才能清楚地认识和把握。也只有在这个基础上，国债管理在政府宏观经济调控体系中的地位才能确立，并在实践中加以有效地运用。

因此，在笔者看来，同政府举借国债有关的经济活动，是可以划分为几个层次的。凡属于政府是否发行国债（赤字弥补方式的择优）以及发行多少国债（国债发行规模的控制）的抉择，可归入第一个层次；凡属于政府如何发行国债、向谁发行国债、发行什么类型和什么条件的国债的抉择以及同既发国债有关的一系列具体的操作活动，可归入第二个层次；凡属于中央银行为执行货币政策而进行的政府债券买卖活动即所谓公开市场业务，则可归入第三个层次。就第一个层次的活动来说，国债主要是作为一种可供选择的财政收入形式（或赤字融资方式）而存在的，因而它更多的属于财政政策的范畴。就第三个层次的活动来说，国债主要是作为中央银行公开市场业务的操作手段而存在的，因而它更多的属于货币政策的范畴。显然，只有第二个层次的活动，才属于具有相对独立意义的国债管理的范畴。

具体而言，国债管理的内容主要包括如下几个方面：(1) 国债种类的设计；(2) 国债发行条件的确定；(3) 国债发行过程的组织；(4) 国债应债来源的选择；(5) 国债二级市场的监控；(6) 国债的还本付息业务；(7) 政府债券买卖的经营；(8) 与国债有关的具体制度的制定，等等。

本文所讨论的国债管理，就是从上述定义出发的。

二 国债管理对宏观经济目标有其独特的传导作力机制

国债管理作为一种宏观经济调控手段，主要是通过其对经济活动的流动性效应和利息率效应来发挥作用的。这就是说，国民经济的稳定增长固然是国债管理的目标所在，但从国债管理活动的实施到对国民经济的稳定增长发生效力，其间有一个传导作力过程。流动性效应和利息率效应即是考察、监测国债管理活动对宏观经济目标作用情况的两个中介目标。

先来看国债管理的流动性效应。

所谓国债管理的流动性效应 (Liquidity effect)，指的是在国债管理上通过调整国债的流动性程度，来影响整个社会的流动性状况，从而对社会总需求施加扩张性或紧缩性影响。其传导作力过程可表述为：国债的流动性程度变动→社会的流动性状况变动→社会总需求水平变动。

为此，可以选择旨在变动国债期限构成的策略。其操作方法如下：

一是相机决定国债发行的期限种类。政府债券按偿还期限可分为长、中、短三大类。债券的期限不同，流动性程度就有很大差异。短期债券变现能力强，有“仅次于现金的凭证”之称，在三类债券中流动性最高。长期债券变现能力相对较弱，在三类债券中流动性最低。中期债券的流动性居中。显而易见，国债发行中的期限种类的设计是肯定会对社会总需求施加扩张性或紧缩性影响的。当政府需要启动经济、对经济实施刺激时，扩大短期债券的发行，提高短期债券在全部政府债券中的比重，以此引起社会上的流动性增加，便是一种有效的政策手段；反之，当政府需要紧缩经济，对经济实施抑制时，就可采取相反的方法，扩大长期债券的发行，提高长期债券在全部政府债券中的比重，以此降低社会上的流动性。

另一是相机进行政府债券的长短期调换。不难理解，债券期限上的流动性差异，不仅表现在国债发行的期限种类设计上，国债的调换也会有类似反映。用长期债券调换短期债券，无异于减少国债的流动性。用短期债券调换长期债券，则无异于增加国债的流动性。将前述的道理应用于此，政府债券的相机调换，同样可作为政府实施经济扩张或经济紧缩政策的有效手段。

还可以选择旨在调整国债应债来源的策略。这亦有两种操作方法：

一是相机决定国债的认购主体。国债的认购主体，按照对货币供给的影响的不同可分为银行系统和非银行系统两大类。银行系统（包括商业银行、中央银行）认购或持有国债，通常会通过信贷规模的相应扩大而增加货币供给量。也就是说，社会上的流动性会因此而增加。非银行系统（包括居民个人、工商企业、行政事业单位等）认购或持有国债，只引起资金使用权的转移，一般不会增加货币供给量，从而社会上流动性状况不会因此受到多大影响。所以，国债认购主体的选择、决定，也是一种对经济施加扩张性或紧缩性影响的政策手段。这就是，在经济过热、面临通货膨胀的威胁时，尽量从非银行来源借入资金，缩小银行系统持有国债在全部国债中的比重，以此降低社会上的流动性；在经济过冷、面临通货紧缩的威胁时，力求扩大银行系统持有国债的比重，限制非银行系统认购国债，以此增加社会上的流动性。

另一是相机进行有针对性的政府债券买卖。流动性不同的政府债券，通常都有其特定的投资者。商业银行因其主要经营短期存放款业务，大部分负债需要随时支付，且每周、每天变化很大，往往是流动性最强的短期债券的主要投资者。而业务性质对流动性要求相对不高的其他投资者，对债券长短期构成的选择就不那么敏感。因此，在国债二级市场上买卖短期债券，肯定会对商业银行持有国债的状况乃至社会上的流动性产生影响。相反，在国债二级市场上买卖长期债券，商业银行持有国债的状况则一般不会受到什么冲击，从而对社会上的流动性影响也就不大。既然如此，当政府执行扩张性的经济政策时，可选择在国债二级市场上卖出短期债券（同时买入长期债券）的办法，以扩大商业银行持有国债的比重，增加扩张信用的基础和社会上的流动性；当政府执行紧缩性经济政策时，可选择在国债二级市场上买进短期债券（同时卖出长期债券）的办法，以缩小商业银行持有国债的比重，减少扩张信用的基础和社会上的流动性。

再来看国债管理的利息率效应。

所谓国债管理的利息率效应（Interest effect），指的是在国债管理上通过调整国债的发行或实际利率水平，来影响金融市场利率升降，从而对社会总需求施加扩张性或紧缩性影响。其传导作力过程可表述为：国债的利率水平变动→金融市场利率变动→社会总需求水平变动。

在这方面，首先可以选择调整国债发行利率的策略。这主要是通过相机决定国债的发行利率水平来操作的。现代市场经济条件下，国债利率是金融市场上的一种最能体现政府宏观经济政策意图的代表性利率。它的高低通常可对金融市场的利率升降产生直接影响。就中国目前的情况而论，国债发行利率虽尚处于追随银行储蓄存款利率而定的状态，但随着市场取向的改革进程，专业银行企业化是大势所趋。一旦这一要求得以兑现，国债发行利率的形成机制肯定会相应重构。届时，将不再是国债发行利率跟着银行储蓄存款利率跑了，情况会变得与此恰恰相反。既然如此，在国债的发行工作中，国债发行利率的相机决定，便是政府对市场利率水平施加影响，从而贯彻其宏观经济政策意图的一个有效途径。例如，当经济形势需要实行扩张时，可相应调低国债发行利率，以诱导整个金融市场利率随之下降。市场利率的下降，是肯定有利于刺激消费和投资，提高社会总需求水平的；当经济形势需要实行紧缩时，可相应调高国债发行利率，以诱导整个金融市场利率随之上升。市场利率的上升，也是肯定会起到抑制消费和投资，降低社会总需求水平的作用的。

其次，可以选择旨在调整国债实际利率水平的策略。其操作方法就是相机买卖政府债券。这是鉴于债券价格同利息率呈反方向变动的关系原理，而在国债的二级市场上进行的着眼于调整国际实际利率（非名义利率）的政府债券买卖活动。它通常是由中央银行或财政机关的国债管理部门负责操作的。通过中央银行或财政机关的国债管理部门在国债二级市场上相机买卖政府债券，可促使政府债券价格发生涨跌，进而影响整个金融市场利率水平的升降。具体而言，当经济形势需要实行刺激时，可在国债管理上采取买入政府债券的措施。这就意味着，政府债券的价格会因对其需求的增加而上升，国债实际利率水平下跌，市场利率水平随之下降，从而对社会总需求产生扩张性影响；而当经济形势需要实行紧缩时，可在国债管理上采取卖出政府债券的措施。于是，政府债券的价格会因对其供给的增加而下跌，国债实际利率水平上升，市场利率水平亦随之提高，从而对社会总需求产生紧缩性影响。

将上述的原理推而广之，政府债券的相机买卖，还可以在市场利率结构的调控上有所作为。比如，在国债二级市场上买入短期债券，同时卖出长期债券，其结果必然是长、短期国债的供求状况发生方向相反的变动。很明显，由于对短期债券的需求相对大于供给，对长期债券的需求相对小于供给，短期债券的价格会趋于上升（其实际利率水平下降），长期债券的价格会趋于下降（其实际利率水平上升）。再进一步，短期国债利率水平的下降又会拖动市场短期利率水平随之下跌，长期国债利率水平的上升也会拉起市场长期利率水平一同上扬。同样的道理，在国债二级市场上买入长期债券，同时卖出短期债券，会引起长期债券的价格上升（其实际利率水平下降），短期债券的价格下跌（其实际利率水平上升），进而使市场长期利率水平下降，市场短期利率水平上升。长短期国债实际利率和长短期市场利率的这一变动过程，实质是政府对金融市场利率水平的作力范围由宏观推进到了微观。于是，不仅金融市场的整体利率水平要受国债管理活动的影响，即使金融市场的长短期利率结构也有可能为国债管理活动所左右。其结果是，包括企业股票、企业债券、银行贷款在内的整个金融市场的行情和利率水平，都有可能成为国债活动的直接或间接的操作对象。在这种情况下，政府调控金融市场的能力得以扩展和加强，就是一件不言而喻的事情了。

三　国债管理同其他宏观经济调控手段的协调配合

国债管理既然是一种重要的宏观经济调控手段，那么，在其实际操作过程中，就不能不考虑到同其他宏观经济调控手段的协调配合问题。特别是同现代经济条件下政府调控经济的两大杠杆——财政政策和货币政策的协调配合，更是至关重要。为此，弄清国债管理同财政政策和货币政策之间的关系，是十分必要的。

先来看一下国债管理同财政政策的关系。

这个问题我们在前面实际已经有所触及了。一般地说，财政政策主要是由税收政策、支出政策和赤字弥补政策三个方面的内容所组成的。就财政政策实施的基础条件而言，无论税收政策的调节（减税或增税），还是支出政策的运用（增支或减支），都与财政的平衡状况密切相关。而只要财政上发生赤字，就有一个赤字如何弥补或融资的问题。尽管弥补财政赤字的方式不少，诸如财政性透支、直接扩大课税范围或提高税率等。但就由此而带来的经济社会效应来说，举借国债肯定是弥补财政赤字的最佳方式。从实际情况来看，现实各国政府的财政赤字也基本是依赖发行国债来弥补的。这就是说，作为弥补财政赤字的最佳方式或基本方式的国债，是财政政策得以实施的基础条件。

再来看一下国债管理同货币政策的关系。

众所周知，货币政策主要是指中央银行运用公开市场业务、调整贴现率和改变法定准备金比率“三大武器”来影响市场利率的形成和调节货币供给量。作为中央银行执行货币政策的最得力的武器——公开市场业务，其操作的主要对象就是政府债券。它实质上是通过在公开市场（金融市场）上买卖政府债券以控制金融市场的一种活动。当中央银行要增加货币供给量、放松信用，即执行扩张性的货币政策时，它就要在公开市场上买进政府债券，以此向流通领域注入货币；而当中央银行要减少货币供给量、收缩信用，即执行紧缩性的货币政策时，它就要采取与前相反的行动——卖出政府债券，以此从流通领域回笼货币。由此不难看出，中央银行利用吞吐政府债券而调节货币供给量的公开市场业务，是以较大规模的政府债券的存在为前提的。“大量的公债给‘联邦’（指美国的联邦储备银行）提供大面积的回旋余地来从事大规模的公开市场业务……广阔的政府债券市场的存在使得广泛的稳定性的公开市场业务成为可能，从而具有增加货币政策的效果的倾向。”（萨缪尔森，1979）从这个意义上讲，国债管理就是中央银行运用货币政策调节经济的“传导器”。

由此可见，无论是财政政策还是货币政策，其实施过程都同国债管理有着不可分割的联系。正是从国债管理把本来分别由财政机关和中央银行执行的相互独立的财政政策和货币政策联结起来这一点出发，我们将国债管理视作财政政策和货币政策之间的联结点或桥梁。对此，可用图1展示：

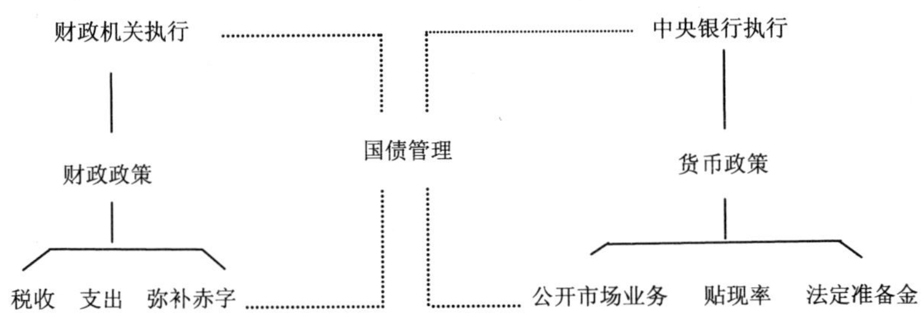

图1　国债管理同财政政策和货币政策之间的关系

不过，严格说来，尽管国债管理同财政政策和货币政策有不可分割的关系，国债管理并不是财政政策或货币政策的一部分。它毕竟是一种相对独立的经济活动，有其独特的运行规则。比如，就作用范围而论，国债管理既不能直接使财政支出和税收的规模及相关流量发生变化，也不能直接使货币供给量发生变化。它所面对的仅仅是既定规模的国债，包括已经决定发行但尚未售出的新国债以及已经发行但尚未偿还的旧国债（即既发国债）。对既定规模的国债，采取有助于实现宏观经济政策目标的管理活动，乃是国债管理在宏观经济调控方面的作用范围；就政策目标而论，国债管理固然在总体目标上须服从于财政政策和货币政策的基本要求，但直接目标同财政政策和货币政策却不乏矛盾之处。例如，国债管理的直接目标之一就是尽可能地降低举债成本。为此，在财政政策上应控制国债的发行规模。因为举债规模和举债成本正相关。举债规模大了，债息率及支付给推销机构的佣金和手续费率肯定要随之增长。但举债规模的控制是以减少或消除财政赤字为前提的。这很可能会与财政政策的直接目标相悖。还有，低利率时期多发行长期国债，高利率时期多发行短期国债，是在国债管理上降低举债成本的必需途径。这通常是要同货币政策的直接目标发生冲突的。因为低利率往往发生在经济发展低落的时期，在经济已经衰退的条件下，大量发行长期国债会驱使长期利率上升，阻碍投资增长和长期资本形成。而高利率往往发生在经济高速增长时期，在经济面临通货膨胀威胁或已经处于通货膨胀之中的条件下，大量发行短期国债便犹如在一定程度上增发货币；就操作手段而言，前已述及，国债管理的操作主要是通过国债种类的设计、发行利率的规定、应债来源的选择等来完成的。这既同财政政策主要通过调整税收和政府支出以及弥补赤字的方式抉择去实施有不同之处，也同货币政策主要以公开市场业务、调整贴现率和变动法定准备金比率“三大武器”加以贯彻有所区别。

至此，可以得出的结论是，国债管理同财政政策、货币政策既有同一性，又有差异性。同一性决定了它们之间可以协调配合，采取目标一致、手段作力同向的行动，是其协调配合的基础条件。差异性决定了它们之间只有相互协调配合，才能避免彼此掣肘，共同实现总体目标，是其协调配合的必要条件。

应当承认，单一宏观经济调控手段的操作是相对容易的。但是，诸种宏观经济调控手段的协调配合，并将它们联结为一个有机的整体，形成最为恰当的作用合力，以实现国民经济稳定增长的总体目标，则就不那么简单了。其中的原因不难理解。单一宏观经济调控手段的操作，总是建立在“其他条件不变”或“其他方面情况正常”的基础上的，并由对这一调控手段的种种特点比较了解，对需要调控的对象比较清楚，且专司其职的具体部门负责的。诸种宏观经济调控手段的配合运用，则是在不同的调控手段相互制约、互为条件、互相补充、彼此渗透的情况下，由同这些调控手段相关但职能不同的各个部门共同负责的。

但不管怎样，就国债管理作为一种宏观经济调控手段，应当在同其他宏观经济调控手段特别是财政政策和货币政策的协调配合中发挥作用这一点来说，至少有几个方面的原则是应当遵循的。这就是：

其一，在总体目标上，国债管理应当同财政政策、货币政策的基本要求保持一致。需要明确的是，国债管理是在财政政策和货币政策所确定的政策框架内及经济环境中进行操作的，其作用的力度不能超出两大政策所允许的范围，其作力的方向不能与两大政策所追求的目标相背。换言之，国债管理在宏观经济调控方面的作用，主要是配合各个时期的财政、货币政策，补充和加强它们的政策效应。

其二，在直接目标上，国债管理应当区别不同情况而分清主次。当国债管理的直接目标和国民经济稳定增长的总体目标相一致的时候，国债管理的操作可以尽情去追求自己的目标。当国债管理的直接目标同国民经济稳定增长的总体目标相矛盾的时候，直接目标就要让位、服从于总体目标。国债管理的操作应当把追求总体目标放在首位，然后再去考虑直接目标的实现问题。

其三，在朝着国民经济稳定增长的总体目标使劲的前提下，国债管理可以在自己的作用领域内，以其独特的方式和途径，充分展示其在宏观经济调控中的才能。

四　深一层的思考：为国债管理创造得以发挥作用的条件

然而，作为一种宏观经济调控手段，国债管理是在一定的条件下发挥作用的。没有一定的条件，即使它具有宏观经济调控的性质，也不能使其作用真正发挥出来。这就是说，要充分而有效地发挥国债管理在宏观经济调控领域中的作用，必须为之创造得以发挥作用的条件。就当前中国的情况而论，具有紧迫意义的可能有这样几条：

第一，国债的规模应适度扩大。国债管理的宏观调控能力同国债规模的大小正相关。这是因为，国债管理活动的操作是以社会上存在大量的政府债券为前提的。国债的规模越大，国债管理活动可操作对象的数量越大，其回旋余地也就越大。西方发达国家的国债管理正是随着国债规模的扩大而发展起来的。就此而论，我国国债的连年发行，的确有为国债的管理活动打基础的意义。现在的问题是，从1981年我国重新启用国债（仅指内债）到如今，12年的时间过去了，国债管理活动的操作至今也未算真正搞起来。这固然有多方面的原因，但我国国债的规模尚未达到足以启动国债管理业务的程度，恐怕是一更重要的原因。从这个意义上讲，我国国债的规模似有适度扩大的必要。

第二，国债的种类应朝多样化的目标进一步努力。国债种类的多样化问题，我们已经提了好多年了。近两年也确实在增加国债的品种方面做了一些尝试。但国债品种单一化的格局并未根本改观。这个问题不解决，不仅有碍实现提高认购者积极性的目的，国债发行同国库用款需要的步调难以协调，国债管理活动的操作亦缺乏必要的基础条件。道理不难说清，国债管理活动的相机操作，在流动性效应方面主要是通过调整、变动国债的种类构成（特别是期限种类构成）来实现的。如果市场上的国债种类单一，甚至没有对国债管理操作具有关键意义的短期债券（如几个月期）的发行，则这种调控手段的作用便无从谈起。也正因为如此，当今世界各国国债种类结构的一个突出特点，就是它的多样化。仅以国债的期限种类结构为例，根据经济合作和发展组织1983年所提供的资料，其成员国所发行的国债期限种类数字是：澳大利亚31种、加拿大20种、英国17种、瑞典8种、芬兰与瑞士7种、比利时和新西兰6种、丹麦和德国5种，最少的法国也在3种以上（高培勇，1989）。由此看来，当前我们很有必要在尽快改变国债种类的单一化格局上，再下一番工夫。

第三，国债的应债来源需相机拓宽。如前所述，国债管理活动的一个重要操作手段，就是调整、变动国债的持有者结构，这当然也要以广泛多样的国债应债来源为前提。在这方面，我们要做的事情，主要是打破对商业银行和中央银行买卖政府债券的限制，让它们加入国债持有者的行列。在此基础上，使政府债券在银行系统的资产结构中占有相当大的比重。令人欣慰的是，我国金融体制改革的规划已经将专业银行企业化、投资对象多样化作为一项重要目标提出，专业银行也已经成为政府债券的承购包销者和持有者。现在的问题在于，中央银行何时能获准进入国债市场（主要是国债的二级市场）。这当然是有一定困难的，其中最为主要的是有可能因此而诱发通货膨胀。这种担心并非没有道理，在目前中国的银行贷款规模还是基本由年初信贷计划直接给定的条件下，中央银行购进政府债券，很可能会因此增加计划外的基础货币投放，形成通货膨胀的压力。但是，出在特定体制上的毛病，不应成为排斥中央银行购进国债的理由。问题的解决还要从金融体制改革着眼。就此而论，随着我国金融体制改革逐步深化的进程，中央银行购进并持有国债，不仅是开拓公开市场业务的需要，也有为国债管理业务的操作打基础的意义。

第四，理顺关系，规范、完善国债的管理机构。国债管理机构是国债管理活动的操作主体，在宏观经济调控中扮演着关键角色。这就要求国债管理机构处于比较“超脱”的地位，一切活动都要以政府的宏观经济政策为最终出发点，而绝不能以营利为目的。应当承认，近几年我国的确存在着国债管理机构行为不规范的问题。其突出的表现就是，一部分由财政机关出资的金融机构（信贷投资公司或证券公司）和由各地财政机关自己设立的国债服务部，不顾自身的职能和作用特点，在国债市场上争相充当“经销商”的角色。甚至为了“创收”，钻发行利率不规范的空子，或是只买不卖，多买少卖，或是人为地压低政府债券收购价格，以此猎取较高的差价收入或利息收入。无须赘言，在国债管理机构行为不规范的条件下，发挥国债管理在宏观经济调控中的作用，只能是一句空话。有鉴于此，必须花大气力规范国债管理机构的行为，明确规定其各方面的权限和职责，特别是明确规定它在政府宏观经济调控中的地位和作用。同时还应当在总结经验、理清思想的基础上，着手于国债管理的立法工作，并逐步使之完善起来。

第五，利率的形成机制应实现市场化。不难理解，前面所说的国债发行利率的相机决定，并以此作为调节市场利率的手段，是建立在利率形成机制市场化的基础之上的。旨在通过调整国债实际利率水平来调节市场利率的政府债券的相机买卖，也是如此。没有利率形成机制的市场化，就不能指望国债发行利率的高低和政府债券的相机买卖可对以银行存贷款利率为代表的各种利率水平产生效力。如人们所熟知的那样，尽管这些年利率形成中的市场调节成分已经有所扩大，但目前我国的银行存贷款利率水平仍基本上是以行政命令直接决定的。其他直接融资的利率亦不能摆脱行政干预，总要受到各种直接或间接的控制。就这个方面而言，资金商品化、利率市场化的改革任务，同样是应当且必须尽快着手的。

所有这些，都是国债管理得以在我国的宏观经济调控领域发挥作用必须具备的基本条件。

主要参考文献

[美]保罗·萨缪尔森:《经济学》中译本，商务印书馆1979年版。

[英]安东尼·B.阿特金森等:《公共经济学》中译本，上海三联书店1992年版。

高培勇:《公债经济学导论》,湖南人民出版社1989年版。

（原载《经济理论与经济管理 》1993年第4期）

“复关”后的中国税收

我国申请恢复关贸总协定的缔约方地位已经8年。随着乌拉圭回合谈判最终协议的达成，中国“复关”的日期正在一天天临近。“复关”意味着中国经济将通过深化改革和不断扩大对外开放逐步与国际经济接轨，最终面向世界大市场。在这一大的背景下，中国税收也将和国民经济的其他领域一样，经历一次前所未有的挑战。

“复关”初期，中国税收有受到一定冲击的可能

对于中国“复关”的意义，经济理论界的看法基本上是一致的。在当今世界市场一体化的形势下，作为发展中国家的中国，只有参与国际竞争与分工，才能促进国内经济繁荣。重返关贸总协定这一世界上最大的国际贸易组织，将有利于我国开拓国际市场，吸引外国投资，吸收国外的先进科学技术、管理经验和采集信息，促进经济体制改革的深化，为中国经济的腾飞创造条件。而且，从长远来看，国民经济的快速发展还将有利于培植和扩大税源，带动国家税收的强劲增长。

然而，任何事情几乎都是既有利又有弊的。长远看来有利的举措，短期内却可能不得不经历一番曲折。就中国税收而言，有一种现实是不容看漏的：“复关”初期，它可能要面对一些导致其减收的因素。

——削减关税是关贸总协定的核心，也是我国“复关”的重要义务。关贸总协定自1948年生效以来，已就削减关税问题举行过八轮多边贸易谈判。经过前七轮谈判，西方发达国家的平均关税率由原来的40%上下降至目前的4%—5%，发展中国家的平均关税率也下降至13%—15%。最近刚刚完

成的第八轮谈判——乌拉圭回合，又达成了进一步削减关税率的协议。工业品及农产品平均关税率在6年内再下降40%，部分工业品降低幅度更大甚至完全免税。如所熟知，我国的关税税率水平历来是很高的，对电子、化工、医药等部分产品进口征收的关税甚至高达130%—200%。为了争取“复关”，我国曾于1991年10月和1992年12月31日先后两次单方面削减了涉及3000多项产品（前一次涉及225项产品，后一次涉及3371项产品）的关税水平，使得平均关税率由原来的22.3%下降到15%左右。但即使如此，我国的平均关税率仍然高于发展中国家的平均水平。即将实施的乌拉圭回合谈判协议，肯定会进一步拉大这种差距。很显然，按照乌拉圭回合谈判协议的要求，进一步降低我国的平均关税水平，是我们为“复关”所必须承担的“入门费”。一旦这一举措到位，平均关税率降至10%以下，就会对目前我国每年占各项税收收入总额6.5%左右、数额达200多亿元的关税收入构成不小的冲击。如果短期内进口产品增加所带来的税源扩大不足以抵消平均关税率下调的影响，关税收入便可能会因此而相应下降。

——我国在社会主义建设过程中，逐步建立了较为完备的工业体系，行业门类齐全，在一些部门中也取得了居世界前沿的成就。但就总体而言，我国工业的技术水准还较低。目前有相当多的行业是靠高达100%以上的进口关税，甚至是靠行政限制进口数量的保护才得以维持的。一旦“复关”，关税下降，数量限制手段被极大削弱，知识产权被高度保护，势必有相当多的行业将面临进口产品竞争的压力。从长远看，这将有利于我国工业的结构调整和技术改造，提高生产水平，增强打入国际市场的竞争能力，并将对我国企业的机制转换和现代企业制度的建立起到催化剂的作用。但从短期情况看，它对我国长期享受国家关税和非关税壁垒保护的工业体系，特别是机电、化工、医药等行业所构成的冲击将是巨大的，从而也会在相当程度上波及国家的税收。例如，我国许多机电产品的技术水准低下。上海地区的调查资料表明，在近3000种80年代生产的机电产品中，相当于国外30—40年代水平的为19%，相当于50—60年代水平的约占76%，而达到70年代水平的只有5%。由于技术水准低，尽管中国机电产品的范围很广，但很难选出几项“拳头”产品同国外产品抗衡。近些年刚开始起步的一些高新技术产业，如计算机、汽车、录像机、广播电视设备、数控机床、精密加工设备、高精尖控制仪表及集成电路等技术产业，又由于起步晚，基础薄弱，多数还未形成规模，国内的配套元器件、零部件产业也未及建立，在价格上更不具有优势，亦难以与国外同类产品相竞争。而且，我国机电行业这几年的经营情况并不怎么景气，1990年同1989年相比，机电工业总产值增长2%，销售收入增长4.2%，但实现利税总额却下降31.9%，亏损企业数增加一倍。1991年局面亦未有多少好转，亏损面虽有下降，但亏损总额却大幅上升了。

我国许多化工企业，不仅生产工艺和设备落后（大部分化工企业的设备只相当于六七十年代的国际水平），甚至在通过实行多种保护措施下获得的国内市场上的销售价格也普遍高于同类产品的国际价格。即使是目前正在或计划花巨资兴建的10余套乙烯及其下游产品装置，也会因生产规模狭小（许多仅在11万吨）而成本较高，难以抵御国际市场同类产品的竞争。况且，石化企业建设周期长，投产之时的国际市场条件还肯定要发生变化。

我国曾利用后发优势和产业转移的机会，仿制了大量外国先进产品，特别是化工、医药、农药等行业的当家产品几乎都是仿制品，从而使得我国工业在不长的时间内登上了一个个新台阶（当然我们自己也发明创造了许多有价值的新产品）。在乌拉圭回合谈判协议加强对知识产权的保护的条件下，中国“复关”无疑要以承担保护知识产权义务为代价，这也将给我国相当多的产业带来一定的困难。

毋庸讳言，以我国工业目前的面貌去面对“复关”后的严峻市场形势，短期内，其受冲击的程度可想而知：很大一部分工业产品的价格将不得不相应下调。曾长期是国家利税大户的企业可能会转以微利甚至亏损企业的形象出现。一些经营管理不善、产品质量不高，又没有形成经济规模的企业，还很可能会被淘汰。进一步说，工业产品价格的相应下调，意味着体现在这些产品价格中的流转税收入将趋于下降。国家利税大户沦为微利甚至亏损企业，以及一些企业在市场竞争中遭到淘汰，都将意味着国家要因此而丢掉（起码是暂时丢掉）一块儿税收收入。

——开放服务贸易，把目前占世界贸易总额1／4的服务贸易纳入关贸总协定，是这次乌拉圭回合谈判协议的一项重要内容。同国外服务业的情况相比，我国的服务业水平不仅远低于发达国家（70%左右），而且也低于发展中国家的平均水平（40%—50%）。为了获得"复关"权，我国已向乌拉圭回合谈判递交了开放服务业贸易的初步承诺开价单。虽然这个开价单仅涉及航运、银行业、广告、旅游、近海石油勘探等6个服务业领域，目前还不易为其他缔约方特别是发达国家所接受，我国可能要作出更大的让步，但即使维持在这个水平上，"复关"后的中国服务业也难以抵挡国外的竞争对手。处于劣势的某些国内服务行业，被淘汰出竞争市场，其他服务行业的经营亦困难重重等局面的出现，恐怕不可避免。在这一变动过程中，来自于服务业的国家税收因此而经受一定的损失，自然也是一件不言而喻的事情。

——1985年以后，我国对出口产品逐步以出口退税的办法取代了过去曾长期实行的出口亏损补贴制度。这是我国按照国际惯例，使出口产品以不含税价格进入国际市场，增强竞争能力而实行的一项重要政策。显而易见的是，出口退税政策的实行要以国家流转税收入的割让或税式支出的发生为代价，而且，出口退税的额度也同出口产品的规模正相关。这几年，随着我国出口产品规模的扩大，出口退税的总量已经呈逐年增加之势。"复关"的推动，几乎肯定会使我国出口产品的规模进一步扩大，甚至可能出现跳跃式增长。由此而带来的出口退税总量的激增，会形成一笔巨大的税式支出，从而冲击国家的流转税收入。

"复关"将对中国的税制改革提出更高的要求

从1994年1月1日起正式实施的新税制，作为新中国成立以来最大的一次全面性的税制改革，已经使得中国税制向着市场经济的方向迈进了一大步。应当说，这也是我们为争取重返以市场经济为基础的关贸总协定而在税制建设上所必须走的一步。但是，尽管如此，改革后的中国税制同关贸总协定以及即将取而代之的世界贸易组织的要求，还是有一定的距离的。从这个意义上讲，我们仍然面临着进一步推进税制改革的任务。

——关贸总协定的第三条款即关于国内税和国内规章的国民待遇原则规定，各缔约方在本国产品与进口产品之间不能搞差别待遇，在征收国内税和在有关国内销售、购买、运输、分配所适用的法令、法规方面，对进口产品要给予“国民待遇”，和国内产品一视同仁。易于看出，我国现行新税制的许多方面是与这一原则相悖的。例如，现行的新企业所得税制仍然是按内资企业、外资企业分设的。尽管内资企业所得税同外商投资企业和外国企业所得税的税率一致，但在税前扣除项目和列支标准、减免政策等制度规定上的差异不少。消除由内资、外资企业分别实行两套税法所产生的差别性待遇，建立统一的企业所得税制，显然是应在“复关”过程中尽快着手的一项工作。

对经济特区、经济开发区、沿海开放城市等分别给予不同层次的税收优惠，是我国为吸引外资、扩大对外开放，而在税收制度上实行的一项特殊政策。改革后的新税制虽然对各地擅自推行的过多过滥、标准不一的减免税优惠进行了清理，在一定程度上刹住了乱开减免税口子之风，但减免税政策的框架并未做大的调整。这种针对不同地区、不同企业实行的特殊税收政策，实质上搞的就是一种差别性待遇。按照关贸总协定的原则，它无疑应在逐步取消之列。现实的选择是，首先明令废止各地自行推出的外资企业税收优惠规定和开发区税收优惠规定。在此基础上，采取措施逐步缩小不同地区间的税收优惠差距，并最终将地区性的差别优惠改为按产业或行业实行的税收优惠。

——关贸总协定是以市场经济为基础的。确定市场形成价格的主体地位，自由竞争是关贸总协定体制的基石。这就意味着，中国价格改革的进展状况，将直接关系到“复关”的成败。而在价格改革中，变流转课税上的“价内税”为“价外税”是非常重要的一环。

与传统的计划价格相配套，我国在流转课税上长期实行的是所谓“价内税”制度。即使改革后的新流转税制，除在增值税上推行了价外计税的方法外，其余的两个税种——消费税和营业税——也仍然是按价内税制度计征的。在价内税制度下，流转税金作为计划价格的组成部分，按含税价格计征税款，税率高低变化并不引起价格变化，而仅仅影响企业利润的伸缩。其目的是配合价格政策，对不同产品的盈利水平起调节作用，所谓“高税配合高价，低税配合低价”，即是对这一价内税制度的高度概括。随着我国“复关”，包括国内产品和进口产品在内的绝大部分产品价格的放开，价内税制度同市场形成价格机制之间的不相容性，肯定会日益强烈地表现出来。在实行价内税制度时，税收硬嵌在价格之中。即使供求发生变动，税收也固定不变。价格不能真实地反映市场供求状况和发展趋势，其作为“市场晴雨表”的作用就要大打折扣。特别是当供求不变，而税率调整时，价格的变化又仅仅反映税收的变化。价格信号与市场供求状况相脱节的弊端更会进一步加剧。

看起来，在我国流转课税上，全面的变同计划价格相适应的“价内税”制度为同市场价格相适应的“价外税”制度，是非常必要的。与价内税的税金是价格的组成部分有所不同的是，在价外税制度下，流转税金放在价格之外，按不含税价格计征税款，税金表现为价格的附加。税收同价格的形成机制脱钩，分别由不同的渠道决定。市场供求决定价格，税收则是政府经济政策的产物。税价界线分明，各司其职，价格真正反映市场供求的变化。从根本上说，这也是市场机制配置资源作用得以发挥的基本条件。

在这里有必要指出，主张变价内税为价外税，让税收同价格的形成机制脱钩，并不意味着要放弃政府对生产和消费的税收调节。恰恰相反，政府的税收调节是完全必要的。不过，在笔者看来，政府的税收调节必须是在市场调节的基础上进行的“二次调节”，税收的调节不能干扰或扭曲市场价格的形成机制。

——政策透明度是关贸总协定的一个重要原则。按照这一原则，作为缔约方，应当也必须把本国的对外经贸法规、政策措施、条例和相应的数字材料向其他缔约方公开。就税收制度的“透明度”而言，应当说，我国现行新税制的进步不小，在税法体系的建设上已经取得了明显的成绩。现在的问题是，如何乘势而上，将税收法制建设纳入规范化的轨道，并在全国范围上实现税收政策的统一。

例如，我国税收法制的法律效力差，权威性低，是人们所熟知的。这里固然有过去有关税收的正式法令少、税收法制不健全方面的原因，但相比之下，税务机关本身执法不严、税法的解释权随意性大，恐怕是更为重要的因素。显而易见，只要后一方面的问题得不到有效的解决，即使税收的立法进程加快，税收的法制建设再完善，税收制度的“透明度”也是一句空话。所以，在当前各方面的税收法规陆续出台并日益走向完善的条件下，不失时机地把税务机关的执法和税法的解释权问题解决好，是应尽快提上议事日程的一项工作。

大量的有关税收的“土办法”的存在，是我国税收制度缺乏透明度的另一体现。前一时期许多地区为吸引外来投资，自立章法，竞相搞税收优惠，进而在全国范围内形成了新一轮减税让利之风，便是突出的一例。很明显，没有税收制度的统一性和严肃性，根本谈不上税收制度的透明度，从而也就难以对外树立国家政令统一、政策稳定的良好形象，甚至可能因此阻碍我国的“复关”进程。由此看来，统一税政，集中税收立法权，尽快形成一套完整、明确、权威、具体且操作性强的税收法规，也是我们为“复关”而在税收制度的改革上所应有的举措。

——在“复关”后的严峻市场形势下，包括我国工业、服务业以及其他行业在内的相当一部分企业，将受到前所未有的冲击。一些企业因此而关、停、并、转以至走上破产的道路，恐怕在所难免。接踵而来的问题是，失业（或称待业）的人数将大量增加，对企业破产后陷入生存危机的职工必须作出相应安排。而要解决这个问题，当务之急是建立以社会保障税为主要资金来源的社会保障制度。

其实，随着企业制度的改革日益向纵深发展，建立社会保障制度的问题已经一再地提到人们面前。“复关”只不过是把它推到了极端尖锐而非解决不可的地步。这就是说，建立社会保障制度，不仅是“复关”的需要，从根本上说，它也是建立社会主义市场经济体制的重要之举。社会保障制度的建立要有相应的资金来源，在当前国家财政资金异常紧张、“复关”又可能使既有的国家税收经受一定损失的条件下，仿照国际社会的通行做法，尽快开征具有专款专用性质的社会保障税，将是一种必然的选择。

（原载《税务研究》1994年第12期）

改革以来中国国债的实证分析

一 1959—1978：并非真正的国债“空白”时期

当1979年中国政府再度举借外债，特别是1981年决定在国内发行国库券的时候，它在中国经济生活中引起的震动绝不是轻微的。因为，中国的老百姓毕竟已在“既无内债，又无外债”的环境中生活了20年。人们只是依稀记得，新中国成立初期的50年代，为渡过暂时的财政困难，政府曾举借过一些国债。但未过多久，便同举债无缘了。

对于1959—1978年长达20年的所谓国债“空白”时期的出现，理论界往往是从当时以及此后的政治经济环境中寻求答案的。比如：中国和苏联的关系在1958年开始破裂，随后苏联政府停止了对华援助，并且，撕毁合同，撤走专家。以美国为代表的西方国家政府也正在对我国进行各种各样的经济封锁。所以，那一时期的国际政治环境，不允许我们举借外债。

“左”的错误思想1958年后在我国逐步处于支配地位，社会主义制度的优越性亦被加上了“既无内债，又无外债”这一条，政府举债被视为是有损于社会主义国家声誉和形象的事情。所以，那一时期的国内政治环境，也不存在举借内债的可能性。

在第一个五年计划胜利完成的刺激下，对国民经济的发展前景看好，甚至以为过不了多久就可以赶上西方工业化国家，并据此对“二五”时期以及其后的财政收入做了较高的预期，因而认为政府举债已无必要。后来，虽随着三年自然灾害的发生和经济困难的加剧，财政收入连续两年出现了负增长，对财政收入的预期已经有所调整，但那时的困难局面之严重，又使得发行国债提不上议事日程了。

凡此种种，确实都是出现国债“空白”时期的原因所在。但是，有一个更为重要的因素可能被人们看漏了。这就是，“一五”时期，伴随着对农业、手工业和私人资本主义工商业的社会主义改造的进程，在中国，已经逐步形成一种可提供“超常”水平财政收入的特殊的财政收入形成机制：

1953年，政务院发布《关于实行粮食的计划收购和计划供应的命令》，确定在全国实行粮食统购统销制度。随后，又将统购统销的范围扩大到植物油料和棉花，从而实现了对主要农副产品的统购统销。在农副产品统购统销制度下，农民要按国家规定的价格标准将剩余农副产品统一卖给国家，并由国家按计划统一供应给城市工业部门和城市居民消费。它使得政府可以通过农副产品的低价统购，从农业中聚集起一大批资源，并以低价统销形式提供给城市工业部门和城市居民消费。低价的农副产品不仅降低了工业的原材料投入成本，也使城市居民获得实物福利并降低了工业的劳务投入成本。在低成本的基础上，工业部门获得了高的利润。

1956年，全国第二次工资制度改革时颁发了《国营企业、事业和机关工资等级制度》。这一制度涉及的内容尽管很多，但其核心就是把工作划分为若干类别，由国家统一规定国营企业、事业和机关单位的工资标准，统一组织这些单位工作人员的升级，并监督其年度工资基金计划的编制、实施。它使得政府可以通过压低工资标准、减少升级频率，直接或间接地降低工业的劳务投入成本。在低成本的基础上，工业部门又获得了高的利润。

在自新中国成立初期就已实施下来，且几十年基本未变的财政统收统支管理体制下，国有企业（其中主要是工业企业）创造的纯收入，基本上都交财政集中分配，企业能够自主支配的财力是极其有限的。这又使得政府可以通过财政上的统收，将工业部门的高利润集中到国家手中。加之工业部门作为我国财政收入的主要来源格局的形成，国家财政便取得了“超常”水平的财政收入。

上述过程可用图1来展示：

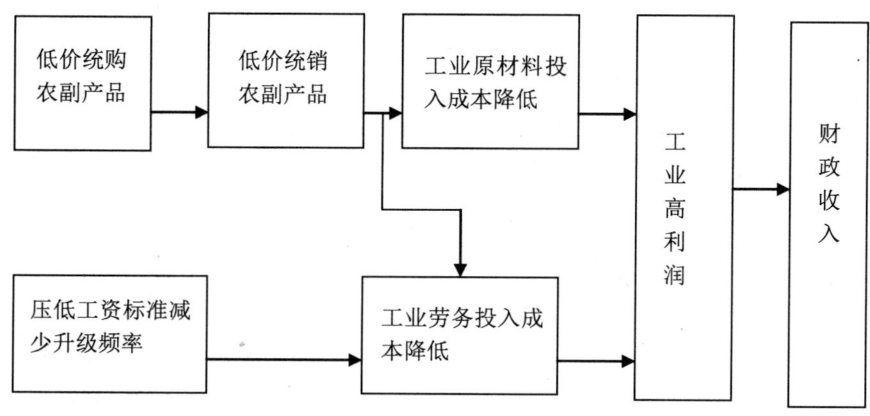

图1 特殊的财政收入形成机制

这样一种特殊的财政收入形成机制，带给政府的财政收入是“超常”水平的，那么，在正常条件下应当且可以通过举借国债完成的任务，便由“超常”的财政收入承担了。

文献考察表明，通过农副产品低价统购这一形式，20多年间农民承担了总额约6000亿元的“价格暗税”（农业部财务司，1991）；1956年以后，城市职工经常性的工资升级制度亦被中止。1957—1977年的20年间，只有1959、1963和1971年进行了小范围、小幅度的工资升级工作。其中，1959年的升级面只有2%；这一时期的企业留利率也一直很低，1978年只有3.7%。其中，工业企业留利率更低，仅为1.7%（马洪，1982）。城市职工的收入水平，1952—1978年的26年间，年平均工资只增加了170元。年均增长率为1.3%。而且，其中有13年还是较上年下降的。至于农民的收入，到1978年，家庭年人均纯收入也只有133.57元（袁振宇，1991）。无论是城市职工的收入水平，还是农民的收入水平，显然都与这一历史时期的国民经济发展状况相去甚远。

作为一个富有深刻意义的结果，我国财政收入占国民收入的比重，在相当长的时期内，始终保持在30%以上（1978年为37.2%）的高水平。

这就是说，1959—1978年的20年间，中国政府并非没有举债。只不过这一时期的国债是以一种特殊的形式隐含着的。它之所以没有表现为国债，是因为广大人民群众以农副产品低卖价和低工资制的形式，默默地消化了这笔本应由政府承担的债务。

二 国债的重新启用：背景何在?

众所周知，中国的经济体制改革是从分配领域入手的。改革之初的思路，是由减少国民收入分配格局中的财政份额起步，以财政“还账”来激发各方面的积极性，从而提高被传统的经济体制几乎窒息掉了的国民经济活力。财政“还账”的具体体现，就是“减税让利”（国家统计局，1994）：

减税让利首先是在农村开始的。1979年，伴随着家庭联产承包责任制的推行，国家较大幅度地提高了农副产品收购价格。当年的农副产品收购价格指数，较上年提高了48.1个百分点。紧接着，1980年，又在1979年的基础上，提高了18.9个百分点。农副产品收购价格的提高，一方面增加了工业产品的原材料投入成本，另一方面，城市居民也因此加大生活费用开支，从而增加了工业产品的劳务投入成本。于是，随着工业部门利润向农业部门的转移，国家来源于低价统购农副产品这一渠道的财政收入便减少了。

减税让利随即又扩展到城市。在1978年国有企业实行企业基金制度的基础上，1979年7月开始了在全国范围内进行利润留成的试点工作。试点企业可以按政府规定的比例，留用一部分利润，用于建立生产发展基金、职工福利基金和职工奖励基金。随后又在次年1月将原规定的全额利润留成办法，改为基数利润留成加增长利润留成，进一步扩大了国有企业的财权。在实行利润留成制度的同时，从1980年开始，还对少数国有企业进行了将上交利润改为课征所得税办法的试点。伴随着这些改革举措的陆续出台，企业的留利额和留利率均出现了较大幅度的增加，分别从1978年的27.5亿元和3.7%增加到1980年的144亿元和21.5%。与此同时，政府对城市职工的工资管理相对放松，包括国有企事业单位和其他所有制成分在内的职工工资收入有了较大的提高，并恢复了中止多年的奖金制度。1979年和1980年，城市职工工资总额指数分别比上年提高了10.5和19.4个百分点。企业留利的增加，使得政府不能再通过财政上的统收将工业部门的利润全部集中到国家手中。农副产品收购价格的提高和相对放松城市职工的工资管理，又通过增加工业产品的原材料投入成本和劳务投入成本这一渠道，压低了工业部门的利润水平。于是，国家源于城市工业部门的财政收入也相应减少了。

可以对上述各项减税让利举措的影响作多视角的考察，但就本文的分析意义来说，有一种影响是不容忽视的：传统的以“农副产品低卖价和低工资制”为基本前提、能够提供“超常”水平财政收入的传统的财政收入形成机制，被打破了。财政收入（不含债务收入）占国民收入的比重，已经大幅度下降。由1978年的37.2%相继减少到1979年的31.9%和1980年的28.3%。

问题不止于此。在财政收入大幅度下降的同时，财政支出并未随之减少，反而因减税让利举措的实施而相应增加了。比如，农副产品收购价格提高后，为了减少提高收购价格可能带来的社会震动，对其销价采取了基本维持不变的办法。由此而形成的购销价差以及增加的经营费用，均由财政给予补贴。1979年和1980年，财政价格补贴支出分别比1980年增加了6.1和10.6倍。还如，城市职工工资奖金收入的增加，就企业而言，是以增加产品劳务投入成本从而冲减企业利润和财政收入的途径消化的，但对行政事业单位来说，则要几乎全部依赖财政增拨专款。由此而引发的财政支出加大，仅行政管理费一项，1980年就比1978年增加了36.1个百分点。

两方面“合力”作用的结果，引发了特殊的财政困难。1979年，国家财政出现了170.67亿元的赤字。紧接着，1980年又出现了127.50亿元的赤字。连续两年的财政赤字，导致了财政向银行的透支，从而带来了物价较大幅度的上涨。而在改革正继续沿着以减税让利为主调的思路向纵深发展的时候，1981年的财政预算又是一个赤字的预算。

如此严重的财政困难，使政府陷入了空前的窘境：

能否继续采用完全向银行透支的办法来弥补财政赤字？这虽不失为解决问题的一条出路，但绝不是一条好的出路。因为，如果那样做的话，由此而引发的通货膨胀无异于在已经上涨了的物价上火上浇油。而一旦物价上涨呈现蔓延和奔腾之势，很可能会使已经取得的改革成就化为乌有。

在理论上说，削减财政支出也可作为解决财政赤字问题的一种办法。但是，在既得利益格局难以触动和财政支出本身具有“刚性”的条件下，财政支出可以削减的余地是不大的。更何况，有些财政支出，如价格补贴支出，在改革初期的大环境中，也是不应当削减且需相应增加的。

于是，还得回过头来在增加财政收入上找出路。传统的财政收入形成机制已经被打破，恢复它又与以放权让利为主调的改革思路相左；通过向银行透支，增发通货来取得财政收入的办法，也于经济发展有害。那么，剩下的办法就只能是举借国债了。

其实，从1979年起政府就已经恢复了中断长达20年之久的外债举借。1979年和1980年分别取得了35.31亿元和43.01亿元的国外借款。但是，举借内债的问题并未随之提上议事日程。这显然与当时人们思想尚未冲破"左"的方面的束缚有关。不过，到1981年严重的财政困难迫使人们不得不正视现实的时候，来自"左"的方面的束缚最终还是被冲破了。1981年1月18日，国务院通过并颁发了《中华人民共和国国库券条例》，随后又于1月26日公布了《关于平衡财政收支，严格财政管理的决定》，决定发行中华人民共和国国库券。当年即向社会发行了为数48.66亿元（计划发行额为40亿元）的国库券。

中国的国债，就是在这样一个特定的历史条件下，被重新启用了。

三　举债实践的飞跃：戏剧性变化

不过，严格说来，1981年的国库券，基本上还是被作为一项解决临时需要的权宜之计、暂时措施加以利用的。当时并未有长期发行的打算，其初衷"主要是想把已经分散出去的资金再集中回来一部分"（高坚，1993）。也就是说，当时并未清楚地认识到传统的财政收入形成机制已不复存在和由此而带来的举借国债的必然性。这不仅表现在它的认购主体以企业和单位为主，发行条件的确对认购者的经济利益考虑不够（如利率只有年息4%，当年5年期的银行储蓄存款年利率则为6.84%）；也表现在它的发行方式仍依赖传统的政治动员，并通过行政系统加以摊派。而且，推销出去的国库券既不得在二级市场自由买卖，也不得向银行贴现或抵押，从而几乎没有任何流动性可言。显而易见，国债是不能在如此的格局下长期发行下去的。

然而，从1982年起，财政困难的日益加剧使得情况发生了戏剧性的变化。

随着改革的不断深入，国家提高农副产品收购价格的频率和幅度亦在加大。从1978年至1993年，农副产品收购价格总指数上涨了2.74倍。其中，粮食类产品收购价格指数上涨了3.31倍，经济作物类产品收购价格指数上涨了1.74倍。同一期间，农业部门所创造的国民收入由986亿元增加到6317亿元，增长5.4倍。来自农业部门的财政收入占农业部门所创造的国民收入的比重，则由3.2%减少到1992年的2.59%（1993年出现少许反弹，为3.7%）（国家统计局，1994）。

在改革重点逐步由农村转向城市之后，调整国有企业利润分配制度的举措一个接着一个出台。1981年12月，财政部会同国家经委在原实行的利润留成办法的基础上，提出了多种形式的利润留成和盈亏包干方案；1983年1月和1984年9月，经国务院批准在全国范围内对国有企业先后实行了第一步利改税、第二步利改税；1986年底和1987年初，国务院对企业承包经营责任制给予肯定，并在全国各地推行；1988年的七届人大一次会议，形成了税利分流的改革思路，随后在试点的基础上向税利分流、税后还贷、税后承包的制度过渡；1994年1月，又以《企业会计准则》和《企业财务通则》的实行以及税收制度的改革为契机，全面实行了国有企业利润分配制度的改革。尽管每次改革的内容和形式不尽相同，但以减税让利开道，不断扩大企业的可支配财力，却不能不说是其共性所在。从1978年至1991年，全国企业留利额由27.5亿元增加到555.4亿元（1988年曾达700.6亿元），增加近20多倍，平均每年递增33.5%。全国企业留利率由3.7%增加到65.3%（1988年曾达86.7%），增加近17倍，平均每年递增34.5%。1978—1993年间，工业部门所创造的国民收入由1847亿元增加到12862亿元，增加7.65倍。来自工业部门的财政收入占工业部门所创造的国民收入的比重，则由75.4%减少至15.2%，减少60.2个百分点（财政部综合计划司，1992；国家统计局，1994）。

改革过程中税收政策和制度不断调整，变化中的税制有许多不完善之处，包括三资企业、私营企业和个体经济在内的多种经济成分迅速发展，在法制尚不健全、征管手段落后以及征管队伍素质有待提高的条件下，全国各地的偷税、漏税、逃税、骗税、欠税、抗税现象十分严重，使国家税收蒙受了巨大的损失。据国家税务局一位权威人士的估算，改革以来，全国每年因此而流失的税收，起码在100亿元以上（储兴华、解春，1993）。

对企业和地方放权，实质是一个解除企业和地方“外律”的过程，但建立企业和地方“自律”亦即企业和地方自我约束机制的工作，未能同步进行。结果，外律越来越少的一些企业和地方政府非但没有一步步走向自立，相反，却像失去了管束的孩子一样，重蹈了历史上曾经反复出现过的“一放就乱”的旧辙。不仅企业随意扩大成本开支范围，乱摊乱挤成本，侵蚀企业利润和财政收入之风久刹不住，而且，地方政府不顾国家税收法令，擅自制定名目繁多的税收优惠政策，造成了以减免税口子越开越大、越权减免、随意退税为重要特征的财政收入流失趋势的形成和蔓延。

正是在这种条件下，财政收入（不含债务收入）占国民收入的比重持续下滑，出现了一降再降（在1980年已降至28.3%的基础上，1982年为24.4%，1990年为20.4%，1993年为18.2%）的势头。与此同时，财政支出仍在继续为各项改革举措的出台“架桥铺路”（前面所说的农副产品收购价格的提高和城市职工工资奖金收入的增加，要求以财政支出的相应增加给予支持，便是一例），因而承受着越来越大的压力（1982年的财政支出比上年增长3.3%，1983年又比1980年增长12.1%。从1978—1993年，财政支出的年平均增长速度为11.0%）（国家统计局，1994）。

由此带来的一个必然结果是，1982年，财政赤字非但没有消除，反而进一步加大了（由1981年的98.59亿元增至1982年的112.40亿元）。而且，在此之后，亦是年复一年的赤字和呈膨胀之势的赤字。

现实终于使人们认识到：今天的中国财政，已经离不开国债的支持。举借国债已非一时的权宜之计或暂时措施，而将是一种与我们长期伴随的经济现象。

一旦认识到事情要从长计议，中国的举债实践便开始出现了质的飞跃：

——国债的发行规模一再跃增。由1981—1984年间的每年40亿元，相继增加到60亿元（1985—1986）、160亿元（1987）、250亿元（1988）、275亿元（1989）、380亿元（1992）和370亿元（1993）。进入1994年，国债的发行规模又跃上了1150亿元的高台，相当于80年代初国债发行量的20多倍。

——国债的发行种类逐步增多。在名称种类上，由1981—1986年间单一的国库券，逐步增设了国家重点建设债券（1987）、财政债券（1988）、国家建设债券（1988）、特种国债（1989）、保值公债（1989）和转换债（1991）；在期限种类上，由1981—1984年间单一的10年期，逐步增设了5年期（1985）、3年期（1988）、半年期、1年期和2年期（1994）；除此之外，还于1992年起发行了无实物国库券。

——国债的认购主体由以单位为主逐步转向以个人为主。1981年的国库券，基本上是由企事业单位、机关团体、农村富裕社队等认购的，对居民个人未分配任务。但从1982年起，居民个人便逐步成为国债的主要认购主体，1983年个人和单位的认购额几乎平分秋色，1985年个人的认购额又开始超过单位的认购额。到了1989年，除了财政债券和特种国债有特定的发行对象之外，其他的国债券种几乎都是由个人认购的。在此之后，这一以居民个人（包括个体工商户）为主要认购主体的国债认购者格局，便一直维持了下来。

——国债的发行方式趋向市场化。1981—1989年间的国债，基本上是以行政手段加以派购的。1990年开始部分采用市场发行的办法，1991年试行了国债的承购包销方式，1992年又在前一年的基础上试办了国债的无券竞争招标发行，1993年推出了国债一级自营商制度。到1994年，已基本实现了国债发行方式的市场化。

——国债的发行条件逐步向迎合认购者偏好的方向转化。1981—1984年间的国债，不仅偿还期限长，不具流动性，而且利率低，甚至低于同期的银行储蓄存款利率。从1985年起，国债的发行条件根据认购者的需要，进行了一系列改进：偿还期限由原来的10年缩短为5年、3年，此后又增设了半年期、1年期和2年期，从而形成了5年期、3年期、2年期、1年期和半年期多种期限并存的格局；允许国债持有者将债券中途贴现、抵押，直至在1988年开放二级市场，使债券可随时上市转让；相应提高国债利率，基本形成了国债利率追随银行存款利率而定并略高于同期银行存款利率的格局；开设代保管业务，国债持有者可将债券交付中国工商银行代为保管，等等。

——国债的管理工作范围逐步拓宽。1981—1985年间，国债的管理工作仅限于推销。从1986年起，还本付息工作提上议事日程。1988年，又开放了国债二级市场。自此，国债的管理工作纳入了包括发行、偿付和流通转让诸项内容在内的全面管理的轨道。

四 偿债高峰期的到来：国债规模越滚越大

举借的国债终归是要还本付息的。无论是国债利息的支付费用，还是国债本金的偿还费用，总要形成财政的一个特殊的出项——债务支出。

自1986年起，国债的还本付息开始提上议事日程。不过，最初那一年还本付息的任务不算重，只有1981年所发行国库券本息的20%需要偿付，统算下来，其数额也就是7.98亿元，因而未构成太大的压力。但是，在此之后，随着举债规模的扩大，债务支出便出现了急剧递增的情形，并于1990年进入了偿债高峰期。1987年的国债还本付息额为23.18亿元，已经接近1986年的3倍。到1990年，还本付息额一下子增长到375亿元，占当年财政支出的比重达10.5%之多。1991年和1992年的国债还本付息额，也都分别居于428亿元和416亿元的高水平（张加伦等，1992）。

每年数百亿元的国债还本付息支出，对于已经处于极端困难境地的中国财政来说，无疑是雪上加霜。这时，政府唯一能做的事情，就是发新债还旧债。

其实，早在偿债高峰到来之前的1988年5月，财政部国家债务管理司在一份名为《国家内债及还本付息情况》的报告中，便提出了以推迟偿还期来应付偿债高峰的对策意见。当时的设想是：对于单位所持有的到期债券，不办理还本付息，而按应付本息额兑换新的转换债券；对于个人所持有的到期债券，则按应付本息额发行新债券，用发行新债券所筹集的资金来办理还本付息（张加伦等，1992）。

这种设想首先在1990年到期国债的兑付上初步付诸实践了。1990年到期国债所需的还本付息额共为375亿，其中，单位和个人持有的份额大约各占一半。当年的6月14日，财政部和中国人民银行联合颁发了《关于暂不办理"单位"持有1990年到期国债的兑付的通知》，决定对1990年到期的企事业单位、机关团体、部队、金融机构所持有的到期债券，实行延期偿还，暂不办理兑付事宜。同时决定，当年7月1日国债兑付期开始后，只办理个人持有的到期债券兑付，并为之相应增发了新债券。

1991年的到期国债兑付，仍然是按照1988年提出的方案来办理的。有所不同的是，对单位所持有的到期债券采取了较为规范化的处理办法——发行转换债。1991年1月国务院颁发了《关于发行1991年转换债的通知》，决定将企事业单位、机关团体、部队所持有的当年到期的国债，转换为等额的5年期新债，并按8%的年利率计息。同时，对个人所持有的当年到期国债，仍以举借新债的办法按期办理还本付息事宜。

有了1990年和1991年的实践基础，政府似乎已经找到了解决到期国债资金兑付难题的通道。于是，在财政困难始终未得到缓解的现实背景下，不断地发新债来还旧债（对单位所发行的转换债，实际上也是在借新还旧）便被作为一种自然的选择，一再地运用于到期国债的兑付实践。1992年以来每年高达数百亿元的偿债高峰，正是循着这种模式得以渡过的。

不言而喻，以举借新债作为包括国债利息支出和国债还本支出在内的债务支出的资金来源，虽能实现到期国债的按时兑付，但其代价却是国债规模越滚越大，从而陷入一种“恶性循环”。用发行转换债的办法来收兑单位所持有的到期国债，也将以牺牲国债的信誉为代价。不过，对由此而导致的利弊效应，是一个需要专门研究的复杂问题，本文不拟多加评论。这里仅意在指出一个事实：正是不断地发新债来还旧债这种行为方式，加剧了1990年之后中国国债发行规模的膨胀势头。

五　结论

本文着重对经济体制改革以来中国国债所呈现的迅速发展的现象及其成因，作了一般性的分析。由于它涉及经济体制改革举措的几乎所有的方面，分析过程中难免看漏一些细节，但基本的流程大致是不会错的。

分析结果表明，尽管中国国债的迅速发展局面是在经济体制改革以来才逐步形成的，但它并非经济体制改革的产物。经济体制改革对于中国国债的作用，只不过是使其从后台走向前台，由隐性转为显性罢了。

从根本上说来，经济体制改革以来的中国国债规模之所以出现膨胀，其基本的成因就在于：以“农副产品低卖价和低工资制”为基本前提、能够提供“超常”水平财政收入的传统的财政收入形成机制被打破之后，以工商税收和国有企业利润上交为主体的经常性财政收入相对下降。国债作为一种辅助性或补充性的财政收入形式，一再地被用于填补经常性财政收入相对下降后留下的“空缺”。与此同时，偿债高峰期的到来所引致的“借新债还旧债”的循环，也对国债规模膨胀起了推波助澜的作用。

至于同期财政支出规模的扩张对国债发行规模膨胀的作用，笔者之所以着墨不多，是因为，这一时期财政支出规模的扩张主要表现为债务支出和价格补贴支出的扩张。导致债务支出扩张的根本原因，显然在于经常性财政收入相对下降后所带来的国债规模的膨胀。价格补贴支出的扩张，主要导因于农副产品收购价格的数度提高。在前面已经说过，农副产品收购价格的提高是以经常性财政收入的相对下降为代价的。事实上，在1985年以前，我国的价格补贴支出本身就是作为财政收入的冲销项目处理的。这就是说，无论债务支出的扩张，还是价格补贴支出的扩张，均可以从经常性财政收入的相对下降中去寻求答案。财政支出规模的扩张似乎不是、或许主要不是这一时期中国国债发行规模呈现膨胀势头的根本原因所在。

上述论断的引申意义是，在目前的中国，扭转国债发行规模膨胀局面，从而使中国国债走出“恶性循环”的根本出路，在于尽快堵住经常性财政收入流失的漏洞，实现经常性财政收入与国民经济的同步增长。这样说，绝不意味着压缩国债发行规模不应以削减财政支出为对策。但同制止经常性财政收入相对下降的势头相比，它是应处于次要地位的。至少在近期内是这样。

主要参考文献

《中国统计年鉴（1994）》，中国统计出版社1994年版。

《中国财政统计（1950—1991）》，科学出版社1992年版。

《中国农业资金问题研究》，中国人民大学出版社1991年版。

马洪：《中国经济事典》，中国社会科学出版社1982年版。

袁振宇：《财政赤字研究》，中国财政经济出版社1991年版。

张加伦等:《新中国国债论纵》, 中国财政经济出版社1992年版。

高坚:《中国的国债问题》, 中国财政经济出版社1993年版。

储兴华、解春:《税收漏洞何其多?》《经济日报》1993年10月20日。

（原载《财贸经济》1995年第4期）

举借国债与货币供给关系的理论分析

1994年财税改革以后，财政上所发生的赤字，已经全部以举借国债的方式弥补。财政赤字和货币供给的关系，已经在很大程度上表现为举借国债与货币供给的关系。如此之大的体制变革，给我们提出了这样一个命题：举借国债对货币供给具有怎样的影响？

回答上述命题，应当有一个从抽象到具体、由理论到实践的研究过程。限于篇幅，本文仅进行理论分析，实证考察的任务留待另文去完成。

一 财政收支过程对货币供给的影响：一个简要的考察

国债是作为政府取得财政收入的一种形式而加入到财政收支过程中，并通过财政收支过程对货币供给量发生影响的。关于举借国债对货币供给影响的分析，显然要由财政收支过程与货币供给的决定机制之间的关系来入手。

现代银行制度下，微观经济主体的货币收支活动通过商业银行进行，财政机关的货币收支活动经由中央银行进行。财政的收入过程既表现为微观经济主体把自己所拥有的资金交给财政机关支配，它就意味着货币要由商业银行账户流入中央银行账户，实际上也就是存款货币收缩为基础货币的过程；财政的支出过程既表现为财政机关把自己所拥有的资金交给微观经济主体支配，它就意味着货币要由中央银行账户流入商业银行账户，实际上也就是基础货币扩张为存款货币的过程。

如果法定准备金比率是一定的，并且，财政收入和财政支出在量上是相平衡的，那么，等量的财政收入从商业银行账户流入中央银行账户所带来的货币供给总量的收缩效应和等量的财政支出从中央银行账户流入商业银行账户所带来的货币供给总量的扩张效应，就是对称的。也就是说，在财政收支平衡，并且财政收入的来源不包括举借国债收入的条件下，财政收支过程对货币供给的决定，在总量上没有什么影响。

不过，一旦国债被作为政府取得财政收入的一种形式而引入财政收支过程，财政收支过程不对货币供给总量构成影响的说法便会被打破，而不再成立了。

二 国债的认购主体与货币供给

举借国债究竟会对货币供给产生什么样的影响，主要视国债的认购主体而定。

国债主要是向民间部门发行、由微观经济主体来认购的。微观经济主体可以分作企业和家庭两个部门，其中企业又可以进一步区分为银行企业部门和非银行企业部门。在银行企业部门项下的主要是商业银行，在非银行企业部门项下的自然是除商业银行之外的其他企业，如工商企业、非银行金融机构等。不过，就对货币供给所带来的影响而言，非银行企业部门和家庭部门认购国债的区别不大，因而不妨将它们统称为社会公众而放在一起来考察。

除此之外，主要出于政策方面的考察，现实经济生活中，中央银行和政府机构（财政机关除外）通常也要加入到国债认购者的行列中。尽管这两个部门作为国债认购主体的行为方式与微观经济主体有着显著的不同，但由此而带来的货币供给效应，同样是不能忽略的。

1. 社会公众作为国债的认购主体

社会公众认购国债实质是一种储蓄行为，它用以认购国债的资金无非来源于两个方面：一是出自储蓄资金或原本用于投资支出的资金，另一是出自消费资金或原本用于消费支出的资金。不论两种来源的各自占比如何，当社会公众认购国债时，意味着货币由商业银行账户向中央银行账户转移；而当财政机关将发行国债所得货币用于支出时，又意味着货币由中央银行账户向商业银行账户转移。前者表现为货币供给的总量收缩，后者表现为货币供给的总量扩张。如果两者的变动规模相等，但方向相反，其结果，除有可能引起市场利率的短时波动外，一般只会造成政府支出和民间支出的转移，而不会增加或减少经济中的货币供给量。

假定社会公众通过开户商业银行以签发支票方式向财政机关认购国债100万元，商业银行和中央银行账户将因此而发生如下变化（参见图1）：

（1）商业银行为支付提款，一方面其账户负债方公众存款减少100万元，另一方面其账户资产方准备金亦减少100万元。

（2）社会公众将代表国债认购款的支票交送财政机关，财政机关又将其转送中央银行。中央银行对此作出两种反应：一方面在财政机关的财政金库存款账户上加记100万元，即中央银行账户负债方财政金库存款增加100万元。另一方面将财政机关交存的商业银行支票冲减商业银行在中央银行的存款，即中央银行账户负债方商业银行存款减少100万元。

如果这时商业银行拥有超额准备金，则社会公众的提款不会引起货币供给收缩。如果这时商业银行并无超额准备金，则社会公众的提款将使商业银行发生准备金不足，而只能通过收回部分贷款或变卖库存有价证券的办法，以资填补。这时，货币供给将因此而收缩并出现紧俏，市场利率随之上升。

不过，这种紧缩现象的出现只是一时性的，一旦进入第（3）步，紧缩的现象便会自动解消或缓和。

（3）财政机关支用其新存款，签发支票将100万元分别拨付给居民家庭或工商企业等社会公众。社会公众又将支票交存各自开户商业银行。于是，商业银行一方面在其账户负债方加记公众存款100万元，另一方面将社会公众交存中央银行支票寄送中央银行，待中央银行将支票冲减财政金库存款并转作商业银行存款后，又在其账户资产方加记准备金100万元。

到这时，商业银行的公众存款额和存款准备金额又会恢复到原有的水平。也就是，与社会公众认购国债之前相比，商业银行存款准备金没有变动，公众存款总额也没有变动。前述的紧缩现象随之消除，市场利率回降至原有水平。

中央银行		商业银行	
####	####	####	####
	（2）财政金库存款 +100 万元	（1）准备金 –100 万元	（1）公众存款-100 万元
	（2）商业银行存款 –100 万元	（3）准备金 +100 万元	（3）公众存款+100 万元
	（3）财政金库存款 –100 万元		
	（3）商业银行存款 +100 万元		

图1 社会公众作为国债认购主体对货币供给的影响

由此我们可以认为，社会公众作为国债的认购主体带给货币供给的影响一般是“中性”的。

2. 商业银行作为国债的认购主体

商业银行认购国债对货币供给的影响如何，当视其用以认购国债的资金是否来源于超额准备金而定。

如果商业银行的超额准备金未全部用于其资产业务，它便可以用超额准备金来认购国债。当商业银行用超额准备金认购国债时，意味着货币由商业银行账户向中央银行账户转移；而当财政机关将发行国债所得货币支用出去时，又意味着货币由中央银行账户向商业银行账户转移。在这一过程中，由于用以认购国债的超额准备金系商业银行原未动用的准备金，所以前者不会带来货币供给的总量收缩，后者却仍表现为货币供给的总量扩张。两者相抵，其结果，便是货币供给量以相当于商业银行认购国债额一倍的规模增加。这一点同商业银行向工商企业和家庭发放贷款或投资的情形是类似的。

如果商业银行的超额准备金已经全部用于其资产业务，它便只能用收回贷款或投资的办法来筹措认购国债资金。当商业银行以收回贷款或投资所得货币来认购国债时，其对货币供给的影响便同社会公众认购国债无异了。这是因为，在这一过程中，同样意味着货币由商业银行账户到中央银行账户以及由中央银行账户再到商业银行账户的转移，并相应表现为货币的总量收缩和总量扩张。特别是对商业银行本身来说，购进政府债券和向工商企业或家庭发放贷款或投资，都是其资产业务的构成内容。显而易见，在资产业务总规模不变的条件下，资产业务的具体构成项目的此增彼减并不会带来货币供给量的变动。

假定商业银行动用超额准备金认购国债100万元，商业银行和中央银行账户因此而发生的变化如下（参见图2）：

（1）商业银行签发支票100万元交付财政机关，购入政府债券100万元。这时，其账户资产方准备金减少100万元，持有政府债券增加100万元。

（2）财政机关将商业银行支票送存中央银行，中央银行遂在财政机关的财政金库存款账户上加记100万元，同时，在商业银行的存款账户上减记100万元。即中央银行账户负债方财政金库存款增加100万元，商业银行存款减少100万元。

（3）财政机关将举借国债收入100万元充作支出财源，以签发支票方式分别拨付给居民家庭和工商企业等社会公众。社会公众又将支票交存各自开户商业银行，商业银行遂在其账户负债方加记公众存款100万元，同时将社会公众交存支票寄送中央银行，待中央银行将支票冲减财政金库存款并转作商业银行存款后，便在其账户资产方加记准备金100万元。

经过以上三步变化，公众存款或说是经济中的存款货币净增了100万元。也就是说，有些社会公众比商业银行购进政府债券之前多出100万元的钱，而又没有哪些社会公众的钱因此而减少。

中央银行		商业银行	
####	####	####	####
	（2）财政金库存款 +100 万元	（1）准备金 –100 万元	
	（2）商业银行存款 –100 万元	（1）政府债券 +100 万元	（3）公众存款+100 万元
	（3）财政金库存款 –100 万元	（3）准备金 +100 万元	
	（3）商业银行存款 +100 万元		

图2　商业银行以超额准备金认购国债对货币供给的影响

考虑到上述前后两种情况可能会同时存在，我们可以适当地认为，商业银行作为国债认购主体对货币供给有扩张性影响。

3. 中央银行作为国债的认购主体

中央银行认购国债，主要是基于执行货币政策或支持政府财政正常运行方面的考虑。它既可以通过直接途径，从财政机关直接购入；也可以通过间接途径，从公开市场上买进。途径和方式不同，对货币供给的影响及其传导过程也略有区别。

当中央银行从财政机关直接认购国债时，它是以在财政机关的财政金库存款账户上加记一笔相应数额的货币的方式来进行的，这就意味着相应数额的基础货币被“创造”出来了；当财政机关把这笔货币用作支出而拨付出去时，又意味着这笔货币由中央银行账户流入了商业银行账户。具有高能作用的基础货币的创造并由中央银行账户向商业银行账户转移，所带来的肯定是货币供给的倍数扩张。

假定中央银行以在财政机关的财政金库存款账户加记 100万元的方式直接从财政机关购入政府债券100万元，中央银行和商业银行账户将因此而发生如下变化（参见图3）：

（1）中央银行账户资产方持有政府债券增加100万元，负债方财政金库存款增加100万元。

（2）财政机关支用其存款，签发支票将100万元分别拨付给居民家庭或工商企业等社会公众。社会公众将支票送存其开户商业银行A，商业银行A一方面在其账户负债方加记公众存款100万元，另一方面将社会公众交存支票寄送中央银行。待中央银行将支票冲减财政金库存款并转作商业银行存款后，遂在其账户资产方加记准备金100万元。

（3）到这时，商业银行A已经拥有新增存款准备金和公众存款100万元。假定法定准备金比率为20%，那么，在经过整个商业银行系统的资产业务运用之后，新增存款准备金将会被倍数扩张为大约500万元的存款货币（包括第（2）步所形成的100万元公众存款）。

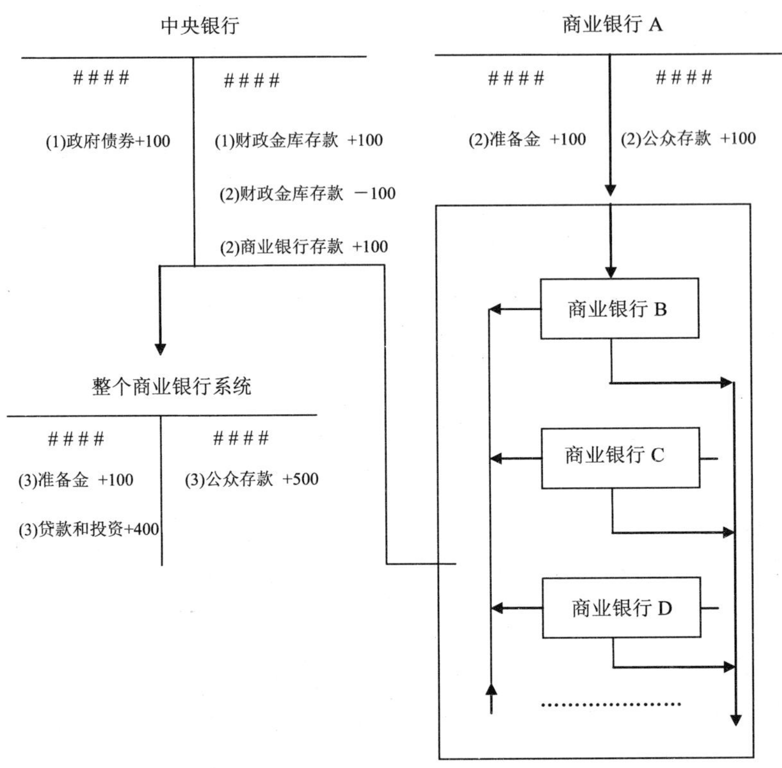

图3 中央银行从财政机关直接认购国债对货币供给的影响

当中央银行从公开市场上购入政府债券，其可能的交易对象便是社会公众和商业银行。

如果中央银行从社会公众手中购入政府债券，它通常是以签发支票的方式来进行的。当政府债券出售者将支票交存商业银行并通过商业银行与中央银行的结算而相应形成商业银行持有的中央银行负债时，基础货币便被“创造”出来且由中央银行账户流入了商业银行账户。这时的结果，自然也是货币供给的倍数扩张。

假定中央银行以签发支票的方式从社会公众手中购入政府债券 100万元，中央银行和商业银行账户因此而发生的变化如下（参见图4）：

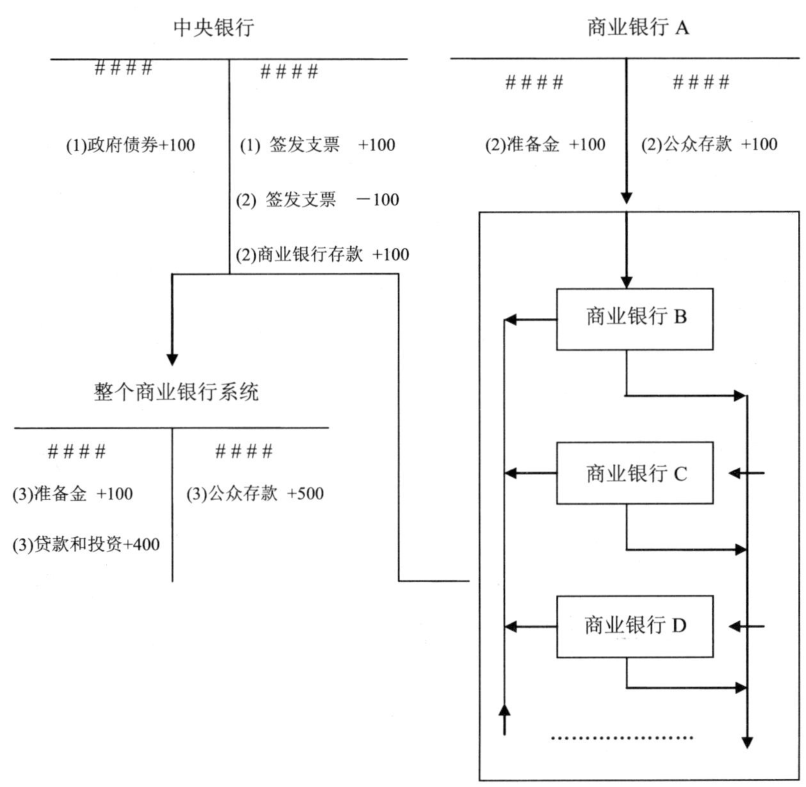

图4　中央银行从社会公众手中间接认购国债对货币供给的影响

（1）中央银行账户资产方持有政府债券增加100万元，负债方签发支票增加100万元。

（2）债券出售者将中央银行支票送存开户商业银行A，商业银行A遂在其账户负债方加记公众存款100万元，同时将支票转送中央银行，待中央银行将所签支票转作商业银行存款后，又在其账户资产方加记准备金100万元。

（3）在法定准备金比率为20%的条件下，商业银行A所持有的新增存款准备金100万元，在经过整个商业银行系统的资产业务运用之后，将会被倍数扩大为大约500万元的存款货币（包括第（2）步所形成的100万元的公众存款）。

如果中央银行从商业银行手中购入政府债券，它通常是以在商业银行存款准备金账户上加记一笔相应数额的货币的方式来进行的。这时，相应数额的基础货币便被“创造”出来了。当商业银行据此在自己账户的资产方加记这笔相应数额准备金时，被创造出来的基础货币便由中央银行账户流入了商业银行账户，并进入了倍数扩张的过程。只不过这时的公众存款未直接随中央银行认购国债而马上增加，它所带来的存款货币扩张倍数较之中央银行从其他交易对象手中购入政府债券的情形小1。

假定中央银行以在商业银行存款准备金账户加记100万元的方式，从商业银行A手中购入政府债券100万元，中央银行和商业银行账户因此而发生的变化如下：

（1）中央银行账户资产方持有政府债券增加100万元，负债方商业银行存款增加100万元。

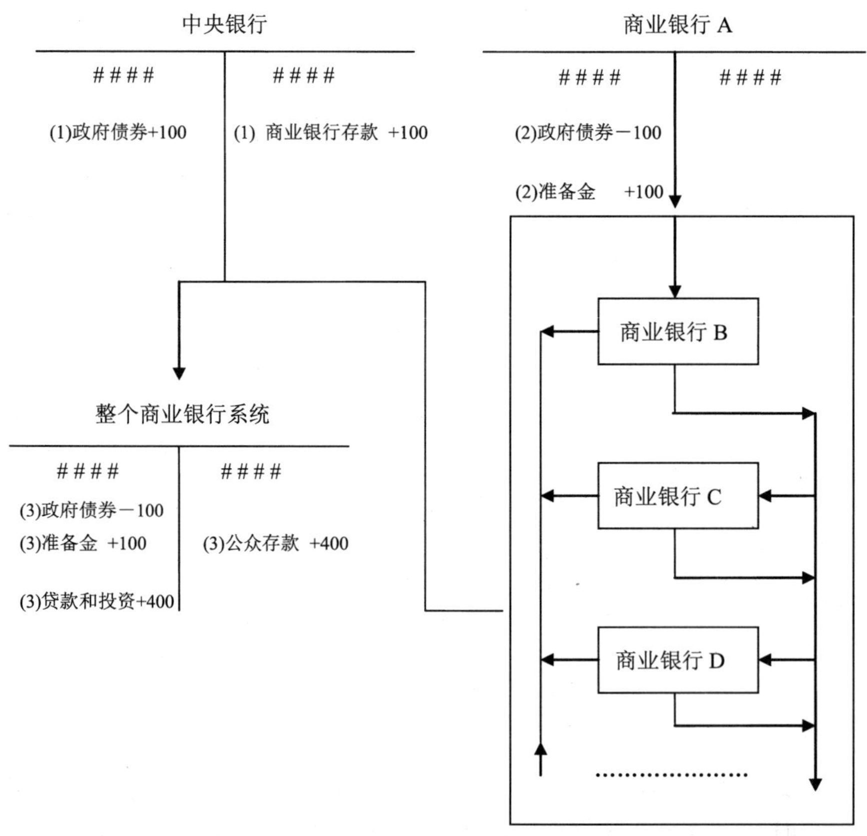

图5 中央银行从商业银行手中间接认购国债对货币供给的影响

（2）商业银行A将原持有政府债券交付中央银行的同时，在自己账户上进行相应结算。即其账户资产方持有政府债券减少100万元，准备金增加100万元。

（3）商业银行A新增存款准备金100万元，在法定准备金比率为20%的条件下，经过整个商业银行的资产业务运用之后，可以使存款货币倍数扩张为大约400万元的规模。

从以上分析可以获得一个重要的结论：只要中央银行认购国债，无论是通过直接途径，还是通过间接途径，也不论是从财政机关购入，还是从社会公众或商业银行手中购入，其共同的结果都是商业银行所持有的中央银行负债（存款准备金）相应增加，并由此带来货币供给量的倍数扩张。

4. 政府机构作为国债的认购主体

最后一个可能的国债认购主体是除财政机关之外的政府机构。政府机构出任国债的认购主体，主要是为了充分利用政府部门内部的资金。具体来说，就是（1）政府经费拨付的集中性和政府支出速率的均衡性，通常可使政府机构在经费支出过程中形成一笔暂时存留的资金，其中的大部分可通过投放于短期的国债而调剂使用；（2）政府管理的各种社会保障基金，往往有自己独立的收入来源，且专款专用，有可能形成部分暂时盈余而调剂给财政机关；（3）地方各级政府掌握的财政资金和预算外资金也可能出现盈余而处于暂时闲置状态，完全可以将其中的一部分以认购国债的形式纳入中央财政的收支过程。

但不管原因或目的怎样，政府机构认购国债实际上仅是政府部门内部的资金转移，或说是政府各部门银行存款账户之间的资金余缺调剂。与这一过程相伴随的，基本是货币在中央银行账户之间的流动。既然如此，它带给货币供给的影响不大，可以将其大致视为“中性”。

5. 各种情形的组合

在现实经济生活中，上述四个部门可能同时作为国债的认购主体，也可能非同时加入国债认购者的行列。这显然要取决于当时的经济形势。不过，尽管我们在理论上不容易断定来源于上述部门的资金在举借国债的收入总额中各自占据多大比例，但是，根据以上分析，说举借国债带给货币供给的影响，至少不是紧缩性大，在大多数情况下，则可能都是扩张性的，应当不会有什么异议。

这也就是说，只要国债作为财政收入的一种形式加入财政收支过程，财政收支过程便具有扩张货币供给之效。

三 国债的流动性与货币供给

举借国债对货币供给的影响，还表现在它所带来的社会流动性状况的变化上。

1. 政府债券是一种具有一定程度的流动性的金融资产

国债主要是指政府通过在国内外发行债券的办法来取得财政收入的一种形式。政府所发行的债券，便是其认购者所持有的一种金融资产。金融资产总是要具有一定程度的流动性的。

金融资产的流动性指的是它迅速变为货币而在以货币计算的价值上不蒙受损失的能力。本着这种理解，如果一种金融资产的变现能力强，且变现成本低，它就具有较高的流动性。反之，则流动性就较低。依此而论，首先是狭义的货币（即由硬币、纸币和活期存款所构成的M1），它具有完全的流动性。既然它已经是货币，在出售它即将它变成货币时就不存在费用和困难，而且一个货币单位的价值就固定是一个货币单位。其次是储蓄和定期存款（储蓄和定期存款加之上述的M1，构成广义的货币M2），它虽然不能直接据此开出支票，但完全可以在通知银行后而取得现款，当然在此过程中其本身的价值也不发生变动，故在流动性程度上仅次于狭义的货币。再往后便是政府债券了。任何持有者都可以把到期的政府债券换成现款，或者，把未到期的政府债券在公开市场上出售来换取现款。尽管出售的价格不是稳定的，而且事先亦难以预测价格的长期波动，因而变现过程中很可能伴随有一定的成本费用。但是，只要持有者持有这种易于换成现款的资产，其开支的多少就不可能不受其所持有的政府债券的影响。就这个意义来讲，它和银行存款的影响无异。也正因为如此，经济学家们往往将政府债券称之为“货币近似物”或“准货币”，并主张将其纳入货币供给量的统计范围（其主张是使用M3的统计口径，即M3＝M2+政府债券）。

由上述分析不难看出，作为具有一定程度的流动性的金融资产的政府债券，它虽然不如货币那样具有完全的流动性，但作为货币近似物或准货币，也带有货币的许多特点，因而在某种程度上可以说是相当于货币的。联想到国债认购者在交出具有完全流动性的货币以换回具有一定程度的流动性的政府债券的同时，流入政府部门手中的货币并未随之退出流通，其结果显然是社会上的流动性程度或说是货币供给量因政府举债而增加了。

2. 政府债券的结构性特征与其流动性效应的增大

在上面的讨论中，我们一直是将国债视为一个整体来考察其对社会流动性状况的影响的。事实上，在政府债券中，也是可以作进一步的分类的。不同种类的政府债券，在流动性程度上具有差别。

例如，按照能否上市来分类，可将政府债券区分为可转让债券与不可转让债券。可转让债券是能在金融市场上自由流通买卖的政府债券，认购者在购入这种债券后，可视其本身的资金需求状况和金融市场行情，随时将债券拿到市场上出售，转让他人。也就是说，这种债券的认购者不一定是债券的唯一或最终持有者；与之相反，不可转让债券是不能在金融市场上自由流通买卖的债券，认购者在购入这种债券后，即使遇有资金急需或发现金融市场行情变化有利，也不能将债券及时拿到市场上脱手转让。唯一能做到的，是通常可在持有一定期限后向政府要求提前兑现（当然要以损失一定的利息为代价）。也就是说，这种债券的认购者就是债券的唯一或最终持有者。无须赘言，可转让债券与不可转债券相比，前者具有更大的流动性。

还如，按照偿还期限来分类，可将政府债券区分为短期债券、中期债券和长期债券。将中期债券存而不论，单就短期债券与长期债券的比较来说，它们在流动性上的差异十分明显。短期债券，一方面，作为政府的直接债务，几乎没有任何不能按时并充分履行约定的利息支付或偿还本金的风险。另一方面，作为期限较短的债务（大部分只有几个月的期限），市场利率的任何上涨都只能轻微地影响其价格。这就使得它通常可为人们所乐于接受，从而拥有一个活跃且不间断的市场。长期债券，虽然在作为政府的直接债务，具有高度的安全可靠性这一点上与短期债券无异，但作为期限较长的债务（特别是10年以上或只可按期取息，但没有规定偿还期限的所谓无期债券），随市场利率的任何上涨而价格大幅跌落的可能性极大。尽管这也同时伴随因市场利率的任何下降而获得较大的资本收益的另一种可能性，但其市场风险总要较之短期债券为高。所以，除非长期债券提供的利息收益非常之高，否则，在其他条件相同的条件下，人们往往宁愿要短期的而不愿接受长期的债券。相比之下，短期债券的流动性大大高于长期债券是显而易见的。或许这也正是短期的政府债券享有“仅次于现金的凭证”之称的原因所在。这就是说，如果在政府债券中包括有一部分可转让政府债券，或者，政府债券的一部分是由短期的政府债券所构成的，政府债券作为一种金融资产所具有的流动性，肯定会进一步增大。

事实上，现实经济生活中，出于推销上的顺利以及执行经济政策等方面的考虑，政府所发行的债券，主要还是可转让的政府债券，而且，其中的大头儿也在于短期的政府债券。由此可以推论，举借国债不仅可以增加社会上的流动性或货币供给量，更重要的问题还在于，政府债券上所呈现的可转让债券为主、短期债券居多的结构性特征，对举借国债所具有的扩张货币供给之效产生了一种推力。

四　国债的偿付活动与货币供给

政府举债总要牵涉发行和偿付（即还本付息）前后两个阶段的活动。我们还应当把货币供给因国债的偿付活动而受到的影响，引入分析进程。

国债的偿付活动既然要纳入政府财政的收支过程，一方面同财政收入有关，即要通过财政收入过程为国债的偿付费用筹措必要的资金；另一方面同财政支出有关，即要把应付的国债本息通过财政支出过程拨付到国债持有者手中。分析的出发点，就应是国债的偿付分别对财政收入和支出两个过程的影响。

从国债的偿付对财政收入过程的影响来看，不论是国债本金的偿还费用，还是国债利息的支付费用，或是两者的某种结合，偿付费用的资金来源无非有二：增课税收和举借新债。根据前面的分析，如果以增税的办法为国债的偿付费用筹措资金，就意味着货币要由商业银行账户流入中央银行账户，其结果是商业银行存款准备金的相应减少和货币供给量的多倍收缩；如果以举债的办法为国债的偿付费用筹措资金，不论作为国债的认购主体的社会公众、商业银行、中央银行和政府机构所认购的国债在举债收入总额中的各自占比如何，也不论政府所发行的债券是可转让债券、不可转让债券，还是短期债券、中期债券或长期债券，其结果一般都是货币供给量的相应扩张。由此观之，既然前者表现为货币供给的收缩，后者表现为货币供给的扩张，问题自然就可归结到来自增税和举债的资金孰多孰少上来了。倘若偿付费用的资金来源以增税为主，由此而带来的货币的收缩效应就大于货币的扩张效应，那么，国债的偿付带给财政收入过程的影响就是收缩性的；反之，倘若偿付费用的资金来源以举债为主，由此而带来的货币的扩张效应就大于货币的收缩效应，那么，国债的偿付带给财政收入过程的影响就是扩张性的。

然而，问题的复杂之处恰恰在于，偿付费用的两种资金来源的力量对比究竟怎样，要取决于当时当地的具体情况。更何况，实践中各种形式的财政收入又是捆在一起使用的。因此，这一问题的理论判断既费周折，也不那么容易说清。看起来，问题的答案还得从国债的偿付对财政收支两个过程影响的综合分析中去寻求。

从国债的偿付对财政的支出过程的影响来看，偿付费用支出虽是因政府举债而引致的，但它是作为财政支出的一个项目而存在的。而且，由于它的存在和膨胀，也使得财政支出的规模随之膨胀了起来。从这个意义来说，偿付费用支出同财政支出的其他项目对货币供给的影响是一样的。当政府把应付的国债本息拨付给国债的持有者时，同样意味着货币由中央银行账户流入商业银行账户，其结果也同样是商业银行存款准备金的相应增加和货币供给量的多倍扩张。联想到偿付费用支出是导致政府财政支出规模膨胀的原因之一，财政支出过程对货币供给的总量扩张效应的大小又与财政支出的规模正相关，所以，说国债的偿付加大了财政支出过程对货币供给的扩张性影响，是很自然的。

将国债的偿付对财政收入和财政支出两个过程的影响联系起来，不难引出如下推论：如果用作偿付费用支出的资金全部来源于增课税收，那么，国债的偿付活动对货币供给的影响就是“中性”的；如果用作偿付费用支出的资金部分地来源于举借新债，部分地来源于增课税收，那么，国债的偿付活动对货币供给的影响便是扩张性的；如果用作偿付费用支出的资金全部来源于举借新债，则国债的偿付活动对货币供给的扩张性影响会进一步加大。

总的来看，现实经济生活中偿付费用支出全部来自增课税收或全部来自举借新债的可能性，一般是较小的。较为常见的则是部分地来自增课税收，部分地来自举借新债，这就意味着，国债的偿付活动带给货币供给的影响，基本上都是扩张性的。

（原载《经济理论与经济管理》1996年第1期）

中国国债对社会总需求影响的实证分析

我国理论界一向把控制社会购买力（特别是压缩民间的购买力），视为举借国债的作用之一。然而，颇具戏剧性的是，我国十几年来举债规模的不断扩大，恰恰是同物价总水平的一再上扬同时发生的。1994年伴随着国债的发行规模一举跃上千亿元高台，物价上涨率亦首次突破了20%这一改革以来几次濒临突破却一直未能突破的大关。由此带来了这样一个问题：中国国债对于社会总需求的影响，究竟是紧缩性的？还是扩张性的？

本文拟从实证分析的角度，来透视改革以来中国国债对于社会总需求的影响机制。分析将从国债对家庭、企业和政府行为的影响入手，以此为基础，顺次讨论其对居民消费、企业投资和财政支出的影响，最后在对社会总需求的影响上加以综合。

这里需要说明两点：其一，此处关于家庭、企业和政府的区分，基本是就中国的现实情况而言的。所谓政府，包括立法、行政、国防、科技、教育、文化、体育等社会和公共服务机构；所谓企业，包括国有企业、集体企业、中外合资企业以及农村集体经济组织等各种类型的企业；所谓家庭，专指居民，其中包括个体劳动者。其二，改革以来发生在居民消费、企业投资和财政支出上的一系列变化，是由包括国债在内的多种因素共同作用的结果。在我国现有的统计体系中，较为准确的与某种单一因素相对应的数据尚付阙如。因此，我们只能寻求迂回曲折的办法来逼近现实。就此而论，本文所进行的实证分析，仅具有刻画大趋势的意义。

一 可支配收入和利息率：导致家庭、企业行为变化的两个传导因素

1. 可支配收入的变化

中国国债对于家庭、企业的可支配收入的影响，可以从国债重新被启用并膨胀起来的背景去寻找。笔者在《改革以来中国国债的实证分析》[①]一文中，曾就此指出，经济体制改革以来的中国国债之所以出现膨胀，其基本的成因就在于，我们走的是一条以国债的连年发行来支撑或换取财政上的减税让利的改革道路。这就是：财政上的减税让利，集中表现为无偿性财政收入的相对下降。无偿性财政收入相对下降后留下的财政收支缺口，又以举借国债的办法来“填补”。从某种意义上说，1978年以后，国家之所以能够大幅度地实行对家庭、企业的减税让利，之所以能够在税收大面积流失和预算内收入被大量转作预算收入的条件下继续维持国家财政的运转，一个重要原因，就是有了国债的支持。中国国债作为一种辅助性或补充性的财政收入形式，正是在作为国家财政主体收入的无偿性财政收入相对下降的条件下，而在中国的财政实践中发挥作用的。

接下来的问题是，政府无偿性财政收入相对下降的直接结果便是家庭、企业可支配收入的相应增加。至于随之而来的国债发行，除非实行派购，否则不会对家庭和企业可支配收入的增加构成影响。因为，它毕竟属于家庭、企业可支配收入的运用项目（而非总收入的扣除项目），是家庭和企业可选择的一种储蓄或投资形式。而且，即使在派购的条件下，由于国债到期之后终归要还本付息，它所可能带来的对家庭、企业可支配收入增加的抵消效应，也是相当微弱的。

统计数字支持了上述说法。十几年来，伴随着国债发行规模的不断膨胀，家庭和企业的收入无论在总量上还是在份额上，均经历了一个持续攀升的过程。

从总量规模来看，1978—1992年间，家庭和企业的收入由1888.88亿元

① 参见《财贸经济》1995年第4期。

增加到16361.63亿元，增长7.7倍。而同期整个国民收入由3010亿元增加到19845亿元，增长5.6倍。不含债务收入的无偿性财政收入由1121.12亿元增加到 3483.37亿元，增长2.1倍。家庭和企业收入的增长速度明显地快于整个国民收入和无偿性财政收入的增长速度。不同的收入增长水平将导致国民收入分配格局朝什么方向演变，是不难想象的。

从比重数字来看，在整个国民收入中，微观经济主体收入所占比重由1978年的62.8%增加到1992年的81.9%，增长19.1个百分点。与之相对应，无偿性财政收入所占比重由1978年的37.2%下降到1992年的19.1%。两个比重数字分别增长和降低的幅度如此之大，家庭和企业的可支配收入和政府的无偿性财政收入将因此而分别朝什么方向变化，也是不难理解的。

当然，将经济体制改革以来家庭和企业可支配收入的大幅度增加完全归结于国债对无偿性财政收入的替代，未必令人信服。但说它是一个重要原因，则肯定是站得住脚的。

注意到前述的事实，我们基本可以认为：在这一时期，至少有相当于政府举债规模的可支配收入是在国债对无偿性财政收入的替代过程中，流入家庭和企业的。

2. 利息率的变化

中国国债的发行利率目前仍处在追随银行储蓄存款利率而定的状态，而银行利率的主要方面又仍表现为一种管理利率。仅就这一点来说，似乎看不出国债的连年发行对整个利率水平的决定有什么影响。但是，透过如下两种现象，我们还是可以揣测出两者之间所具有的内在联系：

1985年以后，中国国债的发行利率始终保持着高出同期银行储蓄存款利率近2个百分点的格局。并且，每当中央银行调整银行利率时，国债的发行利率便会随之调增或调减。最突出的例证是1993年。在这一年，中央银行出于执行宏观经济政策的考虑，连续两次上调了银行储蓄存款利率。于是，当年正值发行期的两种国库券利率亦紧跟着进行了两次上调。其中，3年期国库券年利率由原定的10%提高到12.52%，后又提至13.96%，5年期国库券年利率由原定的11%提高到14.06%，后再调至15.86%。结果调高后的国库券年利率仍分别比同期银行储蓄存款利率高出1.72和2个百分点。

从表面上看，这是为保护广大国债认购者利益的应有举措。然而，深一层分析，在保证国债认购者利益的说法背后，深藏着财政机关要求保持国库券发行条件的相对优势，从而和银行部门争夺城乡居民储蓄资金的强烈动机。问题恰恰在于，这种通过保持相对较高的利率水准而表现出来的国债对城乡居民储蓄资金的竞争，无疑是抬高银行利率以及其他各种利率水平的一个重要因素。并且，由此而带来的利率攀升压力，也会在一定程度上左右中央银行有关利率水平的决策。

这几年，主要来自财政机关的要求控制各种集资利率水平的呼声甚高。其背景，是以企业债券、投资债券及各种基金为代表的高利集资严重冲击了国债的发行。在1993年2—4月间的短短两个月内，国务院还专门为此连续下发了几个文件，规定其他债券的利息率不得高于同期国库券的利息率，且在国库券发行任务完成之前，其他各种债券、股票一律不得发行，各证券交易场所也不得上市其他债券。毋庸置疑，这些措施的推出，对于保证国库券发行任务的完成和国家财政的正常运转是有着重要意义的。不过，在人们把注意力放在高利集资对国债发行的“排挤”现象的同时，我们也可以从中看到问题的另一面：国债的大量发行对高利集资局面的形成，亦有着不容忽视的作用。事实上，这些年在全国范围内所发行的各类债券（包括股票）中，国债的发行额始终占大头儿。各有关经济主体在确定其集资利率水平时，所瞄准的主要是国债的发行利率（而不是银行储蓄存款利率）。在一定意义上可以说，正是国债所保持的相对较高的利率水准使得各种集资利率一再攀升。

上述现象告诉我们，中国国债的连年发行具有抬高利率水平的效应。只不过在现行的管理利率体制下，它是以一种间接或迂回的形式表现出来的。我国进入80年代以来，包括银行存款利率在内的各种利率水平一直呈上升的势头。促成这种局面的因素固然是多方面的，但其中肯定也有国债的一份“贡献”。

二 举借国债条件下的家庭、企业行为

前面的考察表明，改革以来国债的连年发行已经使得两个方面的因素发

生了显著的变化，这就是:（1）家庭和企业的可支配收入增加了;（2）以银行存贷款利率为代表的各种利率水平上升了。接下来的问题是，在前述两个传导因素发生变化的条件下，家庭和企业的行为进行了怎样的调整?

1.作为“过路财神”的企业部门

家庭和企业可支配收入的增加，首先表现为企业可支配财力的增加。统计数字告诉我们，经过十几年的减税让利，企业的留利额和留利率均有了大幅度的增长。其中留利额由1978年的27.5亿元增加到1991年的555.4亿元，留利率由1978年的3.7%提高到1991年的65.3%。从这些数字得到的最初印象是，企业已经成为现今中国各经济部门中的最大财神。然而，作为最大财神的企业部门其实只是个“过路财神”。

这其中的谜底在于，企业从减税让利中所获得的大部分财力，又经过企业之手进入了居民家庭。按照国家对国有企业留利使用的规定，企业的税后留利是应按6∶2∶2的比例进行分割的，即60%用于企业发展基金，20%用于职工奖励基金，20%用于职工福利基金。不少人对此所做的典型调查却揭示了这样一个事实：企业留利实际用于职工奖励基金和福利基金的比例，远远超过了用于企业生产发展基金的比例。现实生活中企业对其留利的安排顺序往往是，首先确保奖金福利然后将留利的其余部分用于不得不交纳的各种非生产性支出；最后，用于企业生产发展的支出能留下多少算多少。

有关我国国民收入最终分配结果的统计资料也告诉我们，1980—1990年间，尽管政府部门收入所占比重由21.72%下降到14.03%，降低7.69个百分点。但企业部门收入所占比重不仅没有任何提高，反而由30.73%下降到17.34%，降低幅度达 13.39个百分点。与此同时，家庭部门收入所占比重则呈迅速上升势头，由47.55%跃增到68.63%，提高幅度达21.08个百分点。

这就是说，作为政府减税让利的主要对象的企业，实际上只是国民收入由政府向家庭转移的中介。家庭才是这场国民收入分配格局变化过程中的唯一“赢家”，它不仅囊括了政府所减少掉的收入的全部，而且还从企业挖走了原属于企业的一部分收入。因此，用“过路财神”来形容这个“企业漏斗”现象，确实是很恰当的。

造成这种状况的原因尽管是多方面的，但其带来的结果却只有一个：越来越多的可支配收入以各种各样的名目流入了居民家庭，从而激发了消费需求的膨胀。

2. 居民可支配收入的增加与消费需求的膨胀

既有的统计资料表明，70年代以来，我国居民可支配收入获得了前所未有的增长。1978—1991年，全国城乡居民可支配收入增长了6.5倍，13年间平均每年递增17%。其中，城市居民人均货币收入增长了2.6倍，平均每年递增10.4%。同期农村居民人均货币收入增长了4.3倍，平均每年递增14.3%。

居民可支配收入的迅速增长，肯定会带来消费需求的膨胀。而且，在现实中国的下述背景下，这种膨胀的势头非但得不到应有的抑制，反而有所助长：（1）在“铁饭碗”、“大锅饭”的环境中生活了几十年的人们，面对即期可支配收入迅速增加的现实，形成了越来越高的对未来收入的预期。（2）无论从哪一方面说，我国个人投资的渠道都是相对狭窄的。居民可支配收入既不能得到合理的分流，收入的大部分也就只能挤入消费这条大船。（3）我国对个人收入分配制度的改革，是在保留一块——福利、增加一块——货币收入的情况下起步的。福利使得居民消费对象中的相当部分，并不是依赖货币收入从市场上购买，而是由国家或企业无偿或廉价提供。在货币收入增长的同时，其支出的“面”不宽，“路”不畅，即使收入增加不多，也会让人感到收入大坝快要决堤。

表1展现了1978—1991年间居民可支配收入使用结构的变化情况。该表告诉我们，伴随着居民可支配收入的迅速增长，居民边际消费率虽呈下降趋势，并进一步带来了平均消费率的下降，但除少数年份（1989年和1990年）低于50%之外，其余的年份均保持在80%左右的水平。这就是说，居民可支配收入每年增加额的80%左右，被转化为消费需求。

表1 中国居民可支配收入使用结构（1978—1991年）

单位：亿元，%

年份	居民可支配收入总额	平均消费率	平均储蓄率	居民可支配收入年增加额	边际消费率	边际储蓄率
1978	1622	98.2	1.8	178	96.4	3.6
1979	1927	96.4	3.6	305	96.6	13.4

续表

年　份	居民可支配收入总额	平均消费率	平均储蓄率	居民可支配收入年增加额	边际消费率	边际储蓄率
1980	2333	95	5	406	88.6	11.4
1981	2550	95.2	4.8	217	98.7	1.3
1982	2800	94.6	5.4	250	89.4	10.6
1983	3178	93.2	6.8	378	83	17
1984	4027	92.2	7.8	849	88.9	11.1
1985	5243	92.3	7.7	1216	82.3	7.7
1986	6293	89.5	10.5	1050	63.8	36.2
1987	6872	88	12	579	80.5	19.5
1988	8837	91.8	8.2	1965	105.6	-5.4
1989	10031	86.6	13.4	1194	48.4	51.6
1990	10989	82.8	17.2	958	40.8	59.2
1991	12198	83	17	1209	84.4	15.6

资料来源：转引自谢平《中国个人储蓄行为分析》，《金融研究》（1993）。

如果承认居民可支配收入的增加在某种程度上系由国债的连年发行所推动，那么，下述的逻辑关系显然是存在的：中国国债的发行支持了减税让利，政府的无偿性财政收入因此而相对减少。于是，越来越多的国民收入通过企业部门进入了居民家庭。居民又将其所增加的大部分可支配收入投向于消费，结果是居民消费需求出现了膨胀。

3. 利息率的上升与企业投资需求的扩张

一方面，企业税后留利以各种各样的名目大量地由企业“漏出”而进入居民家庭，追加生产发展基金的数额相当有限。另一方面，以银行存贷款利率为代表的各种利率水平呈上升趋势，投资的成本已被加大。按理说，处于如此环境中的企业投资需求非但不应扩张，反而要受到抑制。然而，耐人寻味的是，这十几年来，企业部门投资需求的扩张不仅出现了，而且，扩张的势头还不小。

从表2可以看到：（1）1979—1988年间，企业总投资增长很快，1988年是1979年的5—6倍。如果将其中所包含的折旧因素剔除，企业净投资的增幅就显得更大，1988年是1979年的20倍多。即使扣除这期间的价格上涨因素，增长的幅度也是不小的。（2）1979年，政府总投资和净投资，均遥遥领先于企业总投资和净投资。但是，在1988年，企业总投资和净投资都已排在第一位。

表2　各机构部门的总投资和净投资（1979—1988年）

单位：亿元

项目＼年份	1979	1980	1981	1982	1983	1984	1985	1986	1987	1988
政府总投资	592	504	434	430	517	643	715	876	858	866
其中：折旧	60	69	75	87	106	121	143	171	202	258
净投资	532	435	359	343	411	522	572	705	656	608
企业总投资	477	587	598	637	660	989	1659	1653	1987	2704
其中：折旧	431	471	517	583	669	769	899	1087	1352	1783
净投资	46	116	81	54	–9	220	760	566	635	921
居民总投资	212	267	240	272	410	520	692	831	943	1253
其中：折旧	87	114	134	156	192	239	309	346	419	621
净投资	125	153	106	116	218	281	383	485	524	632

资料来源：转引自郭树清等《中国GNP的分配和使用》，中国人民大学出版社1991年版。

这一近乎奇特的现象，是如何发生的呢？可以从两个角度来寻找答案。

角度之一：企业投资对利息率的弹性。我们在前面讲到企业成为“过路财神”现象的原因时曾说过：现时体制下的企业往往存在重代表眼前利益的消费而轻代表长远利益的积累的倾向。但那是就企业内部既有的可支配财力的分配使用来说的，并不意味着它没有以投资来驱动企业利润增长的欲望，也不意味着它不能从企业外部获得资金来增加自身的投资。

事实上，改革以来国家与企业之间分配关系的历次调整，不仅没有削弱企业的投资欲望，而且，由于企业利润总额与企业留利数额相挂钩，企业投资的直接利益驱动反而变得越来越明显化了。只不过在内源融资会妨碍企业眼前利益的情况下，企业的投资需求扩张越来越倾向于从企业外部寻求资金支持。

问题在于，从企业外部获得投资资金，无论是从银行贷款，还是直接发行债券，总是有偿的，都要以支付相应的利息成本为代价。决定利息成本大小的直接因素，就是利息率。因而，利息率水平的上升终究要对企业的投资需求构成制约。

但是，主要由于以下几个方面的原因，企业投资对利息率的弹性被大大削弱了：（1）经过了十几年改革的中国企业（主要是国有企业）并未成为一个完全意义上的经济法人。国家与企业之间的“父子”关系仍然保留着。利率上升虽然会使企业投资成本加大，但企业也可以用减少或拖欠上交利润任务的办法将利息负担转嫁给国家。即使企业偿还不了贷款本息，它又不能破产，造成的损失最后只能由国家来承担。所以，企业在申请贷款时，可以在很大程度上忽视利息成本的限制作用。（2）利率种类的多少、档次的大小仍由中央统制的格局，使得基层银行缺乏必要的变通余地。利率管理体制的僵化，造成了利率水平的高低与资金供求状况的脱节，因而起不到调节贷款额度的应有作用。（3）在税前还贷制度下，企业可以用本应上交财政的资金归还贷款，支付利息。利息成本只能部分地影响企业投资效益，形不成对企业投资的应有压力。（4）追逐利润并非现时体制下企业投资的唯一动机。在企业投资动机多元化的条件下，即使利率上升能够抑制投资需求，其作用范围也只限于追逐利润的投资需求。对非利润动机的投资需求，则就无能为力了。

角度之二：居民储蓄对利息率的弹性。在企业投资对利息率的弹性表现微弱或不足的同时，居民储蓄对利息率的弹性则呈明显的加大趋势。进入

80年代以来，特别是1989年之后，我国城乡居民的边际储蓄率和平均储蓄率均有了较大幅度的提高。其中，边际储蓄率由1978年的 3.6%提高至1991年的15.6%（1989年、1991年还曾分别达到过 51.6%和 59.2%）。平均储蓄率由1978年的 1.8%提高到1991年的17%。这里固然有居民可支配收入的增加、储蓄网点的快速发展等方面因素的影响，但同期我国的银行储蓄存款利率一直居于相对较高的水平，肯定起了更重要的作用。

这些年，我国利率（特别是实际利率）对居民储蓄增长的刺激作用十分突出。一个非常典型的例子是，每当发行国债、企业债券或金融债券时，仅仅因为这些债券的利率比同期储蓄存款利率高出1—2个百分点，许多人就在债券发售点排起了长龙。更值得关注的是，在人们对利率水平的关心程度显著提高或说是居民储蓄对利息率的弹性增大的同时，居民利息收入已经在居民可支配收入中占据了一定的比例（例如，1992年居民利息收入就占1991年居民可支配收入的7%），这又进一步刺激了居民储蓄加速度增长。于是出现了下述循环：利率水平上升→居民储蓄增长→居民利息收入增加→居民储蓄加速度增长。

也许正是在这样的循环中，我国城乡居民储蓄存款的增长势头越来越强劲。1978—1995年间，城乡居民储蓄存款年均增长36%。至1995年底，全国城乡居民储蓄存款余额已达25000多亿元，较1978年的210.6亿元增长了117倍之多。

居民储蓄的加速度增长带来了中国总储蓄结构的巨大变化。从1985年开始，居民储蓄占全国总储蓄的比重超过一半，随后越来越成为投资所用资金的主要来源。储蓄主体已经由原来的以政府和企业为主（1980年两部门合计占68.66%）转为以居民为主（1991年占70.51%）。这种储蓄主体的反向转换意味着，中国的总储蓄量变得对利息率越来越有弹性了。

至此，问题的答案已经趋向明朗化。在利息率水平上升的情况下，企业投资需求之所以没有被抑制，反而出现了扩张，其根本的原因就在于，企业投资对利息率缺乏弹性，而作为投资主要来源的居民储蓄对利息率则富有弹性。前者使得利息率的上升对企业投资构不成多少制约，后者又使得企业投资极易找到外源资金，其结果，企业投资需求将因此而朝什么方向变化，就是一件不言而喻的事情了。

注意到前述的事实，认识到中国国债的连年发行在抬高利息率水平上所起的作用，作出下面的判断可能是适当的：中国国债的发行抬高了利息率，在现时的过渡性体制下，利息率的上升非但没有对企业投资需求构成应有的制约，反而通过带动居民储蓄的迅速增长，又为其提供了较为充裕的外源资金，结果便是企业投资需求的扩张。

三　举借国债条件下的政府行为

1. 国债的发行与财政支出规模的膨胀

仔细地研究一下表3所提供的1979—1994年国家财政收支指数，就可看出:（1）在这16年里，除了1979—1981年3个年度之外，财政收入和财政支出基本上都是同步增长的。（2）但是，无偿性财政收入的增长幅度大大低于财政支出的增长幅度。两者之差几乎接近1倍。（3）与此同时，债务收入则从无到有，呈现出极为显著的增长势头。由此可得出的结论是：这一时期财政支出的增长在很大程度上是由国债的连年发行所支撑的。极端而言，如果政府仍然恪守前20年“既无内债，又无外债”的戒律，而仅仅以无偿性财政收入来维持财政支出的需要，那么，财政支出的增长幅度起码要降至与无偿性财政收入的增长幅度大致相等的水平。这实际上是说，正是由于有了国债的连年发行，财政支出规模才能够在无偿性财政收入相对下降的情况下得以扩张。

表3　1979—1994年国家财政收支指数（1979年=100）

项目 年份	总收入	其中		总支出	其中	
		无偿性收入	债务收入①		消耗性支出	转移性支出②
1979	98.4	95.3	—	114.7	114.5	122.2
1980	96.8	93	121.8	109.2	106.5	270.2
1981	97.2	91	207	100.4	94.3	467.7
1982	100.3	92.8	237.5	103.8	98.5	425.4

续表

项目 年份	总收入	其中		总支出	其中	
		无偿性收入	债务收入①		消耗性支出	转移性支出②
1983	111.4	104.3	225	116.3	112.2	367.7
1984	134	127.1	219	139.2	136.6	299
1985	166.5	158.5	254.5	166.1	162.3	390.9
1986	201.6	189.3	391.5	209.8	191	1344.5
1987	211.3	196.2	480.2	220.4	186.4	2273.2
1988	234.4	210.3	766.9	243.6	207.8	2406.5
1989	263	237.7	801.4	273.7	232.8	2739.1
1990	295.5	262	1063.3	319.7	267.7	3461.8
1991	322.1	281	1306.7	343.3	286	3802.6
1992	370.4	310.7	1896.6	395.1	326	4569.7
1993	456.2	394.3	1965.0	479	442.2	3881.9
1994	570.2	465.4	3328.3	567.1	484.2	4806.8

①债务收入指数的计算以1979年为100。

②转移性支出的计算范围为：价格补贴支出、债务支出、抚恤和社会救济支出。除此之外的所有支出项目归入消耗性支出。各个项目的支出数以现行统计的口径为准，填列时未作任何调整。

资料来源:《中国统计年鉴（1995）》,中国统计出版社1995年版。

2. 深一层的分析：对社会总需求总量的影响

从表3还可看出另外一点，在1979—1994年间，政府的消耗性支出与财政总支出的增长并不是同步的，前者大大慢于后者。它告诉我们：（1）在这15年里，消耗性支出占财政总支出的比重呈现出明显的下降势头。由1979年的98.26%减少到1994年的85.57%。（2）与此相对应，转移性支出占财政总支出的比重则由1979年的1.74%上升至1994年的14.43%。

由于政府实际上是将各种形式的财政收入捆在一起使用的，所以，随国债的发行而膨胀出来的那部分财政支出在消耗性支出和转移性支出之间的布局，可以从政府财政支出的总体结构上去大致推断。

注意到只有政府的消耗性支出是作为新的需求要素直接叠加到原有社会总需求水平之上的，可引出下述两点结论：（1）随国债的发行所带来的政府预算约束弱化而膨胀出来的财政支出，其中的大部分属于消耗性支出，它已经直接叠加到原有的社会总需求水平之上了。（2）随国债的发行所带来的政府预算约束弱化而膨胀出来的财政支出中，消耗性支出的占比趋于下降，从而直接叠加到原有社会总需求水平之上的比重亦有减少之势。1994年，这一比重已由国债发行之初（1981年）的92.41%降至85.57%。

现在，到了我们把本文所取得的结论加以概括的时候了。

联系前面两节关于举借国债条件下的家庭、企业行为的考察，我们显然可以认定：十几年来中国国债的发行，对包括民间消费需求、民间投资需求和政府的消耗性需求在内的社会总需求总量，产生了扩张性影响。

（原载《城市金融论坛》1996年第4期）

论市场经济条件下的税价关系*

一

国家征税对价格水平的变动有没有影响，不同的计税方式如价内税与价外税，对价格水平的影响有什么差别，是税收理论研究的一个重要课题。理论的研究往往是随实践的发展而深化的，在1994年的税制改革推出增值税由价内计征改为价外计征这一重大举措后，则把价内税和价外税的讨论大大向前推进了一步。换言之，税收与价格的关系已引起人们的普遍关注，并成为税收理论研究的一个热点问题。

在对这一问题的研讨中，可以说智者见智，各说不一。比如，有这样的说法，价内税内含于价格之中，作为价格的组成要素，因而不会导致以纳税人提高商品价格为主要表现形式的税负转嫁。价外税附加于价格之外，不作为价格的组成要素，则肯定会造成纳税人和负税人的分离。类似的说法还有，价内税由生产者负担，税率高低变化仅仅引起企业利润的伸缩。价外税则由消费者负担，税率的调整必然引起商品价格的变动。也有人据此作出了如下的推断，实行增值税的价外计征办法，是促成1994年高物价上涨率的主要因素之一。

诸如此类的议论，还可列出许多。不过，种种议论实际上都围绕一个共同的主题——市场经济下的税价关系——而展开。看起来，如何从理论与实践、历史和现实的结合上分析说明市场经济条件下的税价关系，无论对于我们的税收理论建设，还是对于我国的税制改革实践，都具有重要的意义。

---

* 本文系作者与袁振宇教授合作完成。

二

在市场经济条件下，市场在社会资源配置中发挥基础性的作用。如所周知，市场对社会资源的配置，是通过价格信号的传递来完成的。这里所说的价格，是指反映供给和需求双方的力量对比状况的、处于波动或变化中的市场价格。

税收对市场价格的影响，是通过分离征税商品供求双方分别面对的价格水平表现出来的。这就是说，政府征税之后，征税商品的价格发生分离，出现两种不同的价格——消费者支付的价格（或称市场价格）和生产者实际得到的价格（或称净价格）。一般而言，消费者支付的价格较之税前的价格上升，生产者实际得到的价格较之税前的价格下降。消费者支付的价格与生产者实际得到的价格之间的差额，即为税收的额度。当然，也可能出现消费者支付的价格或生产者实际得到的价格等于税前价格的情况，但在实际经济生活中毕竟是不多见的。

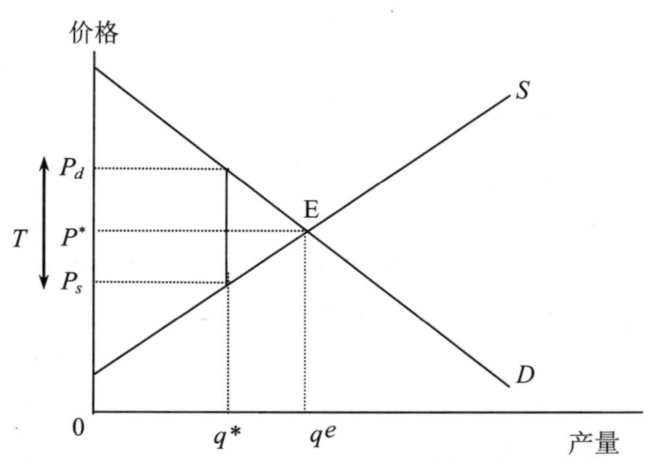

图1　税收对市场价格的影响

请看图1。D和S分别代表消费者的需求曲线和生产者的供给曲线。政府征税之前，D和S在E点相交，由此决定的市场均衡价格水平为P^*，消费者和生产者都按同一的价格P^*进行交易。消费者支付P^*，生产者亦实际得到P^*，商品销售量为q^*。

政府征税之后，原来的市场均衡状况便发生变化了。这时，税收犹如一个楔子，插入消费者和生产者面对的价格之间。 消费者面对的价格水平由P^*上升至P_d，生产者面临的价格水平由P^*下降到P_s。P_d和P_s之间的差额，便是被政府拿走的税款，即为T。其中，P_d为消费者支付的含税价格，P_s为生产者实际得到的不含税价格。

具体来说，在从价计税且实行价外计征的情况下，若以t代表税率，T代表政府所征的税款额度，则税收对征税商品价格的影响为：

$P_d=(1+t)P_s$，其中 $t P_d=T$

在从价计税且实行价内计征的情况下，若以t'代表税率，以T代表政府所征的税款额度，则税收对征税商品价格的影响为：

$P_d=P_s/(1-t')$，其中 $t' P_d=T$

随着征税商品价格的分离，征税商品销售量亦相应变动。随着消费者面对的价格由P^*上升至P_d，需求量由原来的q^e减少至q^*。随着生产者面对的价格由P^*下降至P_s，供给量由原来的q^e减少至q^*。

到目前为止，我们已经看到，消费者支付的价格P_d较之税前的P^*上升了，生产者实际得到的价格P_s较之税前的P^*下降了。也就是说，由生产者缴纳的税收发生了转嫁，但又没有全部转嫁出去。消费者和生产者共同负担了政府所征的税款T，而且，彼此负担的税款比例同计税的方法（价外计税或价内计税）无关。

那么，究竟是什么因素决定了税负的分配格局呢？从图1可以看出，在征税商品的供求弹性（即供给和需求曲线的斜率）基本一致的条件下，P_d和P_s分别较之P^*上升和下降的幅度大体相等，消费者和生产者大约各自负担了一半的税收。

现在，我们来变动其中一方的弹性，比如需求弹性，并使得需求弹性大于供给弹性，情况就有所不同了。图2与图1同构，唯一的区别是需求曲线D的倾斜度小于供给曲线S的倾斜度，表示需求弹性大于供给弹性。可以清楚地看出，政府所征税款T依旧成为消费者所支付的价格P_d和生产者实际得到的价格P_s之间的楔子。但P_d较之税前的P^*上升的幅度小于P_s较之税前的P^*下降的幅度，表明在需求弹性大于供给弹性的条件下，由生产者缴纳的税收只转嫁出去很小的一部分，生产者所负担的税收比例大于消费者所负担的税收比例。

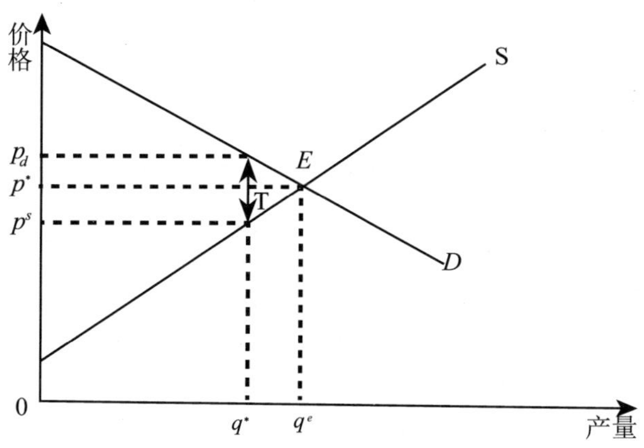

图2 需求弹性大于供给弹性下的税价关系

也可以在图1的基础上，变动供给一方的弹性，使得供给弹性大于需求弹性。如图3所示，供给曲线S的倾斜度小于需求曲线D的倾斜度，表示供给弹性大于需求弹性。现在，当税收T插入P_d和P_s之间后，P_d较之税前P^*上升的幅度大于P_s较之税前P^*下降的幅度了，表明在供给弹性大于需求弹性的条件下，由生产者缴纳的税收转嫁出去了大部分，只有很小的一部分是由生产者自己负担的。

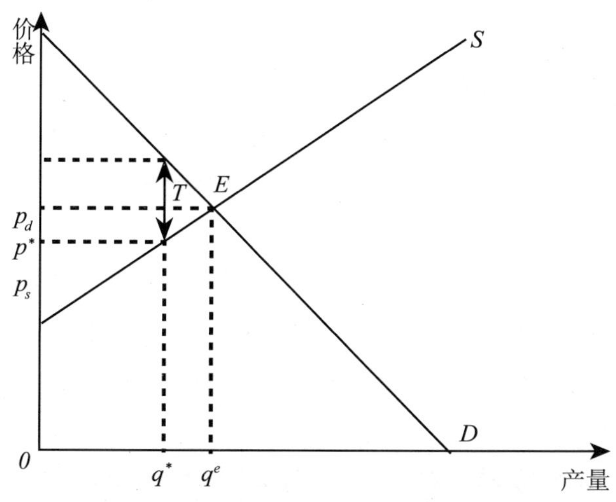

图3 需求弹性小于供给弹性下的税价关系

由政府征税前后征税商品市场均衡状况所经历的上述变化，可以引出这样几点互为关联的结论：

1. 政府对商品的征税，不论是实行价外计征，还是实行价内计征，其共同的结果都是，在抬高消费者支付的商品价格或市场价格的同时，亦会使生产者实际得到的商品价格或净价格下降。两种价格分别上升和下降的幅度之和，即为政府所征税款的额度。

2. 现实经济社会中，很少有完全由生产者负担的税，也很少有完全由消费者负担的税。通常的情况是，消费者和生产者共同负担某一种税。至于彼此负担的份额究竟为多大，则要取决于征税商品供求弹性的力量对比。

3. 无论价外税或价内税，其税负全部转嫁给消费者负担或只由生产者负担的前提条件，是供需一方的弹性为0（即或是需求曲线垂直于横轴，或是供给曲线垂直于横轴）。但这个条件，主要是一种理论上的假定。现实生活中这种情况非常罕见。

4. 政府对商品的征税，在征税的额度（即税负）不作调整的情况下，计税方法（价内计税或价外计税）本身的变动，并不会导致征税商品价格的变动。

三

在对税收和市场价格之间的关系作了简单的理论分析之后，我们来进一步讨论为什么在税价关系问题上会产生这样或那样的不同认识。

仔细想来，问题可能出在传统计划经济体制环境所造就的特殊的税价关系机制上。

计划经济条件下的社会资源配置主体是政府，而不是市场。政府对社会资源的配置，主要是通过计划价格的制定来实现的。计划价格，则是一种由政府统一管理的、并不随市场供求关系的变化而变化的、处于相对稳定状态的价格。

企业既要按政府规定的价格销售产品，又要依政府布置的计划任务安排生产，这样不同产品之间利润水平的高低，就很难反映人们主观努力程度和企业经营状况的差异，从而需要借助一种手段来排除由于价格与价值相背离而对企业利润水平的影响，对不同产品的利润水平起调节作用。于是，与计划价格相配套的所谓“价内税”制度便由此形成了。

在价内税制度下，流转税金作为计划价格的组成部分，并按含税价格计征税款。由于价格＝成本＋税金＋利润，税率的设计又以不同产品、不同行业的平均利润水平为基准，税金的多少便成了平衡计划价格与企业利润之间关系的砝码。对于价格高于价值的产品多征税，对于价格低于价值的产品少征或不征税，产品价格与价值相背离的影响，便可在相当程度上得到缓解；通过“高税配合高价，低税配合低价”，纳税之后的不同企业之间的利润，也就能达到彼此均衡的水平。

如此的税价关系机制，具有几个鲜明的特点：

1. 人为制定的计划价格，总要事先留出作为其组成要素之一的流转税金的作用空间。不同产品的税率高低，亦要在计划价格的基础上去安排。就是说，商品价格的形成与税率的设计之间存在一种相互制约的关系。

2. 内含于计划价格之中、作为计划价格组成要素之一的税收的高低变化，或是与计划价格的调整同步进行，或是仅仅引起企业利润的伸缩。所以，一般不存在纳税人以提高征税商品价格形式转嫁全部或部分税负的可能性。

3. 虽然表面上高税往往伴随着高价，低税通常和低价相连，但高税和低税并非高价和低价的“因”，高价和低价亦不是高税和低税的“果”。恰恰相反，一般的情形是：计划价格的制定在先，流转税率的安排在后。并且，在两者的关系中，前者决定后者。后者由前者所左右，是前者的附属工具。税收的作用主要是在前者所确立的盘子内，充当调节企业利润水平的砝码。

四

说到这里，问题的答案已经趋向于明朗化了。在税收与价格之间关系的问题上，人们之所以会产生这样或那样的认识，全部问题可能在于：市场经济体制环境与传统经济体制环境之间的差异被看漏了。

1. 市场经济条件下的价格是市场价格，计划经济条件下的价格是计划价格。前者反映供给和需求双方的力量对比状况，并随着市场供求关系的变化而上下波动。后者则由政府统一管理制定，不随供求关系的变化而变化，而呈现一种相对稳定的状态。

2．市场经济条件下的商品课税，虽然也会在一定程度上影响商品的价格，但从价格的形成机制看，是市场供求决定价格，税收则是政府经济政策的产物。计划经济条件下的商品课税与价格的制定有其统一性，税收作为价格的附属工具，与价格的制定通盘考虑，共同代表着政府经济政策的要求。

3．税负的转嫁与商品价格的形成机制直接相连。在利益趋动机制作用下，如果商品是自由定价的，如市场价格，那么，不论是价内计税还是价外计税，也不论纳税人是生产者还是消费者，都存在着税负转嫁或纳税人与负税人相分离的可能性。反之，如果商品是由政府统一定价的，那么，不管计税方法如何，也不管纳税人是谁，一般都无从实现税负的转嫁或纳税人与负税人的分离。所以，与市场价格相适应的税收，往往视供求弹性的力量对比状况而有可能转嫁。与计划价格相配套的税收，则基本没有这样的可能。

总之，市场经济条件下的税价关系不同于计划经济条件下的税价关系。把两者混同起来或忽视两者的差异所在，去谈论价内税和价外税所带来的经济影响的不同，很可能得出似是而非的结论。只有将增值税变价内计征为价外计征的改革，放到市场经济体制的背景下去考察，才能作出符合实际的判断。

（原载《税务研究》1996年第6期）

论举借国债的经济作用机制

1. 在我国，举借国债一向是被作为控制社会总需求、化消费基金为积累基金的力量加以使用的。其基本的根据，不外乎如下几点：(1) 相对于向银行透支来说，以举借国债的方式弥补财政赤字，不会导致货币供给量的相应扩大；(2) 通过举借国债把民间的一部分购买力转移给政府，所带来的仅仅是民间支出和政府支出的转换，不会增加货币购买力总量；(3) 政府的行为总要体现宏观经济政策的要求，当经济形势面临通货膨胀的威胁时，举债收入可能不被用于支出，整个社会的货币购买力便会由此得以压缩；(4) 社会主义国家的财政系生产建设型财政，将主要来源于消费基金的举债收入用于政府的财政支出，实质是化消费基金为积累基金。

然而，颇具戏剧性的是，我国十几年来举债规模的从无到有和不断扩大，恰恰是与物价总水平的一再上扬和GDP的使用结构越来越向消费一方倾斜同步发生的。1994年伴随着国债的发行规模一举越上千亿元高台，物价上涨率亦首次突破了20%的大关。实践向我们提出了这样一个问题：举借国债对于经济究竟具有怎样的作用机制？

一 李嘉图等价定理：一种富有启发性的分析思路

2. 对于举借国债的经济作用机制的研究，可以追溯到古典经济学大师大卫·李嘉图那里。李嘉图在其代表作《政治经济学及赋税原理》的第17章中，曾写下了这样一段话："如果为了一年的战费支出而以发行公债的方式征集2000万镑，这就是从国家的生产资本中取去了2000万镑，每年为偿付这种公债利息而征课的100万镑，只不过由付这100万镑的人手中转移到收这100万镑的人手中，也就是由纳税人手中转移到公债债权人手中。实际的开支是那2000万镑，而不是为那2000万镑必须支付的利息。付不付利息都不会使国家增富或变穷。政府可以通过赋税的方式一次征收2000万镑；在这种情形下，就不必每年征课100万镑。但这样做，并不会改变这一问题的性质”（李嘉图）。这就是被现代经济学家们称之为“李嘉图等价定理（Ricardian equivalence theorem）”的原文。

从李嘉图的上述那段话中，可以归纳出他的三点含义（平新乔，1992）：第一，课征2000万镑税收和举借2000镑公债，都会使一国的生产资本减少2000万镑（在这里，他假定的是政府为战争费用而筹款）；第二，因举借公债而引致的债息偿付，只不过是将一部分人的收入转给另一部分人而已，并不会改变一国的财富总量；第三，由于举债和课税同样会造成一国纯损失2000万镑，人民的收入会因此下降，消费支出也会随之下降。举债和课税对人们消费行为的影响，实际是相同的。

3. 易于看出，李嘉图是以国债与其他财政收入形式之间的替代关系作为研究问题的切入点的。李嘉图等价定理所揭示的，实质是举债与课税的比较效应问题：政府的财政收入形式的选择，不会引起人们经济行为的调整。换言之，无论政府是以课税方式来弥补财政支出，还是以举债方式来弥补财政支出，或是以两者的某种组合方式来弥补财政支出，其对人们经济行为的影响都是无差别的。

这里的一个潜在的理论判断是，财政支出具有相当的“刚性”。财政收入，只是财政支出的约束条件，在很大程度上是为财政支出所左右的。在财政支出规模既定的条件下，国债与其他财政收入形式之间必然呈现一种此增彼减的关系。

4. 现代经济学家们对李嘉图等价定理的重视，源自对政府举债的宏观经济影响的关注。不过，尽管现代经济学家们并非同意李嘉图的见解，也没有将研究停留在李嘉图等价定理的水平上，围绕举借国债的经济作用机制问题的论争，却始终没有脱离李嘉图当年的思路。比如，D.帕廷金关于政府未清偿的政府债券中有相当于K（$0 \leqslant K \leqslant 1$）比例的部分为人们视作总财富，从而会加大人们的消费倾向的判断，便是基于举债和课税之间效应的比较作出的（Patinkin，1965）。J.托宾为论证政府举债的收入再分配效应和由此导致的人们经济行为的相应调整，也是从国债与税收之间相互替代关系的角度入手的（Tobin，1980）。

5．中国的国债是在经历了长达20年的“空白”之后，于1979年开始重新启用的。当时的背景是，经济体制改革正在全国范围内推开。中国经济体制改革的一大特点就是，改革每向前迈进一步，都要以财政上的减税让利为代价。减税让利之后留下的财政收入“亏空”，又以举借国债的办法来“填补”。从某种意义上说，1979年以后，政府之所以能够大幅度地实行对家庭、企业的减税让利，之所以能够在税收大面积流失和预算内收入被大量转作预算外收入的条件下继续维持国家财政的运转，一个重要原因，就是有了国债的支持。

现在回过头来看这十几年来的历程，不难发现，我们实际上走的是一条以国债的连年发行来支撑（或换取）财政上的减税让利的改革道路。

6．财政上的减税让利与国债的连年发行——两种经济现象的相关性，向我们传递了一个重要的信息：关于国债的经济作用机制的分析，可以从国债与其他财政收入形式之间的比较效应入手。国债与其他财政收入形式之间所隐含着的相互替代关系，可能是展示复杂而现实的国债运行的基本脉络，把握国债作用于经济的规律性的制高点。

二　举借国债与民间需求：微观层次的考察

7．从逻辑次序上说，举借国债首先影响到家庭和企业部门。它主要通过民间需求即民间消费和民间投资的变化表现出来。

8．分析民间消费和民间投资随政府举债而发生的变化，可从如下两个约定条件入手：其一，政府财政支出的规模既定，不受财政收入形式变化的影响。其二，政府可供选择的财政收入形式只有两种，即税收和国债。故政府预算的平衡条件可以表示为：

$$\overline{G}=T+D \tag{2-1}$$

式中，G 代表财政支出，T 代表税收，D 代表国债。$\overline{G}$表示财政支出既定不变。

9．一般而言，在既定的财政支出规模制约下，政府举借国债的同时，便是税收的相应减少（Cavaco-Silva，1977）。以 ΔD 代表国债发行额，$-\Delta T$ 代表税收减少额，则

$$\Delta D=|-\Delta T| \tag{2-2}$$

说举借国债会导致税收的相应减少（也可以反过来说，税收的减少造成国债的相应增加），主要指的是下述几种情况的出现：（1）因政府举债使得既有的税收有可能人为减少，如基于政策性的目的，在对微观经济主体给予减免税照顾的同时，税收减少后的财政亏空便需要以举借国债的办法加以弥补；（2）因政府举债使得本可增加的税收有可能暂时不增，如基于来自某些利益集团的压力或出于某些方面的考虑，原拟增设税种或提高税率的提案暂时搁置，对增加财政收入的需要转以发行国债的办法来满足；[①]除此之外，还可能有第（3）种情形，微观经济主体的偷漏税活动在一个时期内极为猖獗，政府在短期内又无法从根本上加以扭转，由此而造成的税收的"跑、冒、滴、漏"，不得不依赖发行国债的办法加以填补。[②]

无论出现哪一种情形，税收减少的直接结果，都是微观经济主体的税后可支配收入（Y）的相应增加，从而形成一种连锁反应：举借国债（ΔD）→税收减少（$-\Delta T$）→可支配收入增加（ΔY）。微观经济主体可支配收入的增加额与国债的发行额相等，即：

$$\Delta Y=\Delta D=|-\Delta T| \tag{2-3}$$

10．国债对税收的等额替代（$\Delta D=|-\Delta T|$），在增加微观经济主体的可支配收入（$|-\Delta T|=|\Delta Y|$）的同时，也以相等的规模增加了对民间储蓄的需求（ΔD）。这时，由于对民间储蓄的供给不能按照对其需求的增加幅度而相应增加，市场均衡利率肯定要随之上升。

如图1所示，初始的情况是一个无政府举债条件下的市场均衡状态。横轴代表储蓄、投资和政府举债的规模，纵轴代表利息率。I线（即民间投资）代表对储蓄的需求，S线（即民间储蓄）代表对储蓄的供给。I 线与S 线相交于E 点，由此决定的市场均衡利率水平为R。

① 中国1991年的情况便是一个突出的例子。由于提高商业零售环节营业税税率 2个百分点以增加70亿元财政收入的措施没有按时出台，为弥补由此而造成的预算短收，国务院决定并增发了100亿元的国库券（马洪、孙尚清，1992，第149－150页）。

② 在改革以来的中国，这三种情形都不同程度地存在着。

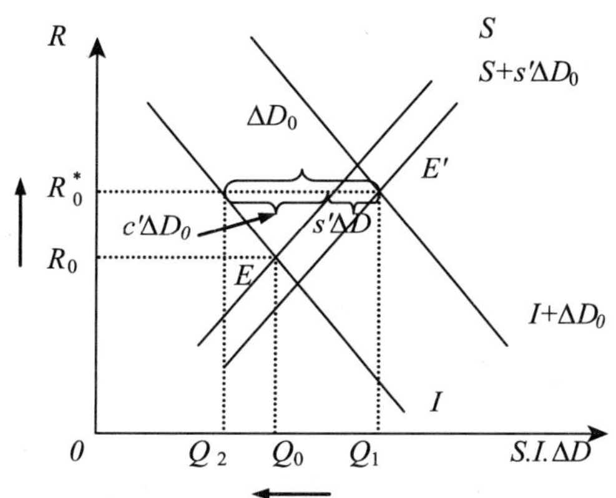

图1　对储蓄的供给与需求：均衡利率的决定

政府举债后，一方面增加了对储蓄的需求（以ΔD代表），使得对储蓄的需求曲线向右

上方平行移动，即由I线移至$I+\Delta D$线。另一方面，也以相等的数额增加了微观经济主体的可支配收入（ΔY），并通过这一途径增加了对储蓄的供给（以$s'\Delta D$代表，$s'\Delta D$为微观经济主体所增加的可支配收入ΔY中用于储蓄的部分，s′代表边际储蓄倾向)，从而使得对储蓄的供给曲线向右下方平行移动，即由S线移至$S+s'\Delta D$线。$s'\Delta D=\Delta D-c'\Delta D$（$c'\Delta D$为微观经济主体所增加的可支配收入$\Delta Y$中用于消费的部分，$c'=1-s'$，$c'$代表边际消费倾向)，对储蓄的需求的增加幅度（$\Delta D$）大于对其供给的增加幅度（$s'\Delta D$）。于是，形成了对市场利率上升的强大压力。$I+\Delta D$线与$S+s'\Delta D$线的相交点$E'$所决定的市场均衡利率水平为$R^*$。

$$R^*>R \qquad (2\text{-}4)$$

11．站在家庭、企业的立场上考虑问题，就会发现，认购国债和缴纳税收，虽然同样是将其掌握的一部分财富转移给政府，但对于他们，却具有截然不同的意义：缴纳税收，是其总收入的扣除项目，系对其所拥有的财富的一种强制割让；而认购国债，是其可支配收入的运用项目，系一种自愿的储蓄或投资行为，并不影响其所拥有的财富总量。即使带有派购性质的国债，由于终归要到期还本付息，人们也是把它作为储蓄或投资的一种形式来看待的。

这种认识对于本文主题的分析，颇有启发意义。它意味着，面对由举借国债（ΔD）到税收减少（$-\Delta T$）所带来的可支配收入的增加（ΔY），微观经济主体肯定要拿出一定的份额（这取决于其边际消费倾向c'。一般说来，在任何情况下，边际消费倾向都大于0），用于增加即期的消费。即使在此之后仍须认购相应数额的国债，但作为一种资产形式（现金或存款）与另一种资产形式（政府债券）的交换，并不会改变其所拥有的财富总量。对可支配收入的增加视而不见或将其全部用于增加储蓄，在具有理性的微观经济主体身上，一般不可能发生。

结论1：举借国债，肯定会导致民间消费的增加。以ΔC代表民间消费的增加额，则有如下关系式：

$$\Delta C = c' \Delta Y = c' \Delta D = c' (|-\Delta T|) \quad (2\text{-}5)$$

12. 民间投资，一方面表现为利息率的函数，并与利息率负相关，即$I=I(R)$，$dI/dR<0$；另一方面，它又代表着对民间储蓄的需求。正如市场利率的高低是由对民间储蓄的供给和需求双方的力量对比决定的一样，面对市场利率因政府举债而出现的上升，民间投资的反应也要依其对利息率的弹性大小及其与民间储蓄对利息率弹性大小的力量对比而定。这可以归纳为三种不同的情况：

第一种情况：民间投资（I）对利率无弹性，而民间储蓄（S）对利率有弹性。面对市场利率水平的上升，微观经济主体对投资的支出计划保持不变，而对储蓄的供给计划相应调增。其结果，市场利率的上升由民间储蓄的节节递增相伴随，一直持续到民间储蓄的增加达到足够的程度时为止。在这种情况下，政府举债所带来的均衡利率上升不会造成民间投资的减少。$\Delta I=0$。

第二种情况：民间投资（I）对利率有弹性，而民间储蓄（S）对利率无弹性。面对市场利率水平的上升，微观经济主体对储蓄的供给计划保持不变，而对投资的支出计划相应调减。其结果，市场利率的上升由民间投资的节节递减相伴随，一直持续到民间投资的减少达到足够的程度时为止。在这种情况下，政府举债所带来的均衡利率上升会造成民间投资的减少。其减少额等于民间消费的增加额，$|-\Delta I| = \Delta C$（$=c'\Delta Y$）。

第三种情况：民间投资（I）和民间储蓄（S）对利率均有弹性。面对

市场利率水平的上升，微观经济主体对投资的支出计划和对储蓄的供给计划均要相应调整，且调整的方向相反。其结果是，市场利率的上升由民间投资的节节递减和民间储蓄的节节递增相伴随，一直持续到减少之后的民间投资额加上政府举债额与增加之后的民间储蓄相等时为止。在这种情况下，政府举债所带来的均衡利率上升会造成民间投资的减少。其减少额小于民间消费的增加额，$|-\Delta I| < \Delta C$（$=c'\Delta Y$）。

为了说明这一点，可回过头来再看图1。图1的I线和S线都分别向右下方和左下方倾斜。初始的均衡状况是，利息率为R_0，民间投资和储蓄水平为Q_0。政府举债ΔD后，对储蓄的需求曲线由原来的I线向右上方平行移至$I+\Delta D$线，同时对储蓄的供给曲线由原来的S线向右下方平行移至$S+s'\Delta D$线。最后，在$I+\Delta D$和$S+s'\Delta D$线的相交点E′形成新的均衡。新的均衡利率水平为R，$R_0^*>R_0$；民间投资为Q_2，Q_1与Q_2之差为政府举债额ΔD_0。

易于看出，只有在第二种情况下，才有$|-\Delta I|=\Delta C$的出现。但严格说来，前两种情况都是一种理论上的假定，在现实生活中是罕见的。第三种情况才是经济生活中的现实。

结论2：举借国债，一方面会带来民间消费的增加，另一方面也会通过均衡利率的上升而减少民间投资。相比之下，民间投资的减少幅度小于民间消费的增加幅度，故其综合影响是民间需求（P）的扩张。式（2-6）表达了这一关系：

$$\Delta P=-\Delta I+\Delta C>0 \tag{2-6}$$

三　举借国债与政府支出：宏观层次的考察

13. 同对家庭和企业行为的影响相比，举借国债对政府部门的作用更为直接。这种作用主要是通过政府财政支出的变化表现出来的。

14. 国债发行之后，除短期者外（一般通过折价发行预扣利息），在其存在的期间内，必须依照约定的条件，按时付息。不论政府采取的付息方式如何，是到期一次支付，还是按期分次支付；也不论其资金来源怎样，是通过增税的途径筹措，还是以举借新债的办法募集，支付国债利息的费用总要形成一个政府财政的出项——国债利息支出。

国债到期之后，就要依发行时的规定，如数偿还本金。同样的道理，不论政府采取的还本方式怎样，是分期逐步偿还，还是到期一次偿还，或是通过市场购回的办法偿还；也不论其资金来源如何，是通过举借新债的渠道筹措，还是依赖增税、预算盈余或其他别的什么途径来解决，偿还国债本金的费用总要形成政府财政的又一个出项——国债还本支出。

无论是利息支出，还是还本支出，从某种意义上说，均带有“额外”的性质。就是说，由利息支出和还本支出构成的债务支出，是因政府举债所引致的，它只是在政府举债的条件下才会发生。

进一步说，债务支出还同政府举债的规模正相关，国债的发行规模越大，对市场利率上涨的压力越大，国债利息支出和国债还本支出的额度也就越大。

15. 以J.M.布坎南（Buchanan）为代表的公共选择学派，曾在解释政府机构和政府官员政治行为的基础上分析财政支出的发展趋势，并得出了追求公共机构权力极大化的政府具有一种本能的扩张财政支出规模倾向的结论（布坎南，1992）。

然而，政府具有扩张财政支出规模的倾向，并不意味着它可不受任何限制地随意增加财政支出。现实经济生活中，还是存在着可对财政支出的规模构成制约的因素的。其中，政府可取得的财政收入有无弹性及其弹性的大小，就是一个最为主要的约束条件（缪勒，1992，第164页）。如果政府可取得的财政收入的数量是既定不变的，没有多少伸缩的余地，那么，对政府增加财政支出的能力就会形成较强的约束，其扩张财政支出规模的势头就会相对减弱。相反，如果政府可取得的财政收入的数量不是既定不变的，可以扩大，那么，对政府增加财政支出的能力就形不成较强的约束，其扩张财政支出规模的势头也会因此而增强。

16. 如果政府可资运用的取得财政收入的形式只限于税收一种，举借国债的办法不为微观经济主体所接受或被法律严格禁止，那么，政府可取得的财政收入就是一个相对不变的量。[①]在这种情况下，财政收入对政府增加财政支出的能力所形成的约束就是“硬”的。这是因为，税收所具有

① 实际的情况当然并非如此简单。但是，将国有企业利润上交、规费等其他财政收入形式引入分析，只会带来不必要的麻烦，最终结论却无根本性变化。所以，这里仍以税收作为上述财政收入形式的代表。

的“强制性”和“无偿性”决定了微观经济主体对“可容忍的”税收水平的看法是趋向于相对稳定的（阿特金森、斯蒂格里茨，1992，第412页）。在正常情况下，政府增税（提高税率或增设税种）的企图往往会遭到一定的反抗。无论这种反抗是来自政治上的，还是来自经济上的；也不论它是以显性的形式表现出来，还是以隐性的形式表现出来，它总是对政府“人为”增加财政收入企图的一个制约因素。此外，税收所具有的“固定性”又决定了课税的对象及其比例或数额必须以法律的形式预先确定下来。除非变动税法，否则，政府只能按照预定的标准课征，而不能随意更改。这又形成了对政府“人为”增加财政收入企图的另一个制约因素。

显而易见，只要财政收入的“人为”增加①受到限制，政府扩张财政支出规模的势头，就不能不因此减弱。

17．但是，如果政府取得财政收入的形式除了税收之外，国债也是可以利用的，那么，增税的办法便可能为举债所替代，增税的目的也可由举债去实现。这时，可取得的财政收入就不再是一个相对不变的量了，而是有可能增加的。在这种情况下，财政收入对政府增加财政支出的能力所形成的约束就可能是“软”的。这是因为，国债具有不同于税收的三个形式特征。它所具有的“自愿性”和“有偿性”，决定了它可为微观经济主体作为储蓄或投资的一种对象加以认购。在正常情况下，政府以举借国债来增加财政收入的做法不会招致微观经济主体的不满。它所具有的“灵活性”，又决定了它可以视政府财政的状况而相应调增或调减发行量，以至在某种程度上可以做到：何时需要，何时发行，需要多少，发行多少。所有这些，都使得财政收入的“人为”增加成为可能。

不言而喻，只要财政收入有“人为”增加的可能，政府扩张财政支出规模的势头，就可能因此而增强。

18．更重要的问题还在于，一旦政府的财政支出在举借国债的条件下得以扩大，财政支出本身所具有的“刚性”很可能会带来国债发行量的逐年上升，从而使国债变“临时性收入”为“经常性收入”。其结果，当然是财政支出规模的进一步膨胀。这一方面是因为财政支出往往增加容易压缩

① 这里所说的财政收入的“人为”增加，是相对于财政收入的“自然”增加即财政收入随着经济增长而出现的增加而言的。

难，增加财政支出肯定会给相当一部分微观经济主体带来直接的或间接的利益，压缩财政支出则肯定会招致既得利益者的抵制和反对。为了维持既定规模的财政支出，国债不仅每年要发行，而且还要保证每年国债发行额扣除了债务支出之后的净收入额不至下跌，甚至要在上一年的基础上有所增长。国债发行额的只增不降显然会对财政支出的增加产生推波助澜的作用。另一方面也是因为，如前所述，因举借国债而产生的债务支出以及随举债规模扩大而逐年增加的债务支出，本身就是构成导致财政支出规模膨胀的一个因素。

19. 考察一下国内外的历史文献，肯定会进一步印证我们的上述分析。国债作为一种财政收入形式之所以能够出现且在历史时序上比税收晚得多，其中的一个重要原因就在于，政府职能的不断扩大要求财政支出日益增长，仅靠税收又不能满足财政支出的这种日益增长的需要。在财政支出的增长越来越受到政府课税能力的限制和预算收支平衡的约束的条件下，作为打破或弱化这种“限制”或“约束”的一种手段，国债才为政府所青睐并在各国流行开来。

20. 也许正因为如此，经济学家们对于财政支出增长现象的解释，总离不开财政收入的相应跃增这个基础（Peacock & Wiseman，1967）。对于财政支出规模的控制，也总是要从财政收入来源（特别是举借国债）的制约上去寻求办法。布坎南（1958）甚至认为，缩减政府的财源，是控制政府支出规模的唯一可行方法。

结论3：举借国债通过引致政府债务支出并弱化政府预算约束，对政府财政支出的规模有扩张之效。

四 举借国债与社会总需求：总量效应

21. 从宏观上看，社会总需求是由民间消费＋民间投资＋政府支出所构成的。在逐一考察了举借国债对这些因素的影响之后，可以进而分析社会总需求的整体走势。

22. 前面的分析表明，举借国债对财政支出规模的影响是通过两个方面表现出来的：一是引致了债务支出，另一是弱化了政府的预算约束。

这一现象是富有启发意义的。它实际上提醒我们，随政府举债而膨胀出来的财政支出对社会总需求可能有不同的影响方式。

政府的财政支出总是由不同项目的支出所构成的。对此，经济学家们常常基于不同的目的，采用不同的方法进行分类。其中，颇具经济分析意义的是依财政支出的经济性质，将其分为消耗性支出和转移性支出（陈共，1991）。

——消耗性支出直接表现为政府购买物品或劳务的活动，包括购买进行日常政务活动所需的或用于进行国家投资所需的物品或劳务的支出。前者如政府各部门的行政管理费，后者如政府各部门的投资拨款。这些支出的目的和用途当然有所不同，但却具有一个共同点：政府一手付出了资金，另一手相应地获得了物品或劳务，并运用这些物品或劳务，来履行政府的各项职能。就是说，在这样一些支出安排中，政府如同其他经济主体一样，在从事等价交换的活动。

——转移性支出直接表现为资金的无偿的、单方面的转移，其中主要包括政府部门用于养老金、补贴、失业救济金、债务还本付息等方面的支出。这些支出的目的和用途当然也有不同，但却有一个共同点：政府付出了资金，却无任何资源可得。在这里，不存在任何交换的问题。

——消耗性支出的结果，是政府所掌握的一部分资金和微观经济主体所提供的物品或劳务相交换。在这里，政府直接以物品或劳务的购买者身份出现在市场上，它直接反映了政府部门要占用社会经济资源的要求。由政府部门运用这些资源，就排除了家庭、企业运用它们的可能性。因而政府的消耗性支出是社会总需求的一个组成部分。

——转移性支出的结果，是政府所掌握的一部分资金无偿的、单方面地注入家庭、企业之中，形成微观经济主体的可支配收入。它只是资金使用权的转移，并不反映政府部门占用社会经济资源的要求。相反，转移只是在社会成员之间的资源再分配，政府部门所扮演的是中介人的角色。至于这些资金的最终投向，要取决于转移性支出的对象——家庭和企业——的边际消费倾向和对投资收益率的预期。也就是说，这些资金是否用于购买物品或劳务以及有多大的比例用于购买物品或劳务，并不由政府所控制。因而政府的转移性支出虽然对社会总需求的最终形成有重大影响，但它并不直接构成社会总需求的一部分。

23. 注意到上述区别，我们可以得到这样的认识：随政府举债而膨胀出来的财政支出对社会总需求有两种不同的影响方式：一种是作为新的需求要素而直接叠加到原有社会总需求水平之上，如政府的消耗性支出；另一种是以资金使用权转移的方式嵌入原有社会总需求之中，如政府的转移性支出。前者会使社会总需求的总量扩张，后者则只改变社会总需求的主体结构，而一般不会增加其总量。

举借国债所引致的债务支出，显然不过是政府的转移性支出的一部分，它是不应也不能直接叠加到原有社会总需求水平之上的。可以对社会总需求产生“叠加”效应的，只能来自随政府举债所带来的政府预算约束弱化而膨胀出来的财政支出。

24. 当然，随政府举债所带来的政府预算约束弱化而膨胀出来的财政支出，仍是可以进一步区分为消耗性支出和转移性支出的，因而也不会完全叠加到原有社会总需求水平之上。至于它可在多大的程度上表现为社会总需求的增加，要视膨胀出来的这部分财政支出中消耗性支出的所占比重而定。

由于在实践中政府往往将各种形式的财政收入捆在一起使用，我们只能从财政支出的总体结构上来大致推断这部分财政支出在消耗性支出和转移性支出之间的布局。问题是，消耗性支出和转移性支出占总支出的比重，在各个国家是有所不同的。即使在同一国家的不同发展时期，情况也在发生变化。

不过，常识告诉我们，不管政府财政支出总体结构的特征如何，也不论经济的发展会使其出现怎样的变化，财政支出中总会有一部分是由消耗性支出所构成的。进而可以推论，随政府举债所带来的政府预算约束弱化而膨胀出来的财政支出，总会有一部分可以直接叠加到原有的社会总需求水平之上。

25. 事情的进展并未到此结束。宏观财政理论（Eckstein，1979）表明，政府消耗性支出的任何增加，通过“财政乘数”的作用，还会使得社会总需求的增加额数倍于政府消耗性支出的增加额。

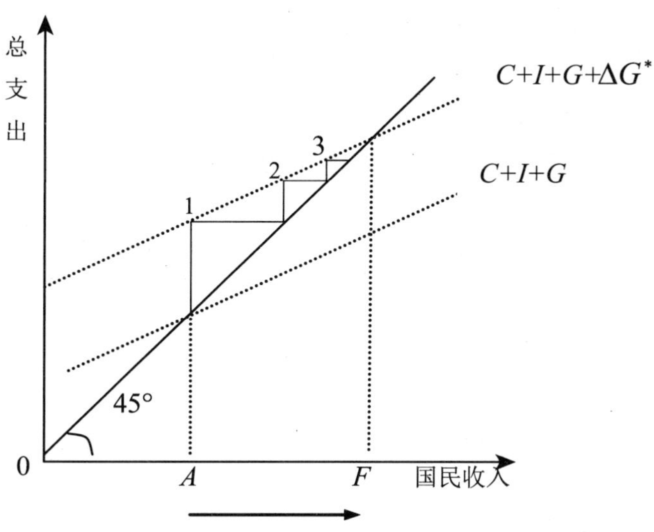

图2 政府消耗性 支出增加所带来的乘数过程

如图2所示，$C+I+G$线代表社会总需求，ΔG^*代表政府消耗性支出的增加额，$C+I+G+\Delta G^*$代表政府消耗性支出增加后的社会总需求。可以清楚地看出，在政府消耗性支出增加ΔG^*的条件下，国民收入的均衡水平由原来的OA增加至OF，AF显然是ΔG^*的数倍。这就是说，举借国债条件下政府消耗性支出的增加，对社会总需求具有扩张性的“乘数效应”。

结论4：从总量上看，举借国债带给包括民间消费、民间投资和政府的消耗性支出在内的整个社会总需求的影响，是扩张性的。

五 举借国债与社会总需求：结构效应

26．说到举借国债对社会总需求结构的影响，自然要牵涉两个方面的问题：一是微观经济主体用以认购国债的资金的来源是什么？是出自它们的储蓄、投资，还是出自它们的消费？另一是政府以举借国债方式筹措的资金投向于何处？是用于其消耗性支出，还是用于其转移性支出？再进一步，是用于其消耗性支出中的经常性支出，还是用于其消耗性支出中的投资性（我国称建设性）支出？

27．为了分析的简化起见，我们约定，在国民收入的循环流程中，作为“漏出”量的储蓄全部转化为作为“注入”量的投资，也就是$S=I$。因此，只要我们有可能知道居民家庭可支配收入在消费和储蓄之间的分割比例，也就能够基本把握这些资金的原本投向：用于消费支出和投资支出的各自份额。

——在前面讨论举借国债对民间需求的影响时，我们把国债发行视为对税收的一种替代，因而举借国债的同时便是税收的相应减少以及微观经济主体的可支配收入的相应增加。既然国债的发行同微观经济主体可支配收入的增加是同步的，且规模相当，微观经济主体用以认购国债的资金显然不会全部出自其原有的可支配收入，有一部分可能来源于其所增加的可支配收入。因而微观经济主体的原有可支配收入及其在消费和储蓄之间的分割比例因政府举债所受到的“冲击”，肯定小于国债的发行量。由于认购国债对微观经济主体来说是一种储蓄或投资行为，其认购资金出自原有可支配收入的部分自然主要来源于储蓄的份额。所以，原有可支配收入中的储蓄资金加上增加的可支配收入中被用于储蓄的部分，将首当其冲地被其作为认购国债的资金来使用。只有在这部分资金的数量不足以满足其认购国债所需的条件下，微观经济主体才可能考虑挤用消费资金来认购国债。

——凯恩斯（1963）的绝对收入理论表明，随着人们可支配收入的增加，其边际消费倾向和边际储蓄倾向将发生方向相反的变动：前者趋于下降，后者趋于上升。再进一步，边际消费倾向的下降会拖动平均消费倾向随之下降，边际储蓄倾向的上升也会拉起平均储蓄倾向一同上升。这又意味着，因政府举债而发生的微观经济主体可支配收入的增加，有可能带来其平均消费倾向的下降和平均储蓄倾向的上升。随着这一变动过程，微观经济主体可支配收入中用于储蓄的份额会相对加大，用于消费的份额会相对缩小。联系我们前面关于微观经济主体将首先动用储蓄资金认购国债的推论，其消费资金因政府举债所可能受到的“冲击”程度进一步减轻了。

——微观经济主体通常是以其所拥有的现金或银行存款作为认购国债的支付手段的，其中的大头儿还是银行存款。虽然不能说银行存款所代表的都是储蓄资金，但说银行存款中的主要部分不属于微观经济主体用于即期消费的资金，或是有可能通过银行中介而转化为投资的资金，恐怕没有问题。此外，微观经济主体也可能通过变卖其他有价证券或实质资产的办法来筹措国债的认购资金。显而易见，这些有价证券或实质资产所代表的主要是微观经济主体以往的积累或存量，它们本来就是作为储蓄资金或投资资金而转化来的。这就告诉我们，形成微观经济主体认购国债资金来源的大头儿，不是消费资金。

——前面的分析已经表明，举借国债带给家庭和企业部门的经济影响，表现为民间消费的增加和民间投资的减少。

基于上述几点，可以看出，微观经济主体用以认购国债的资金来源，大头儿在于储蓄资金或原本用于投资支出的资金。当然也有一部分出自消费资金或原本用于消费支出的资金。但相比之下，前者肯定大于后者。

28．根据前已述及的原因，即实践中政府往往将各种形式的财政收入捆在一起使用，政府以举借国债方式所筹措的资金投向于何处，只能从财政支出的总体结构上来大致推断。

——文献考察表明，略去其他支出不论，在发达国家中，消耗性支出和转移性支出在财政支出总额中的占比，分别为45.2%和41.0%，大体上平分秋色。而在发展中国家，两类支出在财政支出总额中的占比，分别为61.5%和22.5%，前者几乎是后者的3倍。

——就中国的情况而论，伴随着市场化取向的改革进程，中国的财政支出结构已经发生了逐步由消耗性支出向转移性支出倾斜的变化。1978年，消耗性支出和转移性支出[①]占财政支出总额的比重，分别为98.3%和1.7%。至1994年底，这两个比重数字已分别减少和增加到77.67%和22.33%。

从中国财政支出结构的现状看，政府以举借国债所筹措的资金，大约有25%用于转移性支出，75%形成消耗性支出。换言之，在随政府举债而膨胀出来的财政支出中，消耗性支出和转移性支出之比大约是3：1。不过，从中国财政支出结构的发展趋向看，两类支出之比很可能达到发展中国家的水平，即6：4。

进一步说，转移性支出基本上是从民间部门中来，又回到民间部门中去，本身并不构成对社会物品或劳务的直接需求。它既不会增加社会总需求总量，

① 转移性支出的计算口径为：价格补贴支出、债务支出、抚恤和社会救济支出。除此之外的所有支出项目归入消耗性支出。

对其结构的影响也就不大。[①]因此，考察的重点还是应放在可对社会物品或劳务构成直接需求的支出——消耗性支出——上。

——就消耗性支出在经常性支出和投资性支出之间的分割情况而言，发达国家和发展中国家有着惊人的相似。这就是，经常性支出所占的比重甚高，投资性支出所占的比重则较低。以消耗性支出为100%，发达国家的经常性支出占77.2%，投资性支出占22.8%；发展中国家的经常性支出占81.4%，投资性支出占18.6%。总之，经常性支出与投资性支出之比大约是8：2。

——这些年，在中国财政的消耗性支出中，基本建设支出（含生产性和非生产性两类）的比重已经大幅度下降，从1978年的41.4%减少至1994年的11.9%。即使以现行包括生产性基本建设支出、挖潜改造和新产品试制费支出、支援农业支出等所谓建设性支出的口径计算，1994年整个建设性预算支出占全年财政支出的比重也不过25.16%。

看起来，说以举借国债收入为来源的那部分消耗性支出的大头儿，表现为经常性支出，其余的小头儿表现为投资性支出，似乎是能够成立的。再进一步，由于经常性支出基本是消费性支出，所以，说举借国债收入的投向，除了转移性支出之外，主要在于消费性支出，也是没有什么问题的。

29. 现在，我们把认购国债的资金来源和举借国债收入的投向联系起来考察。举借国债无非是把家庭和企业部门的一部分资金转移给政府部门去使用。既然微观经济主体用以认购国债的资金来源，大头儿在于储蓄资金或原本用于投资支出的资金，并且，既然政府以举借国债收入为来源的那部分消耗性支出的主要部分，又在于经常性（消费性）支出，那么，作为这一过程的结果，将不外是：由民间消费支出和政府直接消费支出所构成的社会总消费支出趋于增加，而由民间投资支出和政府直接投资支出所构成的社会总投资支出趋于减少。[②]

结论5：从结构上看，举借国债使得整个社会的消费—投资结构中，发

① 这里未考虑累进课税收入转作转移性支出的影响，而仅就举借国债收入用于转移性支出的情况而言。

② 之所以在此称作政府直接消费支出和政府直接投资支出，而不叫政府消费支出和政府投资支出，主要是考虑到政府通过转移性支出而注入于民间部门的那部分资金，也要由微观经济主体分别用于消费和投资，从而形成政府的间接消费支出和间接投资支出。

生了有利于社会总消费一方的变化。

六 结语

30．本文主要就举借国债对社会总需求的影响，分别从总量和结构两个角度进行了分析。结果表明：举借国债带给社会总需求总量的影响是扩张性的，带给社会总需求结构的影响是社会总消费的增加和社会总投资的减少同时发生。

上述分析结论多少有些出人意料。因为，它同我国经济学界所普遍认同的关于举借国债的作用的说法，是迥然相异的。然而，它却与改革以来中国国债所走过的历程，基本吻合。这可以从对中国国债与社会总需求之间关系所作的实证分析（高培勇，1996）中，得到印证。

31．现在看来，举借国债之所以会被人们视作控制社会总需求、化消费基金为积累基金的一种力量，全部问题可能在于，如下几个基本事实被看漏了：

事实之一：财政支出具有相当的“刚性”，国债与其他财政收入形式之间具有一种相应的相互替代关系。只要财政支出的规模是既定的，容不得人为的削减或调整，举借国债与所课税收之间就要此增彼减，微观经济主体可支配收入的相应增加就是必然的。在微观经济主体可支配收入得以增加的条件下，民间消费的增加总是不可避免的。尽管与此同时民间投资可能呈减少之势，但民间投资的减少势头远不如民间消费增加的势头来得强劲。所以，举借国债带给家庭和企业部门的影响，非但不是民间需求的下降，反而是它的上升；非但不是民间消费的减少，反而是它的增加。

事实之二：政府以举借国债方式取得的收入总是要使用的，并且，总是要与以其他财政收入形式取得的收入捆在一起使用的。政府举债，总要在其收不抵支的条件下才会发生。举债的收入，总要用于支出。只要政府将举债收入用于支出，财政支出规模的膨胀就不可避免；只要财政支出规模因此而出现了膨胀，便总会有一部分直接叠加到原有的社会总需求水平之上。再进一步，只要政府将各种形式的财政收入捆在一起使用，举借国债的收入就不必然地用之于投资性支出；只要举借收入所面对的是包括转移性支出和消耗性支出在内的整体的财政支出，举借的收入便不免于为政府的经常性支出所占用。也正因为如此，举借国债带给社会总需求的影响，非但不是其总量的下降，反而是它的上升；非但不是社会总消费的减少，反而是它的增加。

事实之三：改革以来，中国的财政支出结构已经发生了由所谓生产建设财政向公共财政的转变。建设性支出既已不再是中国财政支出的主体，中国的财政支出结构既已越来越向经常性支出倾斜、并使得经常性支出在财政支出总额中占有了绝大比重，举借国债收入的大部分，就要投向于经常性支出。只要主要来自民间储蓄资金或投资资金的举债收入被用于以经常性支出为主体的财政支出，由民间消费支出和政府消费支出所构成的社会总消费支出便会趋于增加。

更为重要的一个事实是，1994年，中国政府推出了彻底取消财政向银行的透支，财政上所发生的赤字全部以举借国债的办法来弥补的重大举措。随着弥补财政赤字的办法由“双轨制”（同时向银行透支和举借国债）转入“单行道”（全部依靠举借国债），出于减少或避免透支所带来的货币供给量扩大目的而操用举借国债的政策措施，已经不再具有现实意义。

32．以上论断的引申意义在于，当经济面临通货膨胀和物价上涨的威胁时，如果我们寄希望于通过发行国债来减缓社会购买力过旺的势头，并以此将一部分消费基金转化为积累基金，从而保持市场供求的大体平衡，其结果很可能事与愿违。

主要参考文献

Buchanan, James M., 1976: Barro on the Ricardian Equivalence Theorem, *Journal of Political Economy* 84 (2).

Cavaco-Silva Anibal A., 1977: *Economic Effect of Public Debt*, St.Matin's press Inc.

Otto Eckstein, 1979: *Public Finance*, Prentice-Hall Inc.

Patinkin, D., 1965: *Money*, *Interest and Prices*, New York: Harper & Row.

Peacock, A. & Wiseman, J., 1967: *The Growth of Public Expenditure in the United States*, Allen & Unwin.

Tobin, James, 1980: *Assert Accumulation and Economic Activity*, Chicago: University of Chicago Press.

陈共:《财政学》,四川人民出版社1991年版。

马洪、孙尚清:《中国经济形势与展望(1991-1992)》,中国发展出版社1993年版。

平新乔:《财政原理与比较财政制度》,上海三联书店1992年版。

高培勇:《中国国债对社会总需求影响的实证分析》,《城市金融论坛》1996年第4期。

安东尼·B. 阿特金森等:《公共经济学》,上海三联书店1992年版。

丹尼斯·缪勒:《公共选择》,商务印书馆1992年版。

大卫·李嘉图:《李嘉图著作和通信集》第1卷,商务印书馆1981年版。

詹姆斯·M. 布坎南:《民主过程中的财政》,上海三联书店1992年版。

(原载《经济研究》1996年第9期)

演变中的中国涉外税收优惠政策

一

从总体上讲，中国的涉外税收优惠政策是改革开放的产物，它诞生于70年代末和80年代初。当时的背景是，市场化取向的改革正在全国范围内推开。对外开放，作为一项发展经济的基本国策，也正在成为越来越多的人的共识。为了大规模地吸引外资，加快利用外资的步伐，在当时的国际大环境下，我们选择了一条“以优惠促开放”的道路。表现在税收制度上，就是给予外商投资一系列的税收优惠待遇，使得外商投资企业的税负全面和明显地低于本国企业的税负。并且，围绕经济特区、经济技术开发区、沿海经济开放区、高新技术产业开发区和保税区等的建设，逐步设计、形成了“经济特区—经济技术开发区—沿海经济开放区—其他特定地区—内地一般地区”的多层次的涉外税收优惠格局。

全面的涉外税收优惠政策的实施以及多层次的涉外税收优惠格局的确立，为我国的经济社会发展带来了有目共睹的巨大推动作用：

——外商投资企业在我国从无到有，蓬勃发展。1979—1995年，签约外商直接投资项目总计为258788个（年均15223个），总金额达3958.6亿美元。其中，1994年和1995年的签约外商直接投资项目分别为47549个和37011个，外商直接投资金额分别为826.8亿美元和912.82亿美元。外商投资企业已经成为保证我国经济高速增长的一支举足轻重的力量，在整个经济和社会生活中扮演着重要角色。

——随着外商投资企业的涌入，在我国，先是纺织行业继而家电等轻工行业蓬勃发展起来，诸如电脑零配件等的生产亦从无到有成为高新技术产业的增长点，汽车工业也因此起步。由此刺激了一些工业迅速地更新换代，甚至直接带动建立起某个或某几个全新的产业。

——作为市场经济原则贯彻得最为彻底的企业，外商投资企业的成长，为我国市场经济体制的建设奠定了一个现代企业的参照物。这种参照的示范效应，使国内企业的改革具有重塑微观基础的动力。

——尤为重要的是，对外开放局面的形成和扩大，也在相当程度上推动了我国由计划经济向市场经济的转轨，催化了市场经济体系的发育。建立市场经济体系框架，最核心的问题是确立市场配置资源的主体地位。对外开放，意味着我国经济实体要在世界范围内进行贸易和运作。这种根据国际惯例配置资源的机制不断向国内传递，由此带来了我国为适应对外开放而进行的一系列市场化的改革。

二

然而，如果说在改革开放之初，我国的市场经济建设和对外开放步伐刚刚启动，各方面的条件都有待改善，而通过全面的涉外税收优惠政策和多层次的涉外税收优惠格局，可以在吸引外资方面取得立竿见影的短期功效的话，那么，随着市场化改革的逐步深入和对外开放度的日益扩大，这种全面的涉外税收优惠政策和多层次的涉外税收优惠格局的功效不仅已经趋于减弱，而且面临着越来越严峻的挑战：

——市场经济的灵魂之一是公平竞争。市场经济条件下各经济行为主体之间的竞争，必须是有规则的、平等的竞争，不能因所有制、隶属关系或投资来源的不同给予差别待遇，使它们处于不平等的境地。我国现行的涉外税收优惠政策，显然与上述的要求相违背。比如，内外资企业的所得税税率，目前虽然名义上同为33%，但设在经济特区和经济技术开发区等特定地区的外商投资企业，可以减按15%、24%，甚至减按10%的税率征税。同时，给予内资新办企业的减免税，一般是从开业之日起，减免1或2年（或前1年免税，后1年、2年减半征收）；对外商投资企业，则是从获利年度开始，前2年免税，后3年减半征收（甚或前5年免税，后5年减半征收）。其结果是，整个外商投资企业的所得税税负，不到内资企业所得税实际负担率的1／3。差别如此悬殊的税收负担，妨碍了内外资企业之间的公平竞争和资源的合理配置，也妨碍了内资企业在大体同等的条件下同国外进行经济交往，甚至导致一些冒牌的外商投资企业不断出现，严重损害了国家的权益。

——在给予外商投资企业普遍税收优惠的基础上，又将侧重点放在不同的区域，按“经济特区—经济技术开发区—沿海经济开放区—其他特定地区—内地一般地区”实行不同层次的优惠。由于层次多，地理界限难于划清，既影响了地区间的生产力布局，也给实际管理工作带来一些困难。特别是我国的中西部地区客观条件差，基础设施薄弱，信息闭塞，本来就存在着经济发展的不利因素。相对于中西部来说，东部地区则交通便利，信息灵通，本来就具有相当的发展优势。在涉外税收优惠政策上向东部沿海地区的倾斜，在一定程度上产生了拉大地区间经济发展差距的负效应。这种负效应，不仅不利于各地区间的均衡发展，而且，从政治上考虑，长此以往，亦有可能加剧地区间的贫富差距，给国家的长治久安带来负面影响。

——过多的税收优惠，从两个方面带来了国家财政收入的流失。一方面，大量的税收减免，严重侵蚀税基，直接减少财政收入。另一方面，各种复杂的税收优惠项目也给纳税人（特别是外商投资企业）钻政策空子，逃税、避税提供了土壤，致使国家税收出现大面积流失。

进一步看，由过多的税收优惠所带来的国家财政收入流失，在各方面政府支出增势迅猛、财政收支存有较大“缺口”的情况下，各级政府出于弥补财政收支缺口的需要，不得不以收费的形式另辟财源。并且，自收自支，游离于预算管理之外，进而在全国范围内形成了一股自定收费项目的浪潮。由于这类收费规范性差，透明度低，其趋势的蔓延和规模的扩大，又进一步冲击了税基，加剧了国家税收的流失状况，也使政府收入机制以至整个国民收入分配机制因此陷入了不规范状态。

——税负高低只是外商投资环境的因素之一，而非它的全部。除此之外，基础设施状况、政府部门办事效率和服务水准以及法律规章是否完备等，都是决定外商投资能否盈利或盈利多少的重要因素。因此，单纯地把主要注意力放在税收优惠上，寄希望于以税收上的优惠待遇来吸引外资，即使可以取得短期的效果，但从长远来着，由于税收优惠的作用终归有限，最终肯定会妨碍大规模地吸引外资目标的实现。无论从哪方面说，这些年来，我们对税收优惠的作用多多少少是存在着一种夸大倾向的，在客观上也多少少忽略了其他诸方面因素的建设。可以说，基础设施建设、法制建设、政府机关办事效率和服务水平等方面因素的相对滞后，已经在相当意义上成为制约我们进一步扩大对外开放的“卡脖子”工程。

三

说到这里，作出如下论断可能是适当的：以给予外商投资企业全面的税收优惠和地域性的多层次税收优惠为主要特征的我国的涉外税收优惠政策，已经成为有碍于市场化取向改革进一步深入和对外开放进一步扩大的因素之一。因此，重塑并规范目前的涉外税收优惠政策格局，是非做不可的一件事情。

问题是如何来做?

——80年代中期以来世界性税改呈现的“中性化”浪潮，带来了人们对涉外税收优惠作用认识的巨大转变，也在世界范围内降低了人们对税收优惠作用的期望值。我国今后的涉外税收优惠政策取向应当是,“适当”地把握税收优惠，把给予外商投资企业的税收优惠控制在“适当”的水平上。这里所说的“适当”水平，包含两层意义：其一，从发展的方向看，我国的涉外税收政策要逐步向国民待遇原则靠拢。就这个意义来说，过多、过滥的税收优惠同国民待遇原则的要求不相符。应当加以严格清理和坚决压缩。其二，向国民待遇原则靠拢并不意味着要完全废除涉外税收优惠政策。因为，国民待遇原则的基本政策精神，是在国内税费的征收和有关方面，给予外国产品（企业）的待遇不低于给予本国产品（企业）的待遇。就这个意义而言，保留、设置一定的涉外税收优惠，不仅是必要的，而且是可行的。

——在低调处理涉外税收优惠的前提下，将优惠的重点转向以国家产业政策为导向的轨道，做到优惠方向、目标、范围、内容、形式和方法诸方面的统一。今后的涉外税收优惠政策取舍，应当以国家产业政策的要求为基本依据，逐步改变目前对外商投资企业给予全面优惠和对特定地区实行地域性的多层次优惠的办法。在对待不同产业的发展上，可以体现效率优先，采取必要的税收优惠政策，把外商投资的重点引导到那些急需发展、应当鼓励发展的产业上来。

——清楚地评价涉外税收优惠作用的效果，通盘考虑外商投资的整体环境建设。前面说过，外商投资的整体环境包括诸多方面的因素，而且，各个方面的因素彼此依存，缺少了其中任何一个方面的因素，外商投资的环境都不能说是良好的。目前我们的当务之急，是在重塑、规范涉外税收优惠政策的同时，努力改进其他方面的工作。特别是要在转变政府观念、提高行政办事效率、加强法制建设以及培育市场体系上下一番工夫。从某种程度上说，在当前，对与外商投资环境有关的任何一个方面工作的改进，其对外商的吸引力都有可能超过单纯的税收上的优惠。

——把吸引外资与发展民族经济有效地结合起来，在对内外资企业采用同一套税法的基础上，改对外商投资企业的全面优惠为特定优惠。鉴于内外资企业之间不平等竞争，特别是国有经济单位经营困难加剧的现状，应当尽快采取措施，统一内外资企业所得税制，创造内外资企业平等竞争的市场环境。与此同时，对外商投资企业采取按某些特定项目给予不同程度的适当的税收优惠的办法，加强税收对投资方向的引导作用。

——严格实行涉外税收优惠的总量控制，把税收优惠纳入国家财政收支平衡的总体框架。税收优惠，无论是对内的，还是涉外的，从根本上说来，都是财政收入的损失或减少。财政收入一方的损失或减少，则肯定要影响到与其相对应的另一方——财政支出——的平衡。因此，涉外税收优惠作为一种特殊的调节手段，它的运用必须有一个数额上的总量控制。应当在这个数额总量的限度内，确定哪些方面可以实行优惠，哪些方面不能实行优惠，以及可以优惠方面的数量限额。决不能突破这个总量限度，以免不适当地影响国家的财政收支平衡和宏观调控能力。

进一步说，对涉外税收优惠实行总量控制，也是扭转我国各级政府各种收费泛滥现象，规范政府收入机制以及整个国民收入分配机制的重要之举。

（原载《涉外税务》1997年第8期）

关于中国国债规模问题的几点看法

一 当前的主要风险是中央财政债务依存度偏高

用于衡量一国国债规模大小的指标不少，但相对而言，比较常见、使用频率较高的是两个方面的指标：一是国债累积额占同年GDP的比重。它着眼于国债的存量，反映国债累积总量相对于同年经济总规模的比例关系，亦称作“债务负担率”。另一是国债发行额占同年财政支出的比重。它着眼于国债的流量，反映当年财政支出对债务收入的依赖程度，即所谓“债务依存度”。

就前一个指标看，截至1997年底，我国历年发行、尚未清偿的国债累积额为5928.8亿元，大约占同年GDP的7.93%。这个数字，同美国的52.0%（1992）、日本的52.7%（1992）、德国的25.8%（1991）、英国的37.2%（1991）、法国的29.6%（1992）和泰国的15.1%（1989）比起来，应当说是相当低的。也正因为如此，不少人认为我国的国债规模并不大。

以后一个指标论，1997年，我国国债的发行额为2476.83亿元，分别占同年全国财政支出额（中央和地方两级财政支出合计）的22.29%和中央财政支出额（中央本级财政支出）的55.76%。这两个数字，同国外的债务依存度水平比起来，可就不算低了，甚至有些偏高了。同时，近几年来，我国国债的发行额，每年都在以30%左右的速度递增（1994、1995、1996和1997年的递增率分别为：58.99%、31.87%、26.95%和28.71%）。正是基于这个原因，许多人对我国国债发行规模的迅速膨胀，持担忧的态度。

国债的累积规模不大，但发行规模偏大且增速过快。两种现象同时并存的原因，在于我国举债的历史不长。从1979年算起，也就是19年的时间。以美国为代表的西方发达国家，其国债的累积规模之所以能达到如今这样的高水平，是经过几百年时间积累下来的结果。问题恰恰出在这里：如果我国国债的发行规模照目前这样的势头发展下去，那么，要不了多久，我国国债的累积规模，很可能会达到难以控制的程度，甚至可能赶上有着几百年举债历史的西方发达国家。

更进一步看，国债发行额分别占同年全国财政支出额和中央财政支出额的比重数字，是依据“国家财政的债务依存度”和“中央财政的债务依存度”两种不同的口径计算的。事实上，迄今为止，我国的国债是作为中央政府组织财政收入的形式而发行的，其收入列入中央财政预算，由中央政府调度使用。地方政府不得发行债券，地方财政收入中既无债务收入这一项，其支出自然亦与债务收入无关。也就是说，作为债务依存度计算公式分子部分的国债发行额，全部是中央财政的债务收入额。所以，真正能确切地说明问题的，还是后一种口径即中央财政的债务依存度数字。认识到这一点，对于我们正视当前中国国债规模的风险状况非常重要。如果说22.29%的国家财政的债务依存度虽然超出了国际公认的控制线（15%—20%），但未超出太多，我们还可勉强接受的话，那么，55.76%的中央财政的债务依存度水平，则无论从哪方面讲，都是偏高的。以“满足社会的公共需要”为主体格局的中央财政支出，其资金来源的一半以上要依赖于发行国债，不仅与政府活动本身的性质不符，而且，长此以往，恐怕会难以为继。其中潜藏着的风险，是不言而喻的。

更为严峻的现实还在于，这几年，随着国债发行规模的不断增加，中央财政的债务依存度一直在呈攀升之势。1994—1997年间，我国中央财政的债务依存度数字依次为：52.14%、53.68%、55.61%和55.76%，平均每年上升1.21个百分点。

由此看来，如果说当前我国的国债规模确实存在着一定风险，那么，这一风险的主要方面，在于国债的发行规模（非累积规模）偏大。国债发行规模的偏大，又集中表现为中央财政（非全国财政）的债务依存度偏高。

二　债务依存度偏高是体制转轨时期诸方面矛盾的综合反映

债务依存度偏高是国债发行规模偏大的结果。在目前的体制下，决定我国国债发行额多少的因素，既有当年的财政收支状况——财政赤字额，又有历年财政收支状况累积的结果——当年的国债还本付息额。以1998年的预算数字为例，计划发行的2808.6亿元国债，即由用于弥补当年财政赤字的460亿元和用于支付当年国债本息的2348.6亿元两个数字相加而得。因此，对于债务依存度偏高原因的探寻，应当从历史与现实的结合上着手。

——体制改革。十几年来我国经济体制改革的一大特点就是，改革每向前迈进一步，几乎都要以财政（特别是中央财政）上的减税让利为代价。减税让利之后出现的财政赤字，先是两条腿走路，即同时以向中央银行透支（借款）和举借国债两种方式来弥补，后来，出于抑制通货膨胀的政策考虑，从1994年起，彻底取消了财政向中央银行的透支（借款），财政上的赤字全部通过举借国债一种方式来弥补。随着弥补赤字方式的“双轨制”转入“单行道”，国债的发行规模亦由80年代和90年代初期的几十亿至几百亿元，一举突破了千亿元大关。

——税收“缺位”。我国传统体制下的国民收入分配机制，是以农副产品统购统销和国家统管城市职工工资制度为前提的。由此，那一时期的财政收入结构，便是税利并存，以利为主。而且，来自国有经济单位的缴款占大头儿。改革开放以后，伴随着市场化的进程，农副产品统购统销和国家统管城市职工工资的格局相继被打破，原有的财政收入渠道基本上不复存在了。然而，改用规范化的税收形式取得财政收入，又遇到了长期“无（明）税”环境的惯性作用的挑战。出于心理和行为的不适应，各经济行为主体下意识的和有意识的偷漏税现象同时滋生。在税收严管重罚的力度未能相应跟上、依法治税的社会环境尚未确立的情况下，各种偷漏税的行为犹如“病毒”，逐渐蔓延，致使该征的税不能全部收上来，国家税收出现了大面积流失。1994年税制改革之后，这种矛盾虽然有所缓解，但问题远未根本解决。在呈“刚性”的财政支出面前，本应在财政收入体系中充当“主力队员”的税收的“缺位”，只会引发对非经常性财政收入形式——国债——的日益严重的依赖，从而形成国债的“越位”。

——非规范性政府收入的冲击。改革以来，在列入预算的财政收入占GDP比重迅速下降的同时，预算外收入、制度外收入等非规范性政府收入急剧扩张起来。据粗略估计，缁目前各种非规范性政府收入和预算内收入之比，大约为3∶2。这种局面的形成，一方面同各级政府部门自立收费项目，并且自收自支、游离于预算之外，有直接的关系。另一方面，亦要看到，非规范性政府收入的增长，在相当程度上又是以“挤压”规范性的预算内收入为前提的。没有预算内收入向预算外收入、制度外收入的转移，非规范性政府收入的扩张速度绝不会如此之快，其规模也绝不会达到目前这样的程度。问题在于，非规范性政府收入冲击预算内收入所带来的结果，直接表现是财政收入占GDP比重的下降。但是，深入一层看，由于财政支出占GDP的比重并未随财政收入同步下降（比如，1995年，财政支出和收入占GDP的比重数字分别为13.3%和10.7%），两个比重数字之间的差异，只能通过非经常性财政收入形式的利用——举借国债——加以弥补。

——借新债还旧债。举借的国债终归要还本付息。在财政困难特别是中央财政的困难始终未得到扭转的境况下，偿债高峰期的到来，迫使政府不得不操用借新债还旧债的办法去应付到期国债的兑付难题。不仅国债的还本支出依赖于举借新债，利息支出同样指望举债。而且，从1994年起，又将债务还本付息支出移出预算，形成了同经常性预算、建设性预算并列，但又不在整个预算支出数字中反映的所谓“第三预算”——债务预算。比如，在1997年的2476.83亿元债务收入中，有1916.83亿元（占77.39%）就是用于应付当年到期的国债本息偿付。这个数字，并不包括在当年的全国预算支出数字9197.06亿元之内。每年上千亿乃至数千亿元的偿债高峰，虽可循此方式得以渡过，但其代价是国债规模越滚越大了。

——财政支出膨胀。预算内收入，特别是预算内经常性财政收入的相对减少，并未带来财政支出的相应下降。相反，在改革开放的大潮中，政府各方面的支出需要增势迅猛。国债的利用，又使政府有可能突破经常性财政收入对财政支出形成的预算约束。加之国债管理制度本身不完善，对政府举债的规模缺乏有效的制约，结果便是财政支出规模的一再膨胀。从1979年至1997年，财政支出（含债务支出）的递增速度，每年都在15%—

20%，大大高于财政收入甚至GDP的增长速度。由此形成了财政支出膨胀→财政赤字加大→国债发行规模增加→财政支出进一步膨胀→国债发行规模再增加这样一种连锁反应。

三 当务之急是把相对偏高的债务依存度降下来

我们看到，连续十余年的国债发行，在给我国的经济和社会发展带来一系列积极影响的同时，亦通过国债发行规模以及中央财政债务依存度的逐年加大，而使国家财政面临着一定的风险。为了降低乃至避免这种风险，使国债的运用走上扬利除弊之路，想方设法，尽快在宏观上作出统筹安排，把相对偏高的债务依存度降下来，是非做不可的一件事情。

问题是，如何来做?

——进一步完善税制，把该收的税全部收上来。从根本上说来，在既定的财政支出规模约束下，以税收为代表的经常性财政收入和国债之间，是一种此增彼减的相互替代关系。国债的“越位”既然是税收“缺位”的结果，那么，让作为财政收入体系主力队员的税收“归位”，肯定是降低债务依存度的关键一步。应当确立这样一种信念：国家税收每增加一分，国债发行就减少一分。税收的依存度加大了，债务的依存度自然会相应降下去。为此，要瞄准“把该征的税全部征上来”这个大目标，通过进一步完善税制，抓好税收的法制建设。把建立税务部门严格依法征税和纳税人自觉依法纳税的新型税收征纳关系，作为今后一个时期的工作重点。坚决堵住各方面的税收流失漏洞，使国家税收的流失减少到最低限度。

——清理各种收费，实现政府收入机制的规范化。在市场经济条件下，不论形式如何，只要是政府取得的收入，本质上都属于财政性资金。因此，将分散在各部门、各地区的各种非规范性的政府收入，转变为可由财政部门统一调度的、规范性的政府收入，扩大经常性的财政收入总量，对于降低债务的依存度来讲，显然具有打基础的意义。

考虑到各种非规范性政府收入的情况复杂，牵涉的利益关系广泛，可以在操作上采取先清理、后纳入预算的办法，分步加以规范。第一步，对现行各种政府收费进行全面清理，在清理的基础上，区分为合理的与不合理的收费两大类。坚决取消那些不合理的、纯属乱收费的项目。第二步，对合理的收费项目，按不同的办法进行规范。凡具有税收性质（名为“费”实为“税”）且宜于纳入税内管理的收费项目，尽可能纳入税收的轨道。或是通过扩大税基，将其并入现行的有关税种，统一征收。或根据其性质，改设新的税种，另定办法征收；对那些不宜于纳入税收轨道、本身就属于“费”范畴的收费项目，按照市场经济条件下规范化收费的内涵与外延，严格加以界定，分别归入“规费”和“使用费”系列，并相应实行规范化的管理办法。第三步，将通过“费改税”纳入税内管理以及通过“规范费”归入规费和使用费系列的政府收入，或作为过渡办法，暂时单独编制预算；或一步到位，纳入统一的政府预算。

——财政、银行两家通力合作，把尽可能降低举债成本作为一个重要目标来追求。目前我国的举债成本主要包括两项，一是利息支出，另一是推销及兑付的手续费支出。不容否认，这两项支出都是举借国债的必要成本，不可不支付。但支付的数量、标准，却不能不有所讲究。支付得偏多了，就会形成一块儿不必要的成本。不但会加重国家财政的负担，而且，在现行的国债还本付息支出来源安排下，亦会因此加大国债的发行规模。

应当看到，随着国债信誉和流动性的提高，老百姓已经形成了承购国债的习惯性心理，国债的发行利率可以比其他相同期限金融工具的利率低，而不应继续追随银行储蓄存款利率而定，甚至保持高出银行同期储蓄存款利率的格局。与此同时，经办国债业务部门的积极性，已不再需要或不再像过去那样需要通过高手续费率去调动。所以，用于国债推销和兑付的手续费也可相应减少。这是一个必然的趋势。关键的问题在于，无论国债利息支出，还是推销和兑付的手续费支出，它们的任何变动，都不是财政或银行部门一家所能单独左右的。只有在财政和银行两大部门通力合作，宏观经济体制改革又作出相应安排的条件下，才可能办到。而且，其间的难度，也肯定小不了。但是，鉴于举债成本对国家财政困难以及国债发行规模有着十分重大的影响，鉴于我国宏观经济的稳定与否在相当程度上已经取决于中央财政债务依存度的高低，这项迟早要做、非做不可的工作，无论如何，都是应当克服一切困难，并及早提上议事日程的。

——还本付息支出“分流”，利息支出进经常性预算，借新还旧只限于还本支出。根据国债还本支出和利息支出的不同属性，采取不同的方法加以处理：还本支出，可以留在“债务预算”中，仍通过不断地举借新债的方法来解决，并以此使之成为一个实际上无须偿还的永久性余额。利息支出，则须列入“经常性预算”，以税收为代表的经常性财政收入作为资金来源，不能继续指望于举债。之所以强调这一点，是因为，若将国债的利息支出和还本支出混为一谈，统统依赖举借新债的办法去解决，那么，在发新债抵旧债的循环中，时间上的推移虽不会带来一笔国债本金余额的变化，但由此而发生的利息支付额却是会日益增大的。事实上，在我国已经出现的国债的滚动循环中，正是利息支出使得国债规模越滚越大了。

顺便指出，利息支出进预算，特别是进经常性预算，也是国际上的通行做法。我国之所以将利息支出放在预算之外，其意图无非是要以此压低预算赤字的规模。以1996年为例，在利息支出未进预算情况下，我国的中央预算赤字额为610亿元。若将当年利息支出列入预算，以利息支出占整个债务还本付息支出额（1314.3亿元）的1／4计，中央预算的赤字额，则要改写为938.6亿元。再从美国的情况看，同样是1996年，联邦预算赤字额为1070亿美元，而列入预算的当年的联邦利息支出额即为2030亿美元。如果按我国债务利息支出不进预算的口径计算，则1996年的美国联邦政府预算不仅没有预算赤字，反会出现1500亿美元的巨额财政盈余。问题在于，人为低估财政赤字规模所造成的危害，实际上，并不小于正式打赤字，甚至远远大于正式打赤字。可以立刻指出的一点是，社会各界会因财政赤字被人为低估而低估国家财政（特别是中央财政）面临的困难，并且，可能因此模糊政府在有关财政问题上的决策视线。

更进一步说，在利息支出进预算，部分隐含的财政赤字转化为公开的财政赤字，财政赤字得到全面反映之后，还可能因此形成要求政府压缩财政赤字，进而削减国债发行规模的良好的社会环境。

——改年初确定国债计划发行额为按国际通行做法，控制年终的国债累积额。目前我国对国债规模的控制，采取的是在年初确定国债计划发行额，并报人民代表大会审批的办法。这与国际通行的、控制年终国债累积额的做法有所不同。相比之下，就国债这种财政收入形式的特性而论，控制年终累积额的做法可能更为适当。这是因为，国债区别于税收等经常性财政收入形式的突出特性，就在于它的有偿性和灵活性。因其是有偿的，举债收入的运用，就必须考虑它的时间成本。如果债务收入组织上来了，但又一时派不上用场，白白闲置在那里，且不说非政府部门因此而承受的“排挤效应”变得没有意义了，单就政府部门本身而言，起码要无端损失一笔利息费用。因为它是灵活的，政府便拥有了伸缩自如的空间，根据财政运行的实际状况而相机调增或调减它的发行量。因而，在相当程度上可以做到，需要多少，发行多少；何时需要，何时发行，最大限度地避免财政资金可能出现的闲置、浪费现象。

年初确定国债计划发行额，并按计划去组织国债的发行工作，举债收入便成为一个既定的量。而这个既定的量，很可能与当年的财政实际运行状况发生脱节。这样一来，国债的灵活性就丧失掉了，也变得同具有相对固定性的经常性财政收入形式无异了。而且，失去了灵活性的举债收入，很可能因部分或全部的闲置，不得不承担起有偿性的代价。在这方面，我们已有不少教训。1996年的国债发行，便是一个突出的例子。一方面是外汇汇率变化相应减少了国内外债务还本付息支出，中央预算赤字额得到了少量的压缩。另一方面，国债的发行工作仍依年初确定的计划数字去组织，未视财政收支的实际运行状况进行相应调整，本应“灵活”管理的国债“刚性”化了。其结果，1996年的债务收入出现了数额高达43.12亿元的结余，而不得不结转下年使用。

与其如此，不如效法国际通行的做法，年初不确定国债发行的具体数额，人民代表大会只通过规定国债累积限额的办法，对年终的国债累积额加以控制。同时，让财政部根据预算年度内财政收支的实际状况，相机决定国债的发行额度、发行券种和发行日期。实际上，即便就对国债规模的控制来说，这样做，不仅不会削弱反而可能增强人民代表大会对它的控制力。

——千方百计压支出。压缩财政支出，一向困难重重，但并非无计可施。关键是要下决心，方方面面，上上下下，共同努力。倘若我们能站在市场经济体制的立场上来重新认识并界定财政的职能，倘若我们能从提高资金使用效率的角度来考虑全社会的资金配置问题，我国现存的财政职能范围肯定会得到相当的压缩。如果我们能从降低债务依存度、扭转国家财政困难局面的大处着眼，割舍一些局部的、个人的既得利益，我国财政支出规模的压缩，甚至是较大幅度的压缩，亦不会是一句空话。

主要参考文献

国家统计局:《中国统计年鉴（1997）》, 中国统计出版社1997年版。

刘仲藜:《关于1997年中央和地方预算执行情况和1998年中央和地方预算草案的报告》,《人民日报》1997年3月19日。

国际货币基金组织：《国际资本市场——发展前景和政策》中译本，中国金融出版社1995年版。

（原载《财政研究》1998年第3期）

算大账与算细账

——关于当前我国财政政策选择的考虑

算大账：以经济社会的稳定发展为取舍标准

放眼全局而不计局部得失，必要时宁肯以财政收支的不平衡来换取经济社会的稳定发展，既是现代经济学的一个重要原理，也是改革以来我国在财政政策选择问题上始终遵循的基本原则。

从分配领域入手的我国经济体制改革，一开始便确定了“放权让利”的改革思路。放权让利的实施，一方面要求财政对微观经济主体减税让利，以减少国民收入分配格局中的财政份额来激发各方面的积极性。另一方面，还要求财政以增加支出为条件，为各项改革举措的出台铺平道路。其结果，与经济体制改革的进程相伴随，在财政上我们付出了赤字频繁出现和国债不断增加的代价。可以说，这20年来，我们走的正是一条以财政收支的不平衡来换取经济体制改革的成功的改革道路。

当前的经济社会形势，又使财政政策面临同样的抉择：社会总需求的不足，直接危及全年经济增长目标的实现。在亚洲金融危机不断蔓延以至全球经济贸易增长放慢的情况下，促进经济增长的最有效途径，显然是拉动内需。内需的扩大，固然可以指望居民消费需求和企业投资需求，但受近期居民收入增势减缓和预期消费支出增多的影响，目前市场销售平淡，物价持续下降，消费需求的低迷状况难有大的改变；近一段时间，国有经济单位的固定资产投资虽然有所增加，但外商、集体、个体投资减少，整个投资需求亦难以走出疲软的境地。所以，这个时候，唯有实行扩张性的财政政策，由政府自己出面，作为投资主体去增加投资了。当然，政府投资的增加是以财政支出的相应扩大为前提的。对于本来就十分严峻的我国的财政收支状况来说，财政支出的扩大无疑会使财政困难雪上加霜。但是，鉴于国民经济的发展已经离不开内需的扩大，鉴于现时内需的大小直接取决于财政投入量的高低，以增发1000亿元国债用于加大政府基础设施建设的投入，并以此拉动内需，确保全年经济增长目标的实现，便成为当前背景下财政政策的自然选择。

如同财政为换取经济体制改革的成功而进行的操作，算经济社会发展的大账，这次增发国债用于加大基础设施建设，将同样是财政值得付出的代价。可以认定，倘若我们面对总需求的不足因顾虑财政的收支状况而在财政上无所作为，那么，且不说经济增长乏力甚至经济萎缩的形势很可能进一步发展，即使单就财政本身的收支来讲，经济活动的不景气会带来财政收入的下降，进而导致财政支出减少。其结果是，不仅财政收支的状况得不到改善，在财政收支之间的关系形成恶性循环的条件下，国民经济亦可能因此陷入进一步的萧条之中。反之，以财政困难的暂时加大作为启动经济的必要成本，由此换得的不仅是一个国民经济持续稳定发展的局面，而且，有了经济的发展这个基础，财政本身的日子也会逐步好过起来。

算细账：正视当前财政收支的严峻形势

算大账，有助于我们权衡轻重缓急，跳出部门局限而求得整体利益的实现，但这并不意味着我们可以为实现宏观目标而对付出的代价心中无数。也就是说，我们要计算一下实行扩张性财政政策的成本究竟有多少？

增发国债，当然会加大既有的国债规模。对于扩张性财政政策成本的考察，似可以国债规模的变化为线索来展开。用于衡量一国国债规模大小的指标虽然不少，但相对而言，比较常见的指标有两个：一是国债累积额占同年GDP的比重。它着眼于国债的存量，反映国债累积额相对于同年经济总规模的比例关系，亦称作“债务负担率”。另一是国债发行额占同年财政支出的比重。它着眼于国债的流量，反映当年财政支出对债务收入的依赖程度，即所谓“债务依存度”。

从前一个指标看，截至1997年底，我国历年发行、尚未偿还的国债累积额为5928.8亿元，大约占同年GDP的7.93%。按照今年先后确定的国债发行数字（6508.6＝2808.6+2700+1000）减去今年到期的国债还本数字（1761.45亿元，按还本付息支出总额2348.6亿元的75%计）计算，预计到1998年底，国债的累积额将为10766亿元，占同年GDP（以8%的经济增长率计）的13.3%。这个债务负担率数字，同1997年相比，将增加5.37个百分点。

就后一个指标论，1997年，我国国债的发行额为2476.83亿元，占同年全国财政支出额（中央和地方两级财政支出合计）的22.29%和中央财政支出额（中央本级财政支出）的55.76%。按照今年先后确定的国债发行数字之和（6508.6）并对国债增发后的全国预算支出数字（10143.68+2348.6+2700+1000）和中央预算支出数字（2752.52+2348.6+2700+1000）作相应调整，预计1998年，全国财政和中央财政的债务依存度数字将分别为40.19%和73.95%。这两个数字，较之1997年，将分别增加17.9个和18.19个百分点。

前后两个指标数字均告诉我们，为了实行扩张性的财政政策，我们将不得不面对更高的债务负担率和更大的债务依存度。

更为严峻的事实还在于，国债发行规模的增加，不仅会带来当年债务依存度的增加，而且，按照目前我国国债还本付息支出完全依赖于举借新债的安排，随着国债的陆续到期，还会带来此后若干年国债发行规模的相应跃升，甚至由此形成“国债规模越滚越大”的所谓恶性循环。事实上，在目前的中国，这种循环已经出现了。从1993年至1998年，我国国债发行规模的递增率分别是：58.99%、31.87%、26.95%、28.71%和162.78%，除了今年的情况特殊可以另作别论之外，其余各年的平均递增率为36.62%。

可以看出，今后几年以至更长的一段时间，我国的财政收支形势将更加严峻。对此，我们只有持正视的态度，并且未雨绸缪，做好各方面的应对性安排，才能渡过难关。在换取国民经济宏观利益的同时，尽快使财政收支步入良性循环之路。我们算财政政策成本细账的目的，也就在于此。

立足当前，又须着眼于长远

一方面是国民经济的持续稳定发展需要实行扩张性的财政政策，另一方面，扩张性财政政策的实行又将使财政面临更加严峻的形势，在当前的条件下，唯一恰当的选择可能是：既要立足当前，又须着眼于长远。

第一，国债发行收入要专款专用于基础设施建设。对于1000亿元国债资金的使用，应当同一般性的财政资金区别开来。它既然是为了加大基础设施建设的投入而发行的，那么，在使用上，只能专款专用于基础设施的建设，绝不能挪用于经常性的支出项目。

第二，强国债资金关管理，讲求资金的使用效益。运用扩张性的财政政策启动经济，并不意味着财政资金的使用可以大手大脚。相反，任何时候、任何情况下，都必须在加强管理的基础上，合理安排好每一项支出，力争以尽可能少的投入取得尽可能大的效益。

第三，完善税制，堵漏增收。从根本上说来，在既定的财政支出规模约束下，经常性的财政收入形式——税收和有偿性的财政收入形式——国债之间，是一种此增彼减的相互替代关系。为了尽可能地减少国债发行额，把该收的税尽可能如数收上来，显然是必须要做且有可能有所作为的一件事。为此，应当从进一步完善税制入手，坚决堵住各方面的税收流失漏洞，使国家税收的流失减少到最低限度。

第四，密切监测经济形势，及时调整政策取向。我们是在总需求不足、经济增长乏力的背景下，转而实行扩张性财政政策的。随着经济形势的变化，财政政策的取向当然也要随之调整。因此，在实行扩张性财政政策的过程中，我们必须密切监测经济形势的变化。一旦经济增长的势头再现，便应相机减弱财政政策的刺激力度，甚至重归适度从紧的财政政策之路。

（原载《人民论坛》1998年第10期）

通货紧缩下的税收政策选择

——关于当前减税主张的讨论

早在1998年间，虽然那个时候人们对于我国是否出现通货紧缩还有颇多的争议，在政府积极采取各种政策措施提高经济活动水平的声浪中，已曾有过减税的主张。进入今年以来，随着零售物价持续走低，消费需求不足，经济增长减缓，越来越多的人得出了中国经济进入通货紧缩阶段或存在通货紧缩趋势的判断。于是，在中央决定进一步加大积极财政政策的实施力度，并为此出台了一系列配套措施之后，关于政府应当减税的呼吁之声，再一次扑面而来。现在看来，在当前的中国，一个不容回避的问题是：面对严峻的通货紧缩形势，我们究竟需要实行怎样的税收政策？

一 减税：应有一个严格的界定

从严格的意义上讲，减税指的是通过调整或改变既有税制而减少政府税收，从而降低企业或居民税收负担的一种税收政策。这里包含三层意思：第一，它要通过规范化的调整或改变税制的行动——如削减税种、下调税率、缩小税基——加以实现，而非由哪一个领导人或哪一级党政部门说了算的非规范化的行政性行为。第二，它是着眼于长期的制度性安排，而非立足于短期的权宜之计。第三，就短期而言，它的直接结果是政府税收总量或企业和居民税收负担的减少，或者，起码是政府税收占GDP比重的下降。

对照一下当前人们有关减税的主张，尤其在具体的操作层次上，可以发现，其中的许多议论，不在上述意义的减税之列，或者，与上述意义的减税不那么匹配。

第一，迄今为止，我们所见到的有关减税的主张，多带有非规范化的行政性色彩，而未将减税视作一种规范化的制度性安排。比如，有主张政府对生产经营困难的企业给予临时性减免税的，也有主张对企业投资实施所得税抵扣的，还有主张对国家产业政策鼓励的投资领域给予适用于外资的优惠政策的，甚至有主张给予企业缓缴税款照顾的，等等。至于如何实施这些减免，较多的提法是它具有较强的操作上的灵活性（如国家计委课题组，1999）。也就是可由政府斟酌使用，因地因时制宜。注意到这一点，极易使我们想起1994年前曾经弥漫全国的减免税之风。那一时期的经验教训，我们至今仍然记忆犹新。应当指出，把减免税作为政府调节经济社会发展的工具来使用，符合市场经济发展的规律。但是，它的操作必须在既有税制的框架内进行或者通过调整或改变既有税制的途径去实现，而不能跃出这一框架或置规范化的程序于一边。否则，在现时的国情背景条件下，很可能引发新一轮的随意减免税浪潮。所以，即便我们必须选择减税，减税的操作也应当纳入规范化的轨道。切不可为了一时的需要而重蹈历史覆辙，给长期的改革发展造成障碍。

由此可以得到两点富有深刻意义的推论：其一，在既有税制的框架内，通过加强征管、堵塞漏洞、清缴欠税、惩治腐败的行动而实现的税收增长，不属于增税。其二，同样的道理，在未调整或改变既有税制的情况下，听凭偷漏税和欠税的现象蔓延而不采取积极的行动加以阻止，亦不等于减税。

第二，尽管在具体的操作方案上有所不同，有关减税主张的基本着眼点是一致的。这就是，通过政府减税的行动增加企业和居民的可支配收入，进而刺激投资和消费，带动经济增长。问题在于，税制的变动非同小可，一旦实行，便须不只是立足于短期的权宜之计。把减税作为一种反经济周期的工具究竟是否最有效的选择，取决于我们对今后经济走势的判断。如果我们将通货紧缩视作一种长期的经济现象，那么，减税的安排，便是可以接受的。但如果通货紧缩只是短期与我们相伴，从长期来看，通货膨胀仍会再现并成为我们的最大威胁，那么，减税便不是适当的选择了。再进一步说，经济的周期性波动是不可避免带有规律性的现象，有所变化的只是它的频率和程度。把税制的设计同经济的周期性波动捆绑在一起，税制本身所应具有的相对稳定性便失去了。这就如同财政赤字弥补方式的选择：举债可以弥补赤字，增税亦可达到弥补赤字目的，但鉴于赤字的发生通常属于短期现象，并非经济生活的常态，加之其规模、频率不易把握，我们往往选择具有可调节性的举债而不是相对稳定性的增税方式去解决问题。把减税用作反周期目的，其所带来的效益和成本情况如何，恐怕不能不进入我们的视野。所以，即便我们必须选择减税，减税的实行也应当作为一种长期战略，致力于制度的创新。短期措施，特别是一些应急措施，不应使长期的制度结构调整目标或受损受挫。

顺便说一句，80年代美国里根政府的减税政策以及由此带动的世界范围内的减税浪潮，绝不是作为短期的应急措施，而是基于长远的考虑——创造有利于私人投资的制度环境——而制定和出现的。相反，出于反通货膨胀的需要，我国在1994年税制改革时所形成的对投资课以重税的税制架构，则显然带有短期的性质。到了今天，当通货膨胀为通货紧缩所替代时，它便成为一种不合时宜的政策而不能不加以改变了。

第三，有关减税的主张，大都辅之以减税非但不会减少税收反而会增加税收的理论判断。然而，撇开减税究竟能够产生怎样的长期效应不论，无论如何，它的实行肯定要伴随以现时政府税收的减少。静下心来仔细看一下我国税收的现状，便会发现，这几年来，尽管我国税收的绝对额一直呈增长态势，但其相对额——税收占GDP的比重——始终没有走出偏低的怪圈。1998年，在付出了九牛二虎之力之后，全国各项税收之和（9262.8亿元）占当年GDP（79553亿元）的比重，也不过11.6%多一点儿。这样的宏观税负水平，不要说同西方的发达国家比，就是同多数的发展中国家比起来，也是相当低的了（高培勇，1999）。更何况，中国政府所担负的职能之多又几乎是世界上任何一个国家所不能比的。倘若在这样的条件下实行减税，对于它所带来的现时税收效应，首先要找到妥善的应对方案。所以，即便我们必须选择减税，也应当在税收拥有可调节余地或能同时削减政府支出的前提下实行。不能因寄希望于未来的税收增长而忽略现时的实施基础。

二 理想与现实的抉择

单纯说到减税，恐怕没有人不赞成，亦无人会反对。在任何时候，我们总是期望企业和居民承受的税收负担能够降低到最低的限度。但是，一旦将减税同政府的财政支出或政府所担负的职能联系起来，关于减税的话题便不能不审慎起来了。

从改革开放的那一天起，怎样度过每年的财政困难，便一直是我们的热门话题。往前看，财政收支的紧张状况非但不会缓解，反而有进一步加剧的势头。在当前的形势下，起码有几个方面的支出变化，是必须注意到的：

第一，支持国有企业改革支出。当前国有企业改革和发展面临的困难，已经成为全党和全国人民关注的焦点。如不尽快采取切实有效的措施加以解决，将危及整个经济体制改革的成功和经济社会的稳定发展。不过，应当看到，问题的解决，最终仍是要以财政拿钱为条件的。从《中共中央关于国有企业改革和发展若干重大问题的决定》（1999）所作的一系列战略部署来看，不仅加快国有企业技术进步和产业升级要由财政给予贷款贴息支持，做好减员增效、再就业和社会保障工作要由财政给予资金保证，从国有企业分离出来的社会职能要由财政承接下来，就是为解决因负债过重而陷入困境的国有企业问题而实行的所谓“债转股”，同样要由财政出面担保。可以预见，随着这些措施的逐步到位，财政支出将可能呈现跳跃式的增长。

第二，债务支出。与世界各国的通行做法有所不同，我国的债务支出完全是依赖举借新债作为资金来源的。即是说，不仅到期国债的还本支出要靠发行新债解决，而且，本应列入经常性财政支出项目的国债利息支出同样离不开新债的发行。在预算的安排上，债务支出及其对应的那一部分债务收入，亦被放在了正常的预算之外，成为有别于经常性预算、建设性预算的所谓“第三预算”——债务预算。由此带来的一个直接结果便是，每年的债务支出越滚越大并引发了国债发行规模越滚越大的恶性循环。从表面来看，似乎债务支出可以因此脱离每年的财政预算，而同与其对应的那一部分债务收入一起成为一个独立的自我循环系统。但是，脱出表面现象的局限而深入到它的实质内容，就会发现，没有相应的以税收为主体的财政收入做后盾，国债的发行便如同失去了根的树木，其自身是没有能力生存下去的。严峻的事实在于，这几年，债务支出自身的膨胀加上以增发国债为扩大财政支出铺路的所谓积极财政政策的推行，我国国债的发行规模已经占到GDP和中央财政支出的相当大比重。1998年，这两个比重数字分别为8.29%（6591亿元 / 79553亿元）和76.89%（6591亿元 / 8571亿元）。如此规模的国债发行以及政府财政和整个经济社会运行对国债发行的日益严重的依赖，表明国债发行的意义已经远远超出其本身（高培勇，1999b）。能否保证每年把既定规模的国债顺利地推销出去，将越来越成为牵涉国家政治稳定和经济发展的一件大事。

第三，国防支出。尽管和平与发展仍然是当今世界的主流，但发生在今年以来的南斯拉夫科索沃危机和我国台湾地区“台独”势力日益猖獗等一系列事件告诉我们，国际形势并不太平，我国的周边环境亦不容乐观。面对严峻的挑战，我们只能选择走增强自身实力的道路。其中，最为重要的就是加强国防建设。国防建设的加强，当然要以财政支出的相应增加为条件。而且，从我国目前的国防建设基础以及它所应达到的目标看，今后几年，这笔支出的增长幅度，可能不会是一个小数。

第四，科教支出。相对于其实际需要和世界各国的平均水平而言，我国对科学教育事业的财政投入历来不足，欠账颇多。时至今日世纪之交，我们连1993年《中国教育改革和发展纲要》所制定的“财政性教育支出本世纪末达到4%”的目标都实现不了。甚至，同这个目标的距离还在进一步拉大之中。随着知识经济时代的到来和科技竞争、人才竞争的日趋激烈，这些年来，要求增加科学教育经费支出的呼声始终不绝于耳，决策层和财政部门为此承受的压力越来越大。事情一旦走到这一步，科学教育支出的增加实际上已经势在必行，非做不可。新一届政府组建以来，财政对科学教育事业的投入开始逐年加大。按照目前的势头发展下去，再加上政府为启动经济而采取的诸如扩大高校招生规模等举措的影响，财政用于科学教育事业的支出，将会有进一步的较大规模的增长。

诸如此类的支出项目，还可列出许多。当然，也不是完全没有压缩支出的余地和可能。比如行政管理费支出，就属于应当压缩之类。但是，无论如何，同上述几个方面支出的增长势头比起来，就整体的支出情况而言，肯定是有增无减的。

笔者花了浓重的笔墨描述当前中国财政面临的严峻形势，意在说明一点：在税收的作用空间相当狭小的条件下勉强减税，而同时财政支出不减甚至直线上升，其所带来的结果将不外有二：或是被迫加大举债规模以填补减税后的收入“空缺”；或是难以为继而不得不中途转向。再进一步，不论出现上述哪一种情形，都将对我国整个经济社会的稳定发展构成威胁。

三　不可高估减税对于启动经济的作用

正如当前人们普遍存在着对宏观经济政策作用的过高估计一样，在税收政策上，也有高估减税可能发挥的启动经济作用的倾向。或许应当将减税主张置于现时的国情背景下，从以下几个角度重新加以审视：

在凯恩斯之后，关于政府干预经济可以熨平经济周期、消除经济波动的说法，曾一度不胫而走。后来的事实虽然表明这至多只是人们的一种企盼，但在不少场合还是能听到高估政府干预作用的议论。当来自东南亚的金融危机开始波及我国时，便有了动用货币政策扩大货币供给以使中国经济免受连累的强烈企盼。当货币政策显得力不从心，中央决定实行积极的财政政策，通过加大政府对基础设施的投入来启动内需之后，又出现了中国经济可以从此走出低迷的乐观预期。当见到以增加政府支出为主要着力点的财政政策未能如人们所期望的那样相应拉动消费需求，通货紧缩的趋势有增无减，关于政府只重支出不重收入或支出和收入政策自相矛盾的抱怨之声便沸沸扬扬了，甚至有了“跛足财政政策”的指责。似乎只要政府实行的宏观经济政策适当，我们便可以一下子摆脱通货紧缩的困扰，重归前几年的经济增长之路。看起来，人们对于这次经济波动的必然性和严重性，多少缺乏一点儿心理准备。黄达教授最近的研究表明（黄达，1999），经济自身不存在无波动增长的可能性，经济自身种种导致波动的力量并不能由人的操作而使之对消。认识到这是一条客观规律，我们对于减税的期望值似应同经济波动的周期性挂起钩来：无论政府实行的宏观经济政策如何，包括减税在内的各种政策手段，至多只能减缓而不能最终消除经济波动。此其一。

一年多以来的宏观经济政策实践，使我们对现时中国经济形势的复杂性有了不少新的认识。其中的重要一条，就是当前中国的通货紧缩不同于一般意义上的通货紧缩。通常见到的通货紧缩，是在既有制度的框架内、伴随着经济运行的周期性波动而出现的一个带有规律性的现象。当前中国的通货紧缩，则是在经济体制的变革过程中发生的。除了具有一般意义通货紧缩的基本特征之外，它还存在制度预期的不确定性。因此，简单操用适用于对付一般意义通货紧缩的办法来解决中国当前的问题，可能很难奏效。比如，按理说，政府增加支出——特别是增加用于工资性的支出——之后，居民的可支配收入肯定会有不同程度的增长。手中的钱多了，总要拿出一部分——不论这个比例有多大——用于增加消费，而不应把增加的钱全部存起来，一分不花。甚至为了多存一些，把原有的一部分收入也贴进去。但是，环顾一下我们周围的人们，看似反常的现象偏偏出现了。无论政府如何增加支出，消费的启动总是犹如雾里看花——千呼万唤不出来。究其原因，恐怕同生活在改革年代的人们对于未来改革预期的不确定性直接有关。人们虽然看到了收入在增长，但同样看到了改革在向纵深发展：住房要自己掏钱买了，子女上学要自己交学费了，而且，今后的养老、就医情况，也是一个未知数。与此同时，对于未来收入的预期又普遍倾向于看低。不确定的收支预期，再加上中国人的审慎传统，必然决定企业和居民要自行紧缩。处在这样的背景下，政府宏观经济政策的效应自然要打折扣。增支的办法尚且如此，减税的作用机制就更为间接了。减税固然可以增加企业和居民的可支配收入，但可支配收入增加后有多大的比例会被用之于增加投资和消费，可能要打一个不小的问号。此其二。

从总体上说，减税主张的理论依据，不论是引证凯恩斯的需求调节论，还是出自供给学派的学说，都是植根于西方国家的税制结构的。众所周知，西方国家的税制结构基本上是以所得课税为主体。这些年虽然有加大流转课税比重的倾向，但税制格局并无大的改变。所得课税的特点之一，就是适合作为政府调节经济的工具来使用。不管是所谓的“自动稳定器”，还是“相机抉择”的税收调节，抑或坚持减税不会减少反会增加税收收入的“拉弗定理”，都主要是凭借所得课税的机制来发挥作用的。我国现时的税制结构则与此完全不同。1998年，增值税、消费税和营业税三个税种的收入便占到了整个税收收入的近70%。以流转课税为主体的税制结构，相对于所得课税来讲，是不那么适合于作为政府调节经济的工具的。道理非常简单：它是间接税，作用机制迂回、间接，税收的最终归宿不易把握，等等。因此，曾经在80年代不少西方国家中收效显著的减税政策，如果与中国现时的税制格局结合起来，其可能产生的功效同我们寄予的期望相比，恐怕会有一定的距离。此其三。

从经济波动的周期性到当前中国通货紧缩的特殊性，再到中国现时的税制格局，似乎可以明确这样一点：我们固然不应排除减税对于缓解当前中国通货紧缩所能发挥的作用，但如果将这种作用同我们因此付出的成本——如财政困难的加剧及其对经济社会发展所可能产生的威胁——相挂钩，仔细地算一算效益与成本的比较账，减税将很可能是得不偿失之举。

四　税收政策的选择应着眼于其自身特点

把上述几个方面的分析综合在一起，顺理成章的结论便是：瞻前顾后，在当前的中国，我们不宜也无法选择减税。

不过，说当前不能实行减税，并不意味着税收政策不能在治理通货紧缩方面有所作为。相反，作为政府实行宏观调控的重要手段之一，税收历来有其独到的作用机制和特殊的作用领域。那么，当前我们究竟能够做些什么呢?

其一，换一种思路，把税收政策的主要着眼点转到制度创新的轨道上来。面对通货紧缩，税收政策以及据此作出的税制安排必须进行相应调整。但是，考虑到市场经济运行的规律性和我国正处于体制变革时期的特殊性，我们可能不应当沿用以往的思路，即主要依靠不断加强政府的作用来解决问题。随着经济形势的变化而对税收制度修修补补，力图使其适应政府干预经济的需要，可能不是税收政策的长处所在和主要的作用领域。作为一种规范性很强的政策手段，税收的调节主要不应是相机抉择式的，而应当是具有相对稳定性的。正如我们在对国有企业的资金支持方面通常强调“桥归桥，路归路”——不宜采用减免税办法，而应通过财政补贴途径——一样，在治理当前的通货紧缩问题上，税收政策和支出政策亦应各有侧重。凡属于相机抉择式的、带有短期应付色彩的调节事项，可以主要交由财政支出政策去完成；凡属于制度变革性的、作为长期战略确立的调节事项，则须纳入税收政策的作用领域。也就是说，税收政策应主要致力于制度创新，为市场经济的发展和国民经济的稳定增长营造一种良好的税收制度环境。

其二，在现有税收规模不减甚至有所增加的前提下，对现行税制作局部性的调整。应当看到，我国现有的各种制度，基本上都是在短缺经济条件下形成的，它们的主要倾向，都是约束消费和抑制投资（李扬，1999）。税收制度当然也在其中。虽然我们在税收总量上的调节空间狭小，但这并不排除对其进行局部性调整、使其走上刺激投资和消费或起码不至于对投资和消费需求起抑制作用道路的可能性。仔细地研究一下我国现行税制的各种安排，就会发现，在这个方面，我们要做的事情的确不少。比如，改生产型增值税为消费型增值税，以提高企业更新改造和扩大投资的能力；变对不动产销售和建筑安装业课征营业税为增值税，把企业目前承受的相对较重的投资负担降下来；适当减轻以小汽车为代表的在过去视作奢侈品、现在可能成为新的经济增长点的产品的消费税税负，以刺激对这类产品的消费需求；尽快统一内外资企业适用的税制，为包括国有企业在内的所有企业参与公平竞争铺平道路，如此等等。通过对我们的税收法律、法规、政策以及散见于各个经济管理部门和各级政府的浩如烟海的有关税收的规定进行一番全面而系统的清理，我国的税制格局，将很可能利用这次契机而朝着有利于市场经济发展和经济稳定增长的“优化”目标迈进一大步。

其三，把减税的意图纳入“费改税”进程，通过规范政府收入机制的安排加以实现。需要注意到这样一件事情，去年当我们经过艰苦的努力终于完成增加税收1000亿元的任务之后，社会上便有税负增加的反映。今年以来，特别是随着提前实现增税1000亿元目标报道的发布，对政府增加企业税负的抱怨声更有上升之势。严格说来，这两年的情形都不能算作政府的增税之举。因为，按照前述的道理，只要未调整或改变既有税制，在既有税制的框架内所进行的任何加强征管、堵塞漏洞的行动，尽管其结果是税收的相应增加，均不属于增税。但是，企业的参照系并不是既有税制，而是以往的税负。在它们的眼中，只要今年比去年或前年缴纳的税款增加了，就是增税。所以，站在企业的角度并从实际的数字看，这两年，企业税负确实有加重之嫌。

更深一层看，如众所周知的那样，目前我国企业特别是国有企业的负担，除了规范性的税收之外，来自政府部门的各种非规范性的收费占了相当大的份额。而且，相比之下，后者大于前者。从某种意义上讲，我们在过去之所以能够容忍相当规模的欠税、偷漏税现象出现并蔓延开来，是以相应的收费能够作为弥补政府支出缺口的补充来源为前提的。在企业的"费负"未变且仍有增加之势的格局下，来自税收方面的任何加强征管、堵塞漏洞的行动——这当然是必需的——都会随其实际"税负"的单方面增加而使企业的总负担因此加重。照着如此的趋势演化下去，且不说投资和消费需求的增长是一句空话，国有企业的改革与发展也会因此而面临更大的困难。认识到这一点，如果确认当前我国企业负担的沉重并非"税负重"而是五花八门的"费负重"，我们首先要做的事情，就是尽快启动"费改税"的进程。并且，从规范政府收入机制的宏观层次上，将"费改税"同税收制度的调整结合起来，通盘考虑政府的收入规模和企业和居民的负担水平（高培勇，1999c）。政府的收入机制规范化了，企业和居民的负担水平自然会相应减下来。换言之，其他国家一般要通过减税来达到的目的，在当前的中国，可以通过规范政府收入机制的途径去实现。它所产生的政策效应，可能不亚于减税。

主要参考文献

国家发展计划委员会投资研究所课题组：《关于当前民营部门投资的两点分析》，《经济活页文选》1999年第16期。

高培勇：《促进经济增长：可否选择减税？》，《人民日报》1999年1月18日。

《中共中央关于国有企业改革和发展若干重大问题的决定》，《经济参考报》1999年9月27日。

高培勇：《应当怎样看待当前中国的国债规模》，《经济活页文选》1999年第10期。

黄达:《冷静思考经济紧缩带来的启示　重新审视我们对待经济、金融问题的思路》,《财贸经济》1999年第8期。

李扬:《通货紧缩：分析与对策》,《经济参考报》1999年7月21日。

高培勇:《“费改税”:实质在于规范政府收入机制》,《经济日报》1999年1月25日。

（原载《经济研究》2000年第1期）

税收的宏观视野

——关于当前若干重大税收问题的分析

这些年来，围绕税收问题，特别是中国的税收问题，作了不少思考，也写了一些东西。当回过头来将这些思考和随之写就的东西放到一起重新加以梳理和斟酌时，笔者发现，它们大多是从宏观的层面上入手的。并且，基本上是在某一特定的背景下，就某一个特殊问题或从某一特殊问题的某一侧面来展开的。由此想到一项始终未了、但当前似乎颇具紧迫性的工作：能否以此为基础，由局部推进到全局，按照一以贯之的思路，形成一个比较完整的理论分析框架？若可行的话，又能否将这样的框架应用于当前若干重大税收问题的分析，从而得出某些判断或启示？

上述的两点考虑，构成了本文的出发点和归宿。

一

1.1 所谓税收的宏观视野，无非是将税收放到整个经济社会发展的大背景下或大棋盘上，从税收同其他相关要素的彼此联系和相互作用中，恰当地给税收“定位”。让税收扮演好其所应扮演的角色，担负好其所应担负的职责，发挥好其所应发挥的作用。换句话讲，就是税收的角色、职责和作用要“到位”——把该管的事情管好。既不能“缺位”——该管的事情没有管好，也不能“越位”——管了不该管的事情。

1.2 研究税收问题，不仅要从微观角度，也要从宏观角度，这是历史与现实一再向我们揭示的道理。许多曾经在微观层面看得不那么清楚、心中不那么有底的事情，只要放眼宏观，便看得清楚了，心中有底了。同时，不少曾经在微观层面论证得非常有理、也十分有力的方案，一旦放眼宏观，便不那么有理、也不那么有力了。甚至有过这样的经历，站在税务部门的立场上，就税收领域的某一问题作局部均衡分析，总是困难重重，疑惑颇多。当脱出部门的局限而伸展至全局，将税收置于宏观层面上做所谓一般均衡分析的时候，便如同哥伦布发现了新大陆，以“豁然开朗”或“如梦初醒”几个字来形容，并不为过。

所以，要重视税收的宏观分析。我们所生活的世界是个多元函数，研究税收必须把“多元”变量——而不只是税收一个变量——置于视野之内；而且，要考察税收运行的全过程——而不能仅仅停留在某一区间。只有经过这样的分析，只有在这样的分析基础上，才有可能得出比较符合客观实际的判断，也才有可能拥有统揽全局的洞察力。

二

2.1 说到底，税收是政府取得收入的一种形式。在政府的收支体系中，它处在收入的一翼。在现代市场经济的体制环境中，政府取得财政收入的形式多种多样。可以是税收，也可以是国债，亦可以是收费，还可以是其他别的什么形式。不过，相对而言，税收是政府取得收入的最佳形式。

2.2 税收的形式特征通常概括为“三性”：其一，强制性。它表明，税收系政府依据法律强制征收。纳税人只要有了应纳税的收入，发生了应纳税的行为，就必须按照税法的规定，把该缴的税如数缴上来。所以，政府通过税收所取得的收入，在量上是稳定可靠的。其二，无偿性。它表明，政府征税之后，既不需要偿还，也不需要向纳税人支付任何代价。所以，政府通过税收所取得的收入，一般是不会有“后顾之忧”的。其三，固定性。它表明，政府系按以法律形式预先确定的征税对象与征税数额之间的数量比例征税。除非变动税法，在经济发展水平一定的前提下，政府通过税收所取得的收入，是不能随意调整的。

国债的形式特征，则为自愿性、有偿性和灵活性。自愿性表明，国债的发行系以认购者自愿承受为基础。认购与否或认购多少，完全听凭其自身意愿而定。所以，政府通过国债所取得的收入，在量上不那么稳定可靠；有偿性表明，政府举债之后，不仅要作为债务到期偿还，而且要依事先约定加付利息。所以，政府通过国债所取得的收入，会因其必需的“后续支出”而给政府带来“后顾之忧”；灵活性表明，国债的发行额度一般没有法律形式的预先规定，而是由政府根据财政收支的状况相机决定。所以，政府通过国债所取得的收入，是可以灵活调节的。

收费是政府以交换或提供直接服务为基础而取得收入的形式。从总体说来，规范化的政府收费有两种：规费（Fee）和使用费（User Charge）。规费系政府部门对公民个人提供特定服务或实施特定行政管理所收取的工本费和手续费。它的收取，一要限定在政府部门提供或实施的特定服务或行政管理的领域内，而不能扩大到一般领域。二要限定在工本费和手续费的额度内，而不能以此牟利；使用费系政府对公共设施的使用者按一定标准收取的费用。它的收取，一须以政府提供的公共设施为依托，而不能扩大到所有的公共物品或服务。二要体现收益原则，谁使用谁交费，不使用不交费。三要实行基金化管理，其收入只能用于公共设施的维修与建设。四是收取标准不能高于提供公共设施的平均单位成本。所以，无论规费还是使用费，能够带给政府的收入，在数额上，不会是大量的；在使用上，也是要受限制的。

2.3 无论哪一种形式的政府收入，从根本上说来，都是用于满足政府支出需要的。政府支出的性质，自然决定和制约着与其对应的政府收入的性质。

伴随着市场化的改革进程，我们已经将中国财政改革与发展的目标确定为公共财政。并且，正在加快公共财政框架的构建步伐。公共财政的一个基本特征，就是着眼于满足社会公共需要。凡不属于或不能纳入社会公共需要领域的事项，财政就不去介入。凡属于或可以纳入社会公共需要领域的事项，财政才必须涉足。由此决定的政府支出事项分别是：提供公共物品或服务、调节收入分配和实施宏观调控。这些支出事项，具有一个共同性质：通常只有投入，没有产出或几乎没有产出。换言之，政府花在满足社会公共需要领域事项的钱，基本上是“有去无回”的。

2.4 将收入与支出两翼的特征和性质联系起来并加以权衡，不难认定：

税收，只有税收，才是政府部门运转的基础和生命线。税收，必须作为政府收入体系中的“主力”队员而居于主导地位。至于其他的政府收入形式如国债和收费，只能作为“替补”或“陪练”队员而担负起拾遗补缺的职责。

由此得到一个重要启示：如果比照“国债依存度”——国债收入占政府支出的比重——的概念，把税收收入占整个政府支出的比重数字称作“税收依存度”，那么，想方设法、千方百计提高这个依存度，实在是规范市场经济体制下政府收入体系的必然选择。

2.5 转眼看一下当前中国政府收入格局的现状，就会发现，尽管税收收入已经占到规范性的政府预算收入的绝大比重（2000年为93.3%），但是，若以国际货币基金组织（IMF）所使用的“政府财政收入统计方法”（GFS）为口径，将预算外收入、政府性基金收入、社会保障基金收入等加进来，税收在政府收入中的占比并不大。根据陈小平（2001）的测算，2000年中国政府收入为26314.87亿元，相当于预算收入的1.97倍。照此计算，税收收入占政府收入的比重，仅为47.9%。

进一步看，IMF的统计方法所计入的，并非当前中国政府收入的全部。倘若在此基础上，将政府通过收费、集资、罚款或摊派等途径取得的各种非规范性收入再加进来，税收占整个政府收入的比重，就更是偏低了。

结论1：中国税收要“归位”——提高“税收依存度”，让税收真正成为政府收入的基本来源。

三

3.1 税收负担，牵动千家万户，事关国计民生，历来被视为税收制度的一个核心内容，受到人们的格外关注。

通常用一国的税收收入占其当年GDP的比重数字——税收收入/国内生产总值，作为衡量该国企业和居民所承受的税收负担状况的尺子。由于它所揭示的是一国总体上的税收负担状况，而非某一企业或家庭个别承受的税收负担状况，故亦可称作宏观税负或宏观税负水平。

3.2 就一般意义的税收负担而言，2000年，中国的税收收入总额为12660亿元，当年的GDP为89415.12亿元，两者之比，税收负担为14.16%。这样的税负水平，同各国的平均水平比起来[①]，绝不能算是高的。不过，一旦透过数字的表象而深入到它的实质内容，便不是那么一回事了。

问题出在“分子”而非“分母”上。我们所计入的税收收入，只是政府按照税收制度的规定，由税务部门通过税收渠道征收的那一部分政府收入。除此之外，在当前的中国，政府还使用别的形式、通过别的渠道取得收入。其中，属于规范性的、纳入预算的收入有：企业收入、教育费附加收入以及其他杂项收入；介于规范性与非规范性之间、未纳入预算但可比较精确的统计的收入有：预算外收入、政府性基金收入、社会保障基金收入等；纯系制度外且无法加以精确统计的收入，则是由各部门、各地区“自立规章，自收自支”的各种收费、罚款、集资、摊派收入等。如果将上述四个层次的这些收入统统相加，中国政府收入的总量，起码要以税收收入的倍数计算。

仍以（陈小平）2000年的数字测算，能够统计到的前三个层次的中国政府收入总计为26314.87亿元，占到GDP的29.43%。在此基础上，以第四个层次——制度外收入——占GDP的5%计算[②]，则加入制度外收入之后的整个政府收入占GDP的比重，达到34.43%。这个负担水平，是单纯的税收负担数字的2.43倍。

3.3 不过，从整个社会资源配置的角度，或者，站在老百姓的立场上看问题，政府收入层次的划分，税收负担和非税负担的区别，只是政府部门内部的事情。重要的问题在于，作为公共部门或社会管理部门的政府，究竟从整个GDP的分配中拿走了多少？企业和居民，又究竟有多少收入交给了政府？或者，整个GDP的分配格局最终是怎样的？

用涵盖前述四个层次的政府收入总量占GDP的比重作为尺子，再来讨论中国现时的“总体税收负担”，可以认定：当前中国的总体税收负担远远大于一般意义上的税收负担。

① 杨志清（1997）的研究表明，多数发达国家的宏观税负水平一般在35%左右，发展中国家的宏观税负水平一般在20%—30%之间。

② 这是1996年的典型调查数字。当前的水平，可能比那时还要高出一些。

结论2：衡量当前中国的税收负担，要同时使用“一般意义的税收负担”和“总体税收负担”两把尺子。

3.4 一般意义的税收负担并不高，总体税收负担却不轻。如此复杂的局面之所以出现的根本原因，在于当前中国的政府收入行为及其机制不规范。如果以是否纳入预算作为判定规范性与否的标准，那么，前两个层次的政府收入便是规范性的，后两个层次的政府收入则是非规范性的。正是由于规范性的政府收入和非规范性的政府收入同时并存，而且，相比之下，在数额上，后者又大于前者，1998年的时候，朱镕基总理才将当时的中国政府收入格局描绘为“费大于税”，并由此启动了“费改税”的改革。

其实，“费改税”的着眼点，并不是要将所有的“费”统统改为“税”，而是以此为契机，实现政府收入行为及其机制的规范化。只有那些具有税收性质或名为“费”实为“税”的政府收费项目，才有必要纳入税收的轨道。对那些本来即属于收费范畴或名与实均为“费”的政府收费项目，则要按照收费的办法加以规范。而对于那些纯属“乱收费”的政府收费项目，则是要坚决取消掉的。

问题还有复杂之处。改革以来非规范性政府收入在中国的兴起并蔓延开来，其初始的原因，并非人们对“费”的偏爱超过了“税”，而是规范性的税收渠道不畅。在大量该征的税不能如数征上来、政府支出留有较大缺口的背景下，操用非规范性的行政手段去另外找钱——自立收费项目，便成了一种自然的选择。正所谓“税不足，费来补”。然而，收费之门的打开，非但没有缓解税收运行中的困难，反而把人们的注意力转到了收费上。甚至于，在尝到了收费甜头、有了规范性和非规范性两种收入来源可以依赖之后，为数不少的政府部门对“费”的偏爱超过了“税”。于是，“费挤税”的事情——以收费项目的扩大及其规模的增加冲击税基，以擅定减免税条款、鼓励企业偷逃税款的手段截留中央税收，等等——发生了。“重费轻税”加上“费挤税”，事情演化下来，便是“费大于税”的政府收入格局的形成。

3.5 注意到“费改税”的动因所在以及“税”、“费”之间的历史渊源，再来回顾一下1998年以来我们在强化税收征管和“费改税”道路上所走过的历程，其宏观层面上的经济效应也就不难看清楚了。

税收征管力度的加强已经带来税收收入的高速增长。继1998年历尽千辛万苦终于实现税收增收1000亿元的目标之后，从1999年起，税收似乎走上了快车道。当年的增收额近1500亿元，增幅为16.2%，从而全国税收收入规模首次突破10000亿元的大关。2000年，增收的额度又达到了2348亿元，增幅为22.8%。刚刚过去的2001年，增收势头仍旧居高不下。全年增收额为2511亿元，增幅为19.8%。由此，全国税收收入规模又进一步迈上了15172亿元的台阶。

“费改税”则还没有多少实质性的进展。作为“费改税”重头戏的养路费改燃油税的方案，至今还处在论证阶段。农村的税费改革，仍在安徽等少数省份试点。有所突破的，只是从2001年起，原收取的“车辆购置费”改成了“车辆购置税”。

一“快”一“慢”、“快”“慢”不等。两项工作既然未能同步，非规范性的政府收入未能随规范性政府收入的增加而相应减下来，其结果，企业和居民承受的“税收总体负担”以及整个GDP的分配格局因此而朝什么方向变化，是不言而喻的。

结论3：随着税收收入的高速增长和“费改税”进程的相对迟缓，当前中国企业和居民的“税收总体负担”已经有所加重，GDP 分配天平上的砝码越来越向政府一方倾斜。

3.6 再深一层看，在任何时期、任何情况下，大到一个国家的整体税制设计，小至整体税制中某一单个税种的税制安排，总是以取得既定规模的税收收入为基本着眼点的。由于现实生活中税收的实际征收率永远不会达到100%，故在设计税制时，无论是税基的选择，还是税率的安排，都要“宽打窄用”—— 将实际征收率的因素放入其中，将税率定得宽一些，把税率搞得高一点。税基、税率和实际征收率三个因素的乘积，便是我们要通过某一税种或整个税制所取得的税收收入。所以，税基和税率的乘积，只是理论上或名义上的税负水平。实际的税负水平，则要放入实际征收率的因素之后，从三个因素的乘积中去判断。其中，任何一个因素的变化，都会带来实际税负水平的升降。这便意味着，即使未采取任何扩大税基或提高税率等旨在提高理论或名义税负水平的行动，随着税收征管状况的改善，也会使实际税负水平相应上升。

1994年实行的新税制，无论税基还是税率，都是根据当时税收征管状况所能达到的税收实际征收率而确定的。从那以后，特别是1998年以来，我们的税收征管状况已经有了相当大的改善。如果当时的税收实际征收率能够达到目前这样的水平，现行税制，特别是其中的税基和税率，很可能不是现在这个样子。故而，

结论4：同1994年的情况相比，就“一般意义的税收负担”而论，当前中国的实际税负水平已经有了相当的提高。

四

4.1 作为政府收入的基本来源，税收收入的规模总是一个恒久话题。应当按照怎样一种思路界定税收收入的规模，并且，税收收入的规模应当界定在怎样的一种水平上，是税制设计首先要面对的两个问题。

4.2 作为政府收入的一种形式，税收终归是弥补政府支出而征收的。提到税收收入的规模，不能不涉及政府收入同政府支出之间的关系。古往今来，处理政府收支之间关系的思路——或称财政观——无非两种：“量入为出”和“以支定收”（高培勇，2001）。所谓“量入为出”，指的是根据政府收入的规模安排政府支出的规模。所谓“以支定收”，指的是根据政府支出的规模安排政府收入的规模。

表面上看，两种思路只不过是同一事物的两个方面。但是，循着不同的思路来做事，所得到的结果却可能是迥然相异的。

4.3 循着“量入为出”——从收入到支出的思路，应当是有多少收入便安排多少支出。这在计划经济的体制下，确有其生存和运转的土壤。在那个时候，政府是资源配置的主体。凭借着一系列经济社会制度——如农副产品统购统销、八级工资制、工业品计划价格制度和财政统收统支制度——的支持，它可以集政府和企业于一身，把几乎所有的社会资源集中到自己手里。既然政府部门能够统筹安排整个的社会资源，那么，作为其中的一个组成部分——政府部门自己的那一块儿收入和支出，自然应当且可以实行“量入为出”。

不过，随着我们步入市场经济的新环境，随着市场在资源配置中的基础作用越来越大，“量入为出”同现实生活之间变得越来越不合拍了，我们越

来越没有办法去实践“量入为出”。

比如，当政府不再能掌管整个的社会资源，财政收入占GDP的比重大幅度下降之后，按照“量入为出”的思路，这时应当削减政府支出，让支出向收入看齐。但是，如果那样做的话，国家机器的运转和政府职能的履行，势必因此陷于困境之中。况且，除了极少的例外，政府支出历来是不断增长的。让呈膨胀之势的支出在收入的下降面前止升回跌，无异于不切实际的幻想。出于无奈或困境中的被迫选择，只得将思路掉转过来——按照支出的需要去取得收入。于是，想方设法、千方百计提高财政收入占GDP的比重，便成了这些年来政府部门为之奋斗的一个重要目标。

再如，按照“量入为出”，不应当或起码在主观上不安排有赤字性支出。但是，摆在我们面前的事实是，不仅宏观经济政策——如积极的财政政策——有时需要赤字性支出的支持，而且，政府部门本身的扩张支出冲动也常常逼迫财政作出支出大于收入的安排。其结果，这些年来，与我们相伴的，非但不是“量入为出”的结果——财政平衡或盈余，反倒是对它的屡屡违犯——财政赤字。

又如，“量入为出”的一个本意，是以收入约束支出。但是，由此又引出了一句潜台词：能取得多少收入就取得多少收入，能取得多少收入就安排多少支出。由于政府部门往往喜欢多支出并拥有相应的政治权力，这些年来，收入非但未能成为约束支出的因素，反而诱使政府部门出于扩张支出的需要而动用政治权力增加收入。正是在这样的背景下，不惜动用非规范性的手段去“额外找钱”的现象出现了，规范性收入占GDP比重的持续下降和非规范性收入占GDP比重的持续上升同时并存的事情发生了，国际罕见的“费大于税”的政府收入格局也形成了。

4.4 看起来，有必要换一种思路，以“以支定收”替代“量入为出”来处理市场经济体制环境下的政府收支关系。

循着“以支定收”——从支出到收入的思路去追根寻源，可以看到，政府支出的实质，说到底，是政府活动的成本。或者说，是政府履行职能的代价。在市场经济体制的环境中，之所以需要有政府的活动，之所以需要政府履行它的职能，其全部原因就在于，现实社会存在着不能通过市场得以满足或者通过市场解决得不能令人满意的人类需要——社会公共需要。要满足社会公共需要，就需要政府提供所谓的公共物品或服务。要提供公共物品或服务，政府就需要花钱。政府要花钱，就需要向消费公共物品或服务的社会成员收钱。很明显，这一支一收之间的联系纽带，应当且只能是社会公共需要，而不是其他别的什么东西；这一支一收之间的数量界限，应当且只能是满足社会公共需要，而不是其他别的什么标准。

将这个道理加以引申，我们可以得到如下的关系链：市场经济→社会公共需要→政府职能→政府支出→政府收入。这就是说，在市场经济体制的环境中，应当首先按照社会公共需要把政府的职能界定好。政府的职能界定清楚了，作为政府活动成本的支出的规模就可相应界定下来了。政府支出的规模明确了，弥补支出之需的收入的规模也就可随之界定了。也就是说，要先问“政府究竟需要多少钱”，再定“政府究竟可以取得多少钱”。

按照这样的思路安排的政府收支，显然同市场经济的体制环境相适应，显然可控制在“适度”的水平上——既可满足政府履行其职能的需要，又不至于超出企业和居民可容忍的界限。

结论5：随着计划经济向市场经济体制的转变，应当循着“以支定收”而不是“量入为出”的思路，来界定包括税收在内的政府收入规模。

4.5 既然政府收入的规模要根据政府支出的规模来界定，作为政府收入的基本来源或一个主要组成部分的税收收入，当然也要遵循这个思路。只不过，税收收入的规模要在整体政府收入规模界定的基础上，从税收在整体收入格局中的“定位”以及税收同其他收入形式之间的联系和配合中加以界定。换句话讲，界定税收收入的规模，不能脱离税收同其他政府收入形式之间的联系，不能就税收论税收。无论是税收，还是收费，抑或其他别的什么收入形式的政府收入，都要纳入统一的政府收入的盘子内，按照赋予各种政府收入形式的任务，从总体上加以安排。

4.6 当前中国的政府收入，渠道很多。各个渠道的收入，又分别为不同的政府部门分兵把守，而非交由专司掌管政府收支之职的财政税务部门统一管理。政府收入既是多头管理的，而且，规范性和非规范性的收入又是同时并存的，对于整体政府收入的规模，自然就缺乏甚或没有统一的考虑和整体的安排。脱离了整体收入规模控制的各种政府收入，又大都有相应的收入任务或收入目标。多头出击，竞相增收，各唱各的调，各念各的经，可以说是近些年来中国政府收入管理状况的基本图景。问题在于，照着这样的趋势走下去，政府的收入还有没有一个量限？或者，企业和居民的负担还有没有一个止境？

结论6：税收制度的设计，税收收入规模的界定，要着眼于整体的政府收入格局。税制改革要同“费改税”结合起来，在通盘考虑政府收入规模的基础上，加以统筹安排。

五

5.1 税收不仅是政府收入的一种形式，除此之外，它还具有调节收入分配和促进经济持续稳定发展两个方面的功能。只不过，有所不同的，取得收入系税收的基本功能，调节收入分配和促进经济持续稳定发展则属于税收的派生功能。

5.2 税收的调节收入分配功能，指的是税收对于居民个人之间收入分配状况所具有的调节作用。

5.3 应当说，调节收入分配是市场经济体制赋予中国税收的新功能。在计划经济的年代，虽然也会涉及税收的调节，但那个时候所着眼的，并非居民个人之间的收入分配，而是企业之间的利润分配。而且，即便是对后者的调节，税收也只是充当“配角”。当时的企业产品价格由计划部门而不是由市场决定。由于价格与价值往往相背离，便需要税收配合价格发挥作用：对于价格高于价值的产品多征税，对于价格低于价值的产品少征或不征税，从而排除价格与价值背离对企业利润的影响，让不同企业处于同一起跑线上。所谓“高税配合高价，低税配合低价”，正是对那时税收参与企业利润分配调节作用的通俗概括。至于对居民个人之间收入分配的调节，在那个时候，则主要是通过农副产品统购统销和八级工资制来完成的（高培勇，2002）。在农副产品统购统销制度的框架内，农民获取货币收入的几乎唯一的渠道，就是向国有商业部门出售农副产品。由于农副产品的价格和收购渠道完全掌握在政府手中，农民每年能够获得多少收入，其手中又有多少收入，政府是可以胸中有数并牢牢控制住的。在八级工资制的框架内，城市职工获取货币收入的几乎唯一的渠道，就是工资。由于工资标准及其调配权力完全掌握在政府手中，城市职工每年能够获得多少收入，其手中又有多少收入，政府也是可以胸中有数并牢牢控制住的。有了如此有效的两个基本经济制度的支撑，居民收入的分配状况自然可以尽在政府的掌握之中，税收的调节收入分配功能也自然没有机会表现出来。

市场化的改革在相继打破了农副产品统购统销制度和八级工资制之后，政府事实上已经失掉了直接对居民收入分配实施调节的手段和基础。旧的调节机制既然已经离去，传统的计划经济色彩的手段既然已经不再奏效，新的调节机制当然要随之建立起来并替代旧的机制发挥作用，现代的与市场经济相适应的手段当然要随之登上历史舞台而担负起调节居民收入分配的重任。这个时候，也只有到了这个时候，税收的调节收入分配功能，才有了将“潜能”转变为“现实”的环境。

5.4 在市场经济的框架中，税收天然地具有调节收入分配的各种有利条件。几乎所有的税种，都可起到调节居民收入分配的作用。有所区别的，仅在于作用的功效、作用的方式和作用的传导机制。

通过征收属于直接税系列、带有累进性质的所得税和财产税，政府可以把高收入者的一部分收入集中起来，并通过转移支付再分配给那些低收入者和需要救助的群体。所以，这两类税，特别是其中的个人所得税，无论在经济学家的论著中，还是在各国政府的政治经济文献内，往往都是作为首选的再分配手段而论证的。即使是那些被划入间接税系列、带有累退性质的流转税种，虽然表面上普遍征收且所有人都适用相同的税率，但由于高收入者消费的物品或服务的规模终归大于低收入者，高收入者消费的物品或服务的档次终归高于低收入者，到头来，高收入者缴纳的流转税数额还是多于低收入者。通过这些税种集中上来的收入，不论是用做事关全体社会成员切身利益的公共物品或服务的提供，还是用做仅对低收入者和需要救助群体发放的各种转移性支付，均具有再分配之效。只不过，它们的作用不像直接税那样来得显著，来得更有针对性。

结论7：税收是市场经济条件下政府大规模地介入GDP分配过程的最重要的手段。除此之外，在现实生活中，恐怕政府还找不到其他别的什么可与之相媲美的手段或工具。

5.5 将税收的调节收入分配功能应用于当前中国的居民收入分配格局，

还需要有些特别的讲究。这是因为，当前中国的居民收入分配差距，具有许多在其他国家难以想象亦不可能见到的特殊背景。

第一，当前中国的居民收入分配差距，是在政府分配政策的导向下产生并拉大的。从改革之初一直到90年代末期，政府所实行的有关收入分配问题的政策，实际上是定位在“放任”或“容忍”基调之上的。先是“允许一部分人先富起来，以先富带后富”，后来又提出“效率优先，兼顾公平”。其基本的出发点，无非是以收入分配的差距换取较快的经济增长，从经济的增长当中自动缓和收入分配的不平等（王绍光，2001）。在长达20多年的时间里，各级政府几乎没有在调节收入分配方面有任何实质性的作为。而是眼睁睁地看着差距一天天拉大，唯恐走上平均主义的老路。就此而论，当前中国的居民收入分配差距，从其产生到拉大，都是一个有意识的人为设计的结果。

第二，当前中国的居民收入分配差距，是在政府“角色”扭曲的过程中产生并拉大的。计划经济年代的政府，可以集政府与企业于一身，把几乎所有的社会资源集中到自己手里，在全社会范围内通盘考虑、统筹安排整个资源的配置状况。然而，随着旧的资源配置格局的打破，新的以市场为基础的资源配置格局的逐步凸显，尤其是财政收入占GDP比重下降趋势形成之后，在许多政府部门那里，站在全局的立场上和宏观的层面上考虑问题的人少了，心中盘算、谋划本单位、本部门或本地区的“小日子”的人多起来了。甚至，为数不少的政府部门行为，偏离了公共利益的轨道，而异化成了集追求公共与私人利益为一身的混合体。正是由于政府的“角色”被扭曲了，居民收入分配差距产生并拉大的现象便很难被顾及，调节居民收入分配差距的事项亦很难被提上议事日程，须以割舍本单位、本部门或本地区既得利益为代价但对调节收入分配有实效的举措，更是很难获得通过或被采纳。

第三，当前中国的居民收入分配差距，是在体制转轨时期的“制度真空”状态下产生并拉大的。前面已经说到，在计划经济的体制环境中，我们曾有过一套非常有效的可对居民收入分配实施调节的机制。这套机制随着市场化的改革进程逐渐削弱了，不复存在了。同时，与市场经济相适应的新的调节机制又始终没有真正建立起来。由此形成的“制度真空”——缺乏甚或没有相应的制度规范，在相当程度上使得收入分配陷于失控状态。有关收入分配的运行既然是缺乏甚或没有章法的，涉及收入分配的秩序既然是极为混乱的，包括城乡差别、地区差别、行业差别、不同所有制差别和高低收入者阶层差别在内的各种收入差别的产生并拉大，也就不足为奇了。

5.6 处于如此的背景下，作为政府掌握的最重要的调节收入分配手段的税收，其功能的释放，作用的发挥，显然不能直接搬用既有“范式”。而须理论与现实相结合，并斟酌行事。在当前，比较适当的选择是：以规范政府行为作为解决当前中国收入分配问题的主要线索，将工作的重心放在调整政策——变“放任”或“容忍”为积极的介入居民收入分配、端正角色——坚持以社会公共利益的极大化为政府部门的唯一行为动机、健全制度——建立、完善与市场经济相适应的收入分配机制等三个方面。以此为基础，引入税收的调节功能，发挥税收的调节作用。事实上，也只有将税收的调节建立在规范化的政府行为基础上，并且，将税收的调节同其他手段的调节结合起来，税收的调节收入分配功能才会有释放的空间，税收的调节收入分配作用才会有发挥的土壤。

说得具体一点，解决当前中国的收入分配问题，当然要启用包括税收在内的一系列再分配手段，但不宜对再分配机制期望过高。相对而言，在当前的中国，打造初次分配的公平基础更为重要，解决初次分配层面的“分配不公”问题更加迫切。只有将“分配不公”的问题解决好了，将初次分配的秩序规范化了，再分配层面的各种调节手段才能乘势而上，“差距过大”的状况才有可能切实得以缓解。

结论8：税收固然应当在调节居民收入分配过程中当仁不让，但不能指望税收“包打天下”——解决当前中国收入分配领域的所有问题。

六

6.1 税收的促进经济持续稳定发展功能，亦称宏观调控功能，指的是税收对于经济持续稳定发展所具有的促进作用。

6.2 在宏观经济理论中，关于税收和经济持续稳定发展之间的关系，历来有两个所谓“稳定器”的基本概括：一个是“自动稳定器”。就是通过税收制度上的巧妙安排，可使税收自动地产生抵消经济波动的作用。如实行累进制的所得税，在经济萧条和繁荣时期，税收数额会自动地趋于增加和减少，从而分别产生减缓经济萎缩程度和抑制通货膨胀之效。另一个是“人为稳定器”。即指通过不同时期税收政策的相机确定，如在经济萧条时期减少税收，经济繁荣时期增加税收，可使税收作为一种经济力量维系总供求之间的大体平衡，促使宏观经济得以稳定发展。

在世界经济发展历史上，两个稳定器都曾立下过汗马功劳。且不说具有自动变化特征的所得课税，早已进入各国的税制结构，成为支撑经济稳定发展的重要因素之一。单讲20多年前美国里根政府实施的减税政策以及由此带动的世界范围的减税浪潮，它对于美国和世界经济增长所作出的贡献，即使今天回忆起来，也仍然令人赞叹不已。在中国，尽管我们有意识地运用税收政策调节社会总供求的时间不长，经验不多，但还是可以从改革以来中国经济的快速增长中找到一些税收政策的印记。在计划经济的年代，虽然那时并没有所谓总供求或宏观经济的概念，税收亦不是现在意义上的税收，将税收作为调节经济手段的意识也是有的。而且，就实际功效而言，税收的调节也会作用到总供求或宏观经济的平衡。因而，可以说，对于税收的宏观调控意义和作用机制，中国的理论界和政府相关部门并不陌生，甚至已经达到了烂熟于心的地步。

6.3 问题在于当前形势的判断和抉择。从1998年以后，在政府实行积极的财政政策应对通货紧缩的声浪中，有关减税的呼声和动议一直与我们相伴。每年一度的中央经济工作会议，几乎都要对是否减税作出相应的安排。特别是近两年，在税务部门加大征管力度、税收收入高速增长的背景下，关于减税的讨论再一次热烈起来了。

6.4 由于减税话题涉及的因素既广泛又复杂，似应首先过滤掉一些容易障碍人们视线的东西。

单纯提到减税，恐怕没有人不赞成。因为，说到底，税收是政府活动的成本。同企业要降低成本的道理一样，能够把政府活动的成本——税收减下来，在任何时候、对任何人，都是一件好事情。唯一的限制条件是，政府职能可以照常履行，不会因此受阻。所以，减税如同居家过日子——入、出要左右权衡。讨论减税，必须联系政府的支出或政府的职能。此其一。

减税有其特定的含义。它指的是通过调整或改变既有税制——如削减税种、缩小税基、降低税率——而减少税收的一种规范化的政府行为。放着该收的税不收，听凭偷漏税的现象蔓延而不采取积极的行动加以阻止，或者，跳出既有税制的框架，随意给予企业和居民所谓减免税的照顾，均不在减税之列。所以，要用市场经济的规范化的理念去理解减税，而不能将其视作可由哪一位领导人或哪一级党政部门说了算的非规范化行为。此其二。

在既有税制的框架内，依法征税，把该收的税如数收上来，是税务部门的天职所在。而且，是税务部门必须倾力追求的目标。所以，抱怨税务部门加大征管力度，提高征收效率，或者，指责税务部门办事不灵活，因而加重了企业和居民的税收负担，无疑既片面，又不合时宜。恰恰相反，税务部门还应当继续采取一切可以采取的行动，力争实现税收的应收尽收。此其三。

不论具体的表述如何，从根本上说来，减税的目的在于“减负”——减轻企业和居民的负担，并以此争取较高的经济增长。所以，任何性质的措施，只要它有助于或有可能减轻企业和居民负担，都可实现减税的意图，都可视作减税的“替代”之举。此其四。

有了上述的认识基础，再来讨论减税，我们达成共识的机会就多了。

6.5 税收既然是作为政府活动的财源而征收的，它的规模的大小，是增还是减，直接取决于政府支出的规模。如果政府职能范围不作相应调整，政府支出规模不能随之压缩，减税举措的单兵突进，所带来的结果将不外有二：或是被迫加大举债规模以填补减税后的收入空缺，或是难以为继而不得不中途转向。

问题是，当我们转向现实的政府职能层面而寻求压缩支出规模的途径时，便会沮丧地发现，在当前的中国，上述情形的出现，有着极大的可能性。一方面，由于体制转轨期间政府职能的调整步伐极为缓慢，旧的职能未能减下去的同时，新的职能又增加了不少。既有的法制框架内，又几乎没有对政府部门扩张支出欲望构成有效约束的机制。我国的财政部门根本就没有能力压缩支出规模。另一方面，改革以来，中国财政收支的紧张状况始终没有得以缓解，赤字连年不断，国债与年俱增，调整的空间相当狭小。若不能伴随以政府支出的相应压缩，在已经相当困难的情况下实施减税，将无异于使中国财政雪上加霜。

所以，实施减税，还得立足于4.4所阐述的“以支定收”：减税要同规范政府职能和压缩政府支出同步进行。而且，相对而言，职能的调整和支出的压缩更加迫切，更为重要。

6.6 减税既然属于制度性的安排——要通过规范化的调整或改变税制的行动加以实现，它的操作，非同小可。必须着眼于长远，而不能立足于短期。把税收制度的设计同经济的周期性波动捆绑在一起，随着经济形势的变化而对税收制度修修补补，力图使其适应政府干预经济的需要，可能不是税收政策的长处所在和主要的作用领域。作为一种规范性很强的政策手段，税收的调节主要不应是相机抉择式的，而应当是具有相对稳定性的。正如我们在对国有企业的资金支持方面通常强调“桥归桥，路归路”——不宜采用减免税，而应通过财政补贴——一样，在应对当前的通货紧缩问题上，税收政策和支出政策亦应各有侧重。凡属于相机抉择式的、带有短期应付色彩的调节事项，可以主要交由支出政策去完成；凡属于制度变革性的、作为长期战略确立的调节事项，则可纳入税收政策的作用领域。

所以，实施减税，也应作为一种长期战略，致力于制度创新。短期措施，特别是一些应急措施，不应使长期的制度结构调整目标受损或受挫。

6.7 我们现行的税制，还是1994年确立的。从那以后，税制格局并未做什么调整，税收政策亦未有什么大的变化。既没有增设税种（纳入“费改税”系列的车辆购置费改为车辆购置税，以及恢复征收的、属于个人所得税系列的利息所得税，是两个例外），也没有扩大税基，亦没有提高税率。按照可以从任何辞典上查到的约定俗成的解释，这几年来，我们并没有采取什么可纳入“增税”范畴、可用“增税”来定义的举措。税制还是那套税制，政策基本还是原来的政策。对于当前的税收收入高速增长，显然只能由经济增长、征管力度加强和“费改税”等一次性政策调整几个角度去分析。

税收收入可随经济增长而自然增长，会因一次性政策调整而跳跃式增加，这些都属于常识性的道理。通过加大征管力度、提高征收效率谋求税收收入的增长，又是税务部门的天职所在。所以，既不能用增税来解释当前的税收政策，也不应将当前的税收收入形势看作背离减税政策的结果。

6.8 3.5和3.6的分析已经表明，这几年来，企业和居民的“总体税收负担”和“一般意义的税收负担”都在逐渐加重。脱出税收自身的局限而放眼促进经济持续稳定发展的大局，在当前的中国，也的确有为企业和居民“减负”的必要和可能。

要减轻“总体税收负担”，根本的出路在于规范政府的收入行为及其机制。其实，税收也好，其他别的什么政府收入形式也罢，最重要的问题莫过于，它的运行是否有一个规范化的机制？强化税收征管和启动“费改税”两项工作，就是为了建立起这样一个规范化的机制。如果政府可以想收什么就收什么，想收多少就收多少，或者，想怎么收就怎么收，企业和居民负担的水平不可能是低的，而且是不可能有止境的。不少现存的各种政府收费之所以会为人们所厌恶，也正是因为它有着这样一个不规范的机制。因此，如果确认当前企业和居民总体税收负担加重的原因在于强化税收征管和“费改税”两项工作的非同步性，并且，“费改税”进程的相对迟缓又源于规范性政府收入留给我们的活动“空间”太小，从而难以摆脱对非规范性政府收入的依赖，那么，在税收收入的高速增长相对弱化了我们对非规范性政府收入的依赖之际，现在迫切要做的事情，就是加快“费改税”进程。并且，从规范政府收入行为及其机制的宏观层次上，将“费改税”和税收制度的调整结合起来，通盘考虑政府的收入规模与企业和居民的负担水平（高培勇，1999a）。政府的收入行为及其机制规范化了，企业和居民的负担水平自然会相应减下去。换言之，其他国家一般要通过减税来达到的目的，在当前的中国，可以通过规范政府收入行为及其机制的途径去实现。它所产生的政策效应，可能不亚于减税。

要减轻“一般意义的税收负担”，有两件事情可做。一是根据税收征管状况已经有了相当改善并由此提高了税收实际征收率的现实，重新审视1994年确立的税制格局。在可能的条件下，加以适当调整。比如，按照3.6的分析，在税收实际征收率已经大大提高从而税基、税率和实际征收率三者的乘积已经扩张之后，就增值税而言，我们可能不再需要如此宽的生产型的税基，也不再需要如此高的17%的税率。相应地压缩税基、降低税率，便是可以选择的行动。将这个道理延伸至现有的其他各个税种，可以看到对整个税制格局重新规划的必要性。另一是针对我们已经基本告别短缺经济、通货膨胀已经让位于通货紧缩的现实，重新审视现行税制的政策倾向。以此为契机，尽快矫正那些与现实不符、于经济发展有碍的税制安排。比如，改生产型增值税为消费型增值税，以提高企业更新改造和扩大投资的能力；变对不动产销售和建筑安装业课征营业税为增值税，把目前企业承受的相对较重的投资负担降下来；减轻以小汽车为代表的过去曾视做奢侈品、现已成为新的经济增长点的产品的消费税税率，以刺激对这类产品的需求，如此等等。通过对我们的税收法律、法规、政策以及散见于各个经济管理部门和各级政府的浩如烟海的有关税收的规定进行一番全面而系统的清理，我国的税制安排，将会从此走上刺激投资和消费或起码不至于对投资和消费起抑制作用的道路。

6.9 说到这里，可以再次印证：对类似减税这样的话题作全方位的宏观层面的讨论，认识到我们可以做什么和不可以做什么，是极为重要的。这可以避免出现一些似是而非的决策。

结论9：减税是个系统工程，它的实施，必须综合配套——既要考虑税收自身特点，亦要伴随以其他相关因素的调整。

结论10：按照市场经济的理念，以“减负”为出发点，以规范政府收入行为及其机制为主要线索，重新审视政府收入规模，重新构建政府收入格局，是当前国情背景下有关税收政策的适当选择。

七

7.1 依法治税的口号，我们已经提了许多年。营造依法治税的社会环境，也是我们追求了多年亦为之奋斗了多年的目标。然而，每当回过头来重新检讨我们所走过的依法治税道路并仔细审视现实中国的税收环境，总会感到不那么尽如人意，也总会因此面对那么一点儿困惑：究竟什么原因阴阻碍了中国依法治税的进程？

7.2 在笔者看来，有关依法治税的最深层次的问题，无非是：恰当地定义税收并以此规范各有关主体的行为（高培勇，1999b）。简言之，就是税收的理念及其运行规则。

这个问题，表面看似简单，实则颇为复杂。它渗透着一个社会的政治经济理念，贯穿了一个特定经济体制背景下的游戏规则，牵涉整个税收运行机制的布局。可以说，它是上层建筑和经济基础的复合产物。

7.3 在计划经济的年代，政府实质是公有制经济的代表。它的收与支，基本上是在公有制经济——其中，主要是国有制经济——的范围内运作的。其收入，主要来源于公有制经济单位。其支出，亦主要投向于公有制经济单位。既然收入来源于“自家之财”，既然支出投向于“自家之事”，它的运作，便似“一个锅里抡马勺”，自然可在“自家”的院子内，根据“自家”的意志来安排。正是基于这样的理念，当时的税收，被视作政府凭借政治权力在公有制内部进行的“必要扣除”。无论在作为“必要扣除”客体的普通百姓眼中，还是在作为“必要扣除”主体的政府部门那里，税收只不过是一种名义或说法，实质的问题是“必要扣除”。既然是“必要扣除”，以什么方式扣除、在哪些环节扣除以及扣除的量如何把握，便没有必要过多讲究了。

从计划经济走向市场经济，经济体制环境变了，关于税收的说法当然要随之修正。但为什么要修正，如何修正，最初的认识还只是感性化的，并不清晰。套用政治宣传的习惯手法，以“应尽义务”替代“必要扣除”，便成为当时理论界和政府部门能够接受的选择。将纳税解释为每个公民应尽的光荣义务，虽然有些牵强，但同“必要扣除”相比，还是向市场经济贴近了一步。

不过，“应尽义务”毕竟是在“必要扣除”的基础上衍生并作为后者的延续而提出的，因而不可避免地带有计划经济的痕迹。随着市场经济意识逐步走入现实生活，只讲义务不讲权利，只讲付出不讲回报，不仅越来越不能为纳税人所认同，而且，亦模糊了政府部门在税收问题上的视线。其结果可想而知：投在依法治税上的气力不小，其产出总是未能与之相匹配。

结论11：税收理念及其运行规则要与时俱进——随着经济体制环境的变化而做相应修正。①

---

① 关于改革以来中国税收观念演进过程的详细讨论，可参见笔者的专题文章《论更新税收观念》，载《税务研究》1999年第3期。

7.4 令人欣慰的是，公共财政框架的提出和构建，为我们有关依法治税问题的思考搭建了一个很好的平台。应当说，对于中国财政运行机制而言，以“公共财政”来替代“国家财政”，绝不仅仅是支出一翼结构的调整，而是一种全方位——事关收入、支出与管理等各个方面以及与此相关的一系列理念和运行规则——的根本变革。

在公共财政的框架中，政府的职能或任务，或者说，它所产生、存在或运转的唯一理由，就是向全体社会成员提供公共物品或服务。它的收与支，基本上是围绕生产或提供公共物品或服务这条线索而发生的。其收入，系为了生产或提供公共物品或服务而从全体社会成员那里取得——不再是“自家之财”。其支出，亦要用于生产或提供覆盖全体社会成员切身利益的公共物品或服务上——不再是“自家之事”。如果将计划经济时期的政府收支解释为“以自家之财，办自家之事”，那么，市场经济条件下的政府收支活动，就是“以众人之财，办众人之事”。

7.5 一旦将依法治税置于公共财政的背景下，许多过去看似朦胧的问题一下子变得清晰起来了。

在市场经济条件下，政府实质是一个特殊的产业部门——生产或提供公共物品或服务。广大的企业和居民，则是公共物品或服务的消费者。借用通常用于描述私人物品或服务的术语，透过复杂的税收征纳现象，我们看到的图景是：公共物品或服务的生产与消费，公共物品或服务的购买与销售。企业和居民之所以要纳税，就在于换取公共物品或服务的消费权。政府部门之所以要征税，就在于向社会提供公共物品或服务。

只要纳税人依法缴纳了税收，便因此享有了向政府部门索取公共物品或服务的权利；只要政府部门依法取得了税收，便因此负起了向纳税人提供公共物品或服务的义务。纳税人所消费的公共物品或服务，来源于政府部门提供公共物品或服务的活动。政府部门用于提供公共物品或服务的资金，又来源于纳税人所缴纳的税收。在这里，纳税人的纳税义务与其纳税之后所拥有的消费公共物品或服务的权利，是一种对称关系。政府的征税权力与其征税之后所负有的提供公共物品或服务的义务，也是一种对称关系。围绕税收而形成的各有关行为主体之间的关系，均表现为权力（利）与义务的对称。

结论12：市场经济条件下的税收理念可以归结为："权力（利）与义务相对称"。

7.6 进一步推演，可以将作为一个整体的政府部门和专司征税之职的税务部门的涉税行为分解开来：税务部门征税——为政府部门筹措用于生产或提供公共物品或服务的财源，政府部门用税——将税务部门所收之钱投向于公共物品或服务的生产或提供。进而，将税务部门称作"征税人"并赋予政府部门一个专门的名称——"用税人"。[①]那么，在现实生活的坐标图上，各有关行为主体围绕税收而形成的实质关系便是"三位一体"的：企业和居民"交钱"，税务部门"收钱"，各级政府部门"用钱"。政府部门与企业和居民是两极，税务部门则是连接两极的桥梁或纽带。

必须指出，分解政府部门的涉税行为并分别冠之于不同的名称，并非玩弄文字游戏，而确有其必要性。在我们的身边，不知手中支用的经费来自税收、花钱大手大脚的官员有之，不晓兜里的工资皆系税款、误将履行职能视作对百姓"恩赐"的干部有之，将税收工作划在自身职责之外而持旁观态度甚至人为设置障碍的政府部门亦有之。然而，循着"企业和居民→税务部门→政府部门"这一关系链而追踪税收运行的全过程，我们看到的是各级政府部门在依法治税工作的关键地位和决定作用：纳税人能否依法纳税，征税人能否依法征税，在相当程度上，取决于用税人能否有效用税。如果纳税人看到自己缴纳的税款被用到不该用的地方去了，或者，在使用过程中"打水漂"了，纳税人的纳税行为肯定会因此而扭曲。相应的，征税人的征税工作也肯定会因此而受阻。

结论13：用税人的用税理念和用税行为，不仅对纳税人的纳税理念和纳税行为，而且对征税人的征税理念和征税行为，都有着重大影响。应当适时地将依法治税的工作重心转到用税人身上。

7.7 注意到纳税人、征税人和用税人之间的这种对称关系，可以得到如下认识：在当前的中国，依法治税工作的推进和依法治税社会环境的营造，有赖于纳税人、征税人和用税人理念的确立及其行为的规范。

---

① 笔者关于用税人的提法，最早形成于1998年8月由金人庆局长主持的北京宽沟税收工作座谈会上。从那以后，这一提法逐渐为人们所接受，并不时出现在各种文献中。关于纳税人、征税人和用税人的系统论述，可参见笔者的专题文章《纳税人•征税人•用税人》，载《光明日报》2000年9月26日。

企业和居民应当有“纳税人理念”——他（她）们向税务部门缴纳的钱是税收。税收是每一个企业和居民消费公共物品或服务所必须付出的代价。正如到饭店吃饭要埋单，到商店买东西要付款一样，为公共物品或服务而纳税并非尽义务之举；任何的偷逃税，都如同坐享其成的无票乘车或偷人钱财行为；与此相联系，任何社会成员的偷逃税行为，都意味着其他社会成员所能享受的公共物品或服务的数量因此而减少，或者，质量因此而降低。因而，偷逃税现象的出现和蔓延，关系到每一个社会成员的切身利益。对于任何的偷逃税行为，每一个纳税人都有制止或纠正的权利；政府部门的活动经费系由纳税人缴纳的税款汇集起来，并且，这些钱应当用于同其切身利益相关的公共物品或服务上。对于政府部门使用税款的活动，纳税人有监督的权利和必要。

结论14：作为纳税人的企业和居民，既要依法履行好缴纳税收的义务，又要充分地运用好消费公共物品或服务的权利。

政府部门应当有“用税人理念”——他（她）们所使用、所花费的钱是税收。税收来源于企业和居民本已实现的收入，凝结着广大人民群众的血汗；企业和居民之所以要向政府纳税，就在于政府生产或提供公共物品或服务。必须慎重地安排、使用好每一分钱，把所有的钱都用到关系纳税人切身利益的公共物品或服务上；政府部门生产或提供公共物品或服务的活动，有接受“出资人”——纳税人——监督的义务和必要。税款的安排与使用过程，应当也必须置于各级人民代表大会和广大人民群众的监督之下；税收是政府部门运转的基础和生命线。离开了税收的缴纳，或者，税收的征收工作受阻，生产或提供公共物品或服务的活动，便会成为“无米之炊”或“缺米之炊”。各级政府部门应当像关心、重视自己的“口粮”——经费来源——一样，关心、重视税务部门依法征税的工作。

结论15：作为用税人的政府部门，既要有效地履行好生产或提供公共物品或服务的义务，又要依法运用好维护税法权威、保证税款如数及时到位的权力。

税务部门应当有“征税人理念”——他（她）们向企业和居民征收的钱是税收。税收是政府部门生产或提供公共物品或服务的资金来源。各项税款能否如数及时到位，关系到各项政府职能的履行和国家机器的运转以及整个经济社会的稳定发展；税收是公共物品或服务的消费者必须支付的代价。纳税人不仅是各项税款的交纳者，同时是各项公共物品或服务的受益者；严格执法，依法征税，事关全体社会成员的切身利益。既一分钱不能少收——关系到政府所能生产或提供的公共物品或服务的数量和质量，亦一分钱不能多收——关系到企业和居民可支配收入或可消费物品或服务的多寡。征税人的角色，颇像公共汽车上的售票员：既须对纳税人——乘车者——依法征税，把生产或提供公共物品或服务所需的钱筹措上来；又须对偷逃税者——逃票人——依法惩处，不允许无票乘车的现象存在或蔓延下去。

结论16：作为征税人的税务部门，既要切实履行好加强征管、堵塞漏洞从而把该征的税尽可能如数征上来的义务，又要依法运用好征税的权力，保证执法的公正性和严肃性。

可以确信，"权力（利）与义务相对称"税收理念的确立，并且，以此为基础，分别规范纳税人、征税人与用税人的行为，将会为我们的依法治税工作提供一个新天地，并极大地推动中国依法治税社会环境的营造进程。

主要参考文献

陈小平:《我国政府财政合理规模研究》,《中国财经信息资料》2001年第22期。

杨志清:《国际通行的宏观税负水平》,《税务研究》1997年第6期。

高培勇:《"量入为出"与"以支定收"——结合当前财政收入增长态势的讨论》,《财贸经济》2001年第3期。

高培勇:《规范政府行为：解决中国当前收入分配问题的关键》,《财贸经济》2002年第1期。

王绍光:《收入不平等的政治影响》,《改革内参》2001年第18期。

高培勇:《费改税：实质在于规范政府收入机制》,《经济日报》1999年1月25日。

高培勇:《论更新税收观念》,《税务研究》1999年第3期。

（原载《税务研究》2002年第2—3期）

关于减税问题的四个基本判断

如果从1998年开始实行所谓积极财政政策的时候算起，关于减税的话题，我们已经讨论了差不多整整4年的时间。总的感觉是，认识越来越深入，视野越来越开阔，考虑越来越周全，结论也越来越贴近现实。现在，似乎到了对围绕减税展开的讨论加以总结并作出相应判断的时候。

判断之一：减税从来都是对的

这是因为，说到底，税收是政府活动的成本。同企业要不断地降低成本、提高劳动生产率的道理一样，作为一个特殊的产业部门的政府，只要能够在保证其所提供的公共物品或服务的质和量不因此下降或减少的条件下，将企业和居民为消费公共物品或服务而需付出的代价——税收——减下来，政府的活动成本便下降了，政府的活动效率便提升了。再进一步，整个社会的资源配置和福利状况亦由此得到改善了。这在任何时候、任何情况下，对任何人来说，都是一件好事情。所以，对有关减税的建议或方案，永远都是值得欢迎的。并且，永远都应当把减税作为一个追求的目标而不懈地努力。

判断之二：减税的目的在于减负

之所以减税，特别是，之所以在当前的形势下提出减税，其根本的目的，无非通过减税，将企业和居民承受的来自于政府部门的负担降下来，并以此扩大内需，争取较高的经济增长。本着这样一种认识，凡是属于政府部门从企业和居民那里取得、由企业和居民割让的各类货币收入，均可纳入减负的视野。减税，并非通向减负目标的唯一路径。

留意一下当前中国政府收入格局的全貌，就可看到，税收只不过是企业和居民所承受的来自政府部门的负担种类之一。除此之外，政府还使用别的形式、通过别的渠道取得收入。其中，属于规范性的、纳入预算的收入有：企业收入、教育费附加收入以及其他杂项收入；介于规范性与非规范性之间、未纳入预算但可比较精确的统计的收入有：预算外收入、政府性基金收入、社会保障基金收入等；纯系制度外、且无法加以精确统计的收入，则是由各部门、各地区“自立规章，自收自支”的各种收费、罚款、集资、摊派收入等。如果将上述四个层次的这些收入统统相加，中国政府收入的总量，起码要以税收收入的倍数计算。

根据初步的测算，在2000年，税收收入总额为12660亿元。这个数字，在当年GDP中的占比为14.16%。以此为基础，加上第二和第三个层次，前三个层次的政府收入总计为26314.87亿元，在GDP中的占比，便提升至29.43%了。再计入第四个层次——制度外收入，并以其占GDP的5%计算（这是1996年的典型调查数字。当前的水平，可能比那时还要高出一些），那么，整个政府收入占GDP的比重，便又达到34.43%的水平了。

如果以是否纳入预算作为判定规范性与否的标准，那么，前两个层次的政府收入便是规范性的，后两个层次的政府收入则是非规范性的。正是由于规范性的政府收入和非规范性的政府收入同时并存，而且，相比之下，在数额上，后者又大于前者，1998年的时候，朱镕基总理才将当时的中国政府收入格局描绘为“费大于税”，并为此启动了“费改税”的改革。所以，站在中国政府的收入行为及其机制亟待规范的立场上考虑问题，在为企业和居民减负的政策安排中，可以认定，与其减少规范性的政府收入，不如减少非规范性的政府收入；与其减税，不如减费。

其实，税收也好，收费或者其他别的什么政府收入形式也罢，最重要的问题莫过于，它的运行是否有一个规范化的机制？如果政府可以想收什么就收什么，想收多少就收多少，或者，想怎么收就怎么收，企业和居民负担的水平不可能是低的。而且，是不可能有止境的。不少现存的各种政府收费之所以会为人们所厌恶，也正是因为它有着这样一个不规范的机制。

进一步看，这几年，企业和居民的负担之所以会日渐沉重，一个非常重要的原因，就是强化税收征管和“费改税”两项工作的非同步性：一方面，税收征管力度的不断加强已经带来实际征收率的提高，并支撑了税收收入的高速增长。另一方面，“费改税”的进程相对迟缓，至今没有多少实质性进展。一“快”一“慢”，“快”“慢”不等，非规范性的政府收入未能随规范性政府收入的增加而相应减下来。所以，在税收收入的高速增长相对弱化了我们对非规范性政府收入的依赖之际，现在迫切要做的事情，就是加快“费改税”进程。并且，从规范政府收入行为及其机制的宏观层次上，将“费改税”和税收制度的调整结合起来，通盘考虑政府的收入规模与企业和居民的负担水平。政府的收入行为及其机制规范化了，企业和居民的负担水平自然会相应减下去。换言之，其他国家一般要通过减税来达到的目的，在当前的中国，可以通过规范政府收入行为及其机制的途径去实现。它所产生的政策效应，可能不亚于减税。

判断之三：减税与减支相比，减支更为重要

税收既然是作为政府活动的财源而征收的，它的规模的大小，是增还是减，直接取决于政府支出的规模。如果政府职能范围不做相应调整，政府支出规模不能随之压缩，在当前的国情背景下，减税举措的单兵突进，所带来的结果将不外有二：或是被迫加大举债规模而“以债补税”，或是引发新一轮收费浪潮而“以费补税”。

问题是，一旦我们转向现实的政府职能层面而寻求压缩支出规模的途径时，便不无沮丧地发现，上述情形的出现，有着极大的可能性。一方面，由于体制转轨期间政府职能的调整步伐极为缓慢，旧的职能未能减下去的同时，新的职能又增加了不少。在既有的法制框架内，又几乎没有对政府部门扩张支出欲望构成有效约束的机制。我国的财税部门根本就没有能力压缩支出规模。另一方面，在计划经济的体制环境中运转了多年且没有根除封建皇权理念的政府部门，至今仍习惯于以行政性的手段和非规范化的办法去处理从企业和居民那里取得收入的事项。我国的财税部门也没有能力阻止非规范化政府收入行为及其机制的蔓延。

所以，如果我们必须实行减税，那么，有关减税的安排与压缩政府支出规模的举措必须同步出台。并且，减税与减支相权，要将后者放在更为重要或优先的地位。

甚至，退一步讲，即便我们在减少政府支出规模的同时，税收未能相应减下去，我们亦可获得一个“退而求其次”的结果：腾出手来，将由此出现的多余收入用于消化历年的“欠账”或用于削减连年不断的赤字和与年俱增的国债。毋庸赘言，这对于缓解财政困难、防范财政风险，无异于一场及时雨。

判断之四：当前确有减税的可能和必要

我国现行的税制，是在1994年开始实施的。从那时起到现在，8年的时间过去了，税收所植根的客观经济社会环境已经发生了很大的变化。比如，税收的实际征收率。这些年来，随着税务部门征管力度的加大和征管状况的改善，再加上新税制奠定了良好的制度基础，我国税收的实际征收率已经有了相当的提升。初步的估计数字，其提升的幅度，至少要以10个百分点计算。税收实际征收率的提升，不仅为税收收入的增长装上了一个“加速器”，而且带来了整个社会实际税负水平的变化。

常识告诉我们，在任何时期、任何情况下，大到一个国家的整体税制设计，小至整体税制中某一单个税种的税制安排，总是以取得既定规模的税收收入为基本着眼点的。不过，既定规模的收入，并非税基和税率两个因素的乘积。由于现实生活中的税收实际征收率永远不会达到100%，故在设计税制时，无论是税基的选择，还是税率的安排，都要“宽打窄用”——将当时的实际征收率的因素放入其中，将税率定得宽一些，把税率搞得高一点。所以，不同于“制度”的税负水平——税基和税率两个因素的乘积，“实际”的税负水平，是税基、税率和实际征收率三个因素的乘积。其中任何一个因素发生变化，都会带来实际税负水平的升降。这便意味着，即使未采取任何扩大税基或提高税率等旨在提高制度税负水平的行动，随着税收征管状况的改善，也会使实际税负水平相应上升。

可以认定，我国现行的税制，无论税基还是税率，都是根据1994年税收征管状况所能达到的税收实际征收率而确定的。如果当时的税收实际征收率能够达到目前这样的水平，我国的税制安排，特别是其中的税基和税率，很可能不是现在这个样子。比如增值税，我们可能并不需要如此宽的生产型税基，也不需要如此高的17%的税率。所以，同1994年的情况相比，当前我国的实际税负水平已经有了相当的提高。就税收制度本身的情形而论，我们确有重新审视和调整实际税负水平，从而减轻企业和居民税收负担的必要与可能。

说到这里，可以看出：对类似减税这样的话题做全方位的宏观层面的讨论，认识到我们可以做什么和不可以做什么，是极为重要的。这可以避免出现一些似是而非的决策。

（原载《光明日报》2002年7月2日）

防治“非典”与财税安排：影响及对策

突如其来的“非典”疫情在给中国经济社会发展带来了一系列冲击的同时，亦对中国的财政收支运作提出了挑战。面对挑战，这一段时间，财政税务部门已经推出了各种应对性举措。“非典”疫情形成的客观冲击加上各种应对性财税举措的主动出击，都会影响到今年以至今后若干年的财政收支形势。评价这些影响并谋划相应预案，显然是眼下应当着手的一项重要工作。

关于本文，需要提前说明两点：其一，本文分析的主要参照系，是2003年中央和地方财政预算。未纳入预算的各种非规范性政府收支，不在视野之内。其二，由于“非典”涉及的不确定因素很多，在目前形势下没有必要也不可能进行比较精确的数据处理，本文的分析，更多的具有刻画大趋势的意义。

一 “非典”对财政收入的影响

分析“非典”对财政收入的影响，可以循着两个线索进行。一是经济增长因“非典”而遭受负面影响会传导至税收，带来财政收入的减少。另一是基于应对“非典”冲击考虑而采取的各种临时性税收优惠措施，将直接减少财政收入。

先看前一个线索。中国经济增长率肯定会因“非典”疫情的冲击而相应下滑。但最终下滑多少，将取决于“非典”疫情持续时间的长短和我们对“非典”疫情的控制程度。不过，尽管不确定性因素很多，国内外权威机构以及各类人士对经济增长下降幅度所做的预测，比较悲观的估计为1至2

个百分点，较为乐观一些的估计为0.5至1个百分点。[①]也就是说，大体处于0.5—2个百分点之间的水平。撇开究竟哪一种估计将更为准确的问题不论，倘若取中间值，以经济增长下滑1—1.5个百分点论，今年的GDP将大约减少1000亿—1500亿元。再以财政收入占GDP的比重20%作为今年可能达到的中国宏观税负指标（去年为18.5%），依此推算，财政收入可能减少的规模，往大处说，为200亿—300亿元。

一旦触及结构，情况还要发生一些变化。根据近几个月的情况，遭受“非典”冲击比较大的行业，主要是餐饮、旅店、旅游、娱乐、民航、公路客运、水路客运、出租汽车等。这些行业，都属于第三产业。中国目前税收收入的格局大致为：流转税占70%，所得税占30%。在流转税中，营业税大约只占1/4。第三产业所缴纳的税收，除了所得税之外，在流转税的范围内，基本上是营业税。受“非典”冲击较大的行业，只是第三产业中的一个部分。所以，如果第一、第二产业遭受的冲击较小或可忽略不计，在中国的现行税制和税收收入格局下，财政收入因经济增长速度下滑而减少的规模，还是可在前述200亿—300亿元的基础上打一个折扣的。

再看另一个线索。迄今为止，政府基于应对“非典”考虑而采取的各种临时性税收优惠措施所涉及的税源，可以分为两类。一是随“非典”而派生的税源。如对境外捐赠的防治“非典”防护用品、诊断设备、治疗和监护设备以及救护车、防疫车和消毒车免征进口关税和进口环节增值税；对参加“非典”防治工作一线的医务和防疫工作者特殊临时性工作补助等所得免征个人所得税；对国内企业、个人等社会力量向“非典”防治工作的捐赠，允许在缴纳所得税前扣除。这些税源随“非典”而生而灭，并非既有。因此，与此有关的税收优惠安排，不会导致纳入预算盘子的财政收入的减少。另一类是既有的税源。如在2003年5月1日至9月30日期间，对受“非典”影响比较大的旅游业、民航运输业、饮食业、旅店业、出租汽车业和城市公共交通运输业减免征收营业税、城市维护建设税和教育费附加；对出租汽车司机免征个人所得税或降低征收定额。这些税源系既有的、已经纳入预算的盘子，在此范围内所作出的任何税收优惠安排，肯定会导致

① 参见《“非典”发生后国内外权威机构和人士对中国今年经济增长预测》，载《经济参考报》2003年5月15日。

财政收入的减少。不过，注意到对这些行业的税收优惠仅涉及营业税、个人所得税等非主要的税收来源，并且，涉及的这些税种并非完全的免税，而只是部分减免，期限又掌握在5个月以内。按照去年这些税种收入在税收总额中的占比推算，[①]由此减少的财政收入，可能也就是400亿—500亿元的样子。

进一步分析，这几年，税收一直处于高速增长状态。今年1—4月份，即便在“非典”疫情的影响初步显露出来的背景下，税收依然保持了25.8%的增幅。鉴于税收的高速增长，除了来自经济增长因素之外，相当大的份额可归因于税收征管的加强，[②]在税务部门不断强化税收征管改革的声浪中，税收的减收有可能得以部分的消化。倘若今年税收的增幅能够维持去年的水平（12.1%），亦即比预算安排的增长率高出3个百分点左右，[③]那么，财政收入因“非典”而减少的规模将可能在上述分析的水平上，消化掉500亿元左右。

上述几个方面因素汇总起来，增减因素互抵，财政收入的减少规模，初步估计，至多在300亿—400亿元。

二　“非典”对财政支出的影响

分析“非典”对财政支出的影响，也可以围绕两个线索展开。如果政府应对“非典”的举措锁定在救治病人、控制疫情的范围内，财政支出固然因此增加，但规模不会很大。其变数在于，在此线索上作出的安排，直接决定于疫情的变化，从财政部门的角度看，是不具可控性的。这是一个线索。另一个线索是，如果政府应对“非典”的举措超出了单纯防治的范围，而伸展至加大对公共卫生领域投入从而保障公共卫生安全的长远考虑层面，财政支出增加的幅度，将不会是一个小数。当然，这取决于政府的抉择。因而，是可以控制的。

截至目前，各级政府已经推出了一系列以增加财政支出为条件的举措。比

① 2002年，以全国税收收入为100%，来自服务业和交通运输业的营业税收入分别占3.9%和1.3%。

② 在过去的几年，官方和学界一直倾向于用经济增长、政策调整和征管加强的所谓“三因素”论解释税收高速增长的现象。由于2003年1—4月份没有涉及税收的一次性政策调整出台，我们只能用“两因素”论解释这一期间的税收增长。

③ 按照参照系的不同，税收增长率可以有两种算法，一是比上年增长多少，另一是比预算增长多少。

如，国务院从年度财政总预备费中拿出20亿元设立“中央财政‘非典’防治基金”，专门用于救治患者、购置医疗设备、发放医务工作者补贴、储备药品和物资、快速诊断试剂和科研攻关；各省市自治区政府分别从地方财政年度预备费中拨专款设立了汇总数额达50亿元的“‘非典’防治专项基金”；财政部门公开作出承诺，对“非典”患者，其医疗救治费用，能够纳入公费医疗体系的，一律由公费医疗埋单。不能享受公费医疗的，特别是农民和城市困难居民，一律实行免费救治，由各级财政埋单。甚至，除了救治费用之外的其他相关费用，如住院费、伙食费等，也统统由政府包下来；财政部决定对受“非典”疫情影响严重的中央民航和旅游企业的短期贷款给予财政贴息，等等。

仔细地浏览一下上述项目，可以认为，这些举措尚未超出防治的范围，基本属于临时性的或救急性的安排。单纯意义上的防治，尽管要花钱，但所需的钱数不可能很多。起码相对于中国财政每年20000多亿元的支出规模来说，只是一个小数字。以目前北京市防治资金投入的状况看，一个“非典”患者，从收治到治愈出院，所需直接费用，大约重症为6万多元，轻症为2万多元。即使加上其他方面的支出，只要当前的疫情不出现大的反复，用在这方面的钱，估计可以控制在100亿—200亿元的规模之内。

不过，人们已经认识到，通过这次“非典”疫情，事实上，不仅仅折射出了我们在应对公共卫生突发事件能力上的薄弱，更为重要的是，它也折射出了我们在公共卫生体系和公共卫生安全建设投入上的长期欠账。为数不少地区的医院，特别是基层的医院，至今仍然依靠传统的“三大件”——听诊器、血压表、体温计——维持日常的医疗服务，就是一个突出的例证。为了打造公共卫生安全的物质基础，政府理应以此为契机，像过去几年对教育领域的支出倾斜一样，加大对公共卫生领域的资金投入。

只要应对“非典”的视野延伸到这个层面并进而筹划财政支出上的安排，就会发现，我们要做的事情可以列出一个长长的清单。为了做完或做好清单上的这些事情而需投入的钱，尽管短期可以根据财政收支的状况加以控制，但从长远看，其规模虽然大，亦必须投入。起码要在今后的几年内，有一个较大幅度的增长。对此，应当有比较清楚的认识。在这个线索上可能发生的财政支出增长额，也应进入我们的分析范围。

说到这里，将收支两翼的影响加在一起，可以作出这样的初步判断：就短期而言，“非典”肯定会增加今年的预算赤字规模，但幅度不会过大，有可能控制在500亿—600亿元。就长期来说，花在公共卫生领域的财政支出将有一个跳跃式的增长，从而会加大今后几年财政收支运作的压力。

三 可以选择的财政对策

不论从哪个角度看，中国财政在“非典”时期遇到的挑战是十分严峻的。鉴于当前中国财政的负荷已经非常沉重，为应对挑战而推出的各种举措，必须瞻前顾后。在立足当前的同时，又着眼于长远。

就近期而言，似可从如下几个方面为可能增加的财政赤字寻求消化途径：

1. 动用预备费

“预算预备费”属预算内支出，一般占该年度本级财政收入的1%—5%，主要用于财政预算中不可预测突发事件的重大支出。中央财政总预算预备费只能由国务院批准，由国家总理亲自调拨，各级财政总预算预备费用则由各级政府最高权力部门掌控。目前中央和各级地方财政已经分别安排了20亿元和50亿元的预备费，设立防治“非典”专项基金。如果今年内不发生其他方面的重大突发事件，或者，即便有突发事件，其要求的财政支出额度相对不大，预备费的动用还有进一步追加的可能。

2. 加强税收征管

近几年，中国的税收增长同税收征管之间呈现出越来越高的相关性。比如，用“经济因素＋征管因素”的所谓“两因素”论注解今年1—4月份的税收增长，在25.8%的税收增长率中，如果来自经济增长的贡献度为10%多一点，[①]那么，其余的15%左右便可以归因于税收征管的贡献。正是由于税收征管力度的不断加强，我们才可以在非典对国内经济的影响初步显露出来的形势下，保持20%以上的税收增长率。所以，进一步加强税收征管，从加强征管中寻求税收的超预算增长，使税收的减收因素在税收的增长中得以尽

① 宏观经济学的基本原理表明，税收的增长速度可以“略高于”经济的增长速度。

可能多的消化，对于“非典”冲击下的财政收支运作，具有特别重要的意义。

3. 压缩支出

压缩财政支出规模，从支出规模的压缩中寻求财政赤字的减少，是我们可以着眼的另一个重要途径。4月下旬以来，财政部已经下发了《关于中央部门调整2003年部门预算保障“非典”防治经费的紧急通知》，要求中央各部门压缩会议费、差旅费、培训费和出国费等一般性公用经费支出，以保证“非典”防治资金的需要。如果在“非典”的严峻形势下，中央和地方各级政府部门能够同心同德，千方百计把目前相对偏高的一般公用经费支出减下来，哪怕是压缩少许的部分，因“非典”而增加的财政赤字都可能得到一定程度的消化。

4. 增发国债

今年的国债发行计划已经安排6404亿元，分别用于弥补赤字——3198亿元、偿还到期债务——2956亿元、实施积极财政政策——1400亿元和代地方发行——250亿元。由于财政赤字有可能因“非典”冲击而加大，即便在动用预备费并通过税收增长消化一部分之后，仍有可能要采用增发国债的办法来弥补余下的赤字。[①]相对而言，这是消化“非典”冲击下的财政赤字所可依托的最后一道防线。

就长期来说，为了有效应对类似于“非典”这样的突发性事件，必须进一步加快公共财政制度的建设步伐。只有将财政收支运作的出发点和归宿尽快地转移到满足社会公共需要的轨道上来，只有从那些不属于或不可以纳入社会公共需要领域的支出项目中尽快退出来，只有把有关财政收支运作的全部事项置于全体社会成员的监督、制约之下，中国财政才有可能真正建立起突发公共卫生事件应急反应机制，才有可能充分打造好保障公共卫生安全的物质、技术和资金基础，也才有可能在未来的各种突发性事件中少走弯路，扮演好它应当扮演的角色。

（原载《税务研究》2003年第6期）

---

① 这里所说的增发国债，指的是增发一般意义上的、弥补赤字的国债。也就是说，笔者不赞同发行所谓专款专用的“公共卫生国债”的主张。

积极财政政策：在思路和举措两个层面寻求突破

一 继续实施的积极财政政策：不能是简单翻版或少许微调

对于积极的财政政策，尽管一直存在着“积极”二字是否适当的异议，但在5年以来的实践中，无论官方还是学界，都是将其视作扩张性财政政策的代名词。[①]不过，与通常意义上的扩张性财政政策有所不同，迄今为止，我们所实施的积极财政政策，其基本的内容，就是以增发国债扩大财政支出，并以此带动内需，实现经济的较快增长。正是由于政策重心始终没有跃出“增发国债—扩张支出”这条线索，不少圈内人将其称之为“跛脚的财政政策”，亦有圈外人将其归结为“国债政策”或“发行国债政策”。

继去年年末举行的中央经济工作会议做出了继续实施积极的财政政策的重大决策之后，党的十六大和十届全国人大一次会议均肯定了继续实施积极财政政策的必要性。并且，在新一届政府的工作计划中，积极财政政策更是被作为保持经济持续快速增长的主要手段而放到相当重要的位置。[②]撇开其他方面的意义不讲，这至少表明：起码在最近的一个时期，中国的经济增长、社会稳定以至其他各方面事业的发展，离不开扩张性财政政策的支撑；以扩大内需为主旨的积极财政政策，仍将是新一届政府经济工作的一条主线。

---

① 原财政部部长项怀诚（2002）曾用“政治智慧”来解释积极财政政策概念的出台背景：1997年召开的“十五大”刚刚确定实施适度从紧的财政政策，时隔不久，便改弦更张为扩张性的财政政策，恐人们不接受。于是，便采用了其本意在于扩张需求的所谓积极财政政策的说法。

② 温家宝总理在2003年3月18日举行的与记者见面会上，作出了如下表述：“我曾经把今后的工作概括为四句话。第一，实现一个目标，这就是保持经济持续较快增长。而做到这点，就要保持政策的稳定性和连续性，坚持扩大内需的方针，实施积极的财政政策和稳健的货币政策……”（参见《经济参考报》2003年3月19日。）

然而，在大方向锁定并转而进入操作层面的具体谋划时，人们肯定会注意到，继续实施的积极财政政策，似不能也不应当是过去5年积极财政政策内容的简单翻版或少许微调。鉴于当前中国宏观经济环境及其走势已经发生重大变化，继续实施的积极财政政策，必须在过去5年实践的基础上，根据变化了的形势进行结构性的调整。

第一，已经连续实施5年的积极财政政策，在取得了分别拉动经济增长1.5、2、1.7、1.8和2个百分点实绩的同时，亦给我们留下了民间消费和投资未能尽如人意增长的缺憾。可以说，从最初启动积极财政政策的那一天起，我们的目标，就是寄希望于通过政府投资的拉动，最终刺激民间的消费和投资需求，从而使经济恢复内在的增长秩序。但是，5年的时间过去后，我们仍在为民间消费和投资需求不足而忧心忡忡。政府投资的单兵突进，换来的只是通过外部推动而形成的对经济总量的直接拉动。在连续的、大量的政府投资面前，民间消费和投资需求，特别是前者始终未能真正活跃起来。所以，继续实施的积极财政政策，无论如何要在刺激民间消费和投资需求上寻求并取得实质性的突破。

第二，已经连续实施5年的积极财政政策，在积累了一大笔优质国有资产的同时，亦给我们留下了数额高达6600亿元的可归入积极财政政策性质的债务和财政支出的不断扩张内生为经济进一步增长的必要条件的风险。债务终归要偿还，更何况，积极财政政策性质的债务只是当前中国国债的一个组成部分。连同用于单纯弥补赤字的国债和属于借新债还旧债用途的国债，三个方面性质的国债相加，截至2002年末，整个中国国债的累积额已经从1997年的5928.8亿元增加到200824亿元，①占GDP的比重亦由1997年的7.93%提升至18%。伴随着国债的一再增发和财政支出的不断扩张，经济增长对财政支出扩张的依赖也在强化。在相当程度上，财政支出的扩张甚至演化成了经济增长的一个常量。所以，如果将国债的快速累积和经济增长对财政支出扩张形成的依赖视作过去5年实施的积极财政政策的成本，那

① 根据项怀诚（2003）《关于2002年中央和地方预算执行情况及2003年中央和地方政府预算草案的报告》以及此前相关数字计算而得。这个数字之所以比官方认可的18124亿元多出2700亿元，是因为，1998年为补充商业银行资本金而专门向国有商业银行发行的2700亿元特别国债，表面上只是个账户调整问题，实质仍是政府债务的一部分，应当将其计入国债规模。

么，在成本与效益的权衡中，寻求更大的效益并尝试消化已有的成本，从而防范可能的风险，是继续实施的积极财政政策绕不开的一个重大课题。

第三，宏观经济学的原理表明，财政支出扩张对经济增长产生的刺激或拉动效应，即使单指其通过外部推动而形成的对经济总量的直接拉动，是有递减趋势的。要保持原有的刺激或拉动力，财政支出必须在原有的基础上不断扩张。要加大原有的刺激或拉动力，财政支出必须以更大的规模扩张。在积极财政政策已经连续实施5年的形势下，即便不选择所谓“淡出”策略，而仅仅维持原有的国债增发和财政支出扩张规模，它的功效实际上已经在减弱。所以，要沿袭过去5年的运作模式并保持那样的刺激或拉动力，继续实施的积极财政政策只能加大“剂量”——进一步增发国债并扩张财政支出。倘若如此，抛开财政收支的可持续性问题不论，本已蕴涵在财政机体中的风险肯定会因此加大，甚至有可能引发整个经济和社会的风险。

第四，同过去的5年相比，特别是同启动积极财政政策的1998年相比，今天的宏观经济环境已经发生了很大的变化。尽管需求不足、市场低迷仍是我们面临的主要矛盾，通货紧缩的惯性影响仍然存在，但毕竟正在走出谷底。随着世界经济形势的好转，如果不出大的意外，我国的国民经济有望在今年底或明年初实现从经济萧条到经济繁荣的经济周期转换。今年第一季度居民消费价格总水平出现正增长和经济增长率达到9.9%，就是明显的例证。即便在非典型肺炎肆虐的今年4月份，我们也依旧保持了8.9%的经济增长速度。所以，在反通货紧缩的同时警惕通货膨胀，在着眼于扩张需求的同时准备“淡出”，应当是继续实施的积极财政政策有别于过去5年积极财政政策的一大特点。

可以确认，继续实施的积极财政政策将会凸显出许多不同于以往的特点。讨论并把握这些特点，在此基础上，勾画继续实施的积极财政政策的蓝图，应当成为当前我国宏观经济政策的研究重点之一。

为了讨论上的方便，本文将使用“继续实施的积极财政政策”这一概念。并且，在这个概念下，讨论下一步积极财政政策内容的相关安排。

二 以改革促增长：继续实施的积极财政政策要有新思路

说起过去5年的积极财政政策成效，人们总会列举国债投资在基础设施建设方面所取得的一系列骄人成就以及它对经济增长作出的直接贡献。诸如水利建设、生态环境建设、交通建设、城市基础设施建设、农村电网改造等，在这几年，都得到了迅速的发展，对经济增长起到了明显的拉动作用。①这固然是积极财政政策最主要的运作方式，但并非唯一的方式。除此之外，在着眼于扩大投资需求的同时，围绕培育和扩大消费需求而推出的举措也不能算少。比如，为了增加城乡中低收入居民的收入，从1999年以来，在全国范围内，连续三次较大规模地提高了机关事业单位职工的基本工资标准和离退休人员离退休金，实施年终一次性奖金制度，建立艰苦边远地区津贴制度；提高国有企业离退休人员的待遇；不断完善社会保障体系，增加城镇低收入居民收入和补助；通过扩大退耕还林、深化农村税费改革和粮食流通体制改革，千方百计增加农民收入，等等。

应当说，在过去的5年中，城乡居民增加的收入不可谓不多，收入增加的幅度不可谓不大。仅机关事业单位职工的人均工资水平，就增加了1倍多。如果算大账，从1997年至2002年，城镇居民家庭人均可支配收入，由5160元增加到7703亿元，平均每年实际增长8.6%。农村居民家庭人均纯收入，由2090元增加到2476元，平均每年实际增长3.8%。②

但是，如所周知的那样，城乡居民收入的增加并未带动消费需求的相应增长。收入的增加，反而成了刺激储蓄快速增长的直接因素。从1997年至2002年，城乡居民人民币储蓄存款余额一再直线增长，由4.6万亿元增加至8.7万亿元。到今年4月份，又跨越了10万亿元大关，达到10.2万亿元的高水平。如果再加上居民持有的股票、债券等其他金融资产，其储蓄倾向的强化便更为显著。不仅如此，从这几年居民收入增长和储蓄存款增长的对比中还可看到，储蓄的增量，除了源于可支配收入的增加之外，还有相当大

① 从明（2003）的研究表明，1998—2002年发行的6600亿元长期建设国债，实现总投资规模32800亿元，到2002年底累计完成投资24600亿元。同期，我国的经济增长速度依次为7.8 %、7.1%、8%、7.3%和8%。其中，国债投资项目对经济增长的贡献率为1.5、2、1.7、1.8和2个百分点。

② 转引自朱镕基《政府工作报告》，《人民日报》2003年3月20日。

的一部分来自城乡居民的"超额储蓄"——以节俭消费的办法增加储蓄。比如去年，城乡居民储蓄存款余额比上年增长了17.8%，而同年城乡居民人均可支配收入只比上年实际增长10%。[①]两者相差7.8个百分点。

可以说，相对于基础设施建设的投入而言，着眼于刺激消费需求而推出的各方面举措，成效并不很大。而且，在很大程度上，正是由于消费需求不足的拖累，我们才不得不在财政负荷沉重、潜在风险加大的条件下，继续实施积极的财政政策（吕炜，2003）。这不能不说是积极财政政策实践的一个缺憾。

问题是，造成这种缺憾的原因是什么？

迄今为止，经济学界对城乡居民收入分配和消费心理状况的研究，表明了如下两个基本事实：

其一，尽管城乡居民收入的总体规模增加很多，增长速度很快，但一旦触及其结构，就会发现，它的分布很不均衡。而且，越来越不均衡。比如，以基尼系数计，2000年全国居民可支配收入的基尼系数为0.458。这个数字，比改革之初的1979年上升了12.8个百分点，已经超过国际公认的0.4的警戒线；按城乡收入差距算，2000年为2.79倍，2001年为2.91倍，2002年扩大到3倍以上；从高低收入阶层差距看，按居民人均收入由低到高排队，1999年，10%的最高收入者的人均可支配收入与10%的最低收入者的人均可支配收入差距，为4.62倍。[②]由此不难理解当前我国城乡居民储蓄存款的储户构成状况：比重占80%的中小储户拥有的存款，只不过为存款总额的40%。而比重占20%的高收入阶层则拥有存款总额的60%。由于货币收入不断向少数人集中，高低收入阶层之间、城乡居民之间又存在着边际消费倾向的极大差异，其结果是，富有消费需求的人口袋里鲜有余钱，鲜有消费需求的人口袋里却富有余钱。如此的收入分布和消费需求结构失衡，怎么会不导致城乡居民总体消费倾向的下降？在此情形下，消费需求因此而发生怎样的变化，也就不言而喻了。

其二，虽然人们看到了收入在增长，但同样看到了与其生计有关的各项制度也在频繁变动，需要自己现在和未来支出的项目越来越多：住房要

① 转引自刘声《百姓兜里有钱为何不花》，《中国税务报》2003年4月25日。

② 转引自孙立平《两极分化：市场与权力的双动力》，《改革内参》2001年第19期。

自己掏钱买了，买了住房的人，要从此拿出收入的一部分偿还住房贷款本息了；孩子上学要自己交学费了，鉴于人才市场竞争越来越激烈，要积累更多的钱供孩子受更好的教育、更高层次的教育，甚至送出国门享受更现代化的教育；医疗费用政府不再全包了，自己需要负担的费用比例一再提高，未来的情形也是一个未知数；养老金数额同在岗职工收入的差距可以倍数计了，临近退休的人和早晚要退休的人，要为退休之后的日子预先筹划了，而且，今后退休金数额和发放方式会做怎样的调整，目前亦无一个非常明确的说法，等等。与此同时，为数不少的人对于未来收入的预期又普遍倾向于看低。不确定的收支预期，再加上中国人的审慎传统，决定了生活在改革年代的人们——无论富人，还是穷人——都不敢轻易花钱或放心花钱，而倾向于自行紧缩。

上述两个基本事实告诉我们，收入分配制度的不合理和人们对于制度预期的不确定性，可能是政府在拉动消费需求方面一再失利的重要原因。这又启示我们，在当前的中国，刺激消费需求、有效拉动内需的根本出路，在于加快改革进程，尽快奠定市场经济的制度基础。只有收入分配关系理顺了，收入分配制度适应市场经济体制环境的要求了，收入分布与消费需求结构之间才会趋于均衡，城乡居民的总体消费倾向才会趋于合理并相应提升。只有未来的制度框架清晰了，收支预期比较确定了，人们才有可能放心地花钱、理性地花钱。

其实，消费需求的拉动如此，其他方面政策目标的实现又何尝不是这样？中国的改革进程走到今天这个地步，唯有进一步深化改革、缩短新旧体制之间的转换期，以积极财政政策为代表的各种立足于市场经济体制环境的宏观经济政策，才有可能发挥完全意义上的效力。

改革对于经济增长的重要性，还可以从制度经济学那里和中国人自己的经历中得到印证。制度经济学有一个基本主张，那就是，制度变革是经济增长的动力和源泉。而且，相对于物质资本、人力资本、劳动力以及技术的增长而言，它对经济增长的作用更高、更大。中国20多年的经济奇迹，直观地就是与改革开放的进程联系在一起的。各种计量分析的成果从不同的角度一再证明，改革以来“非国有化水平”、“市场化程度”、“开放程度”等制度变量，对我国经济高速增长有着十分显著的作用（中国人民大学，2003）。可以说，制度变革是引致中国经济出现持续高速增长的最为核心的因素。

颇具戏剧性的是，当我们着眼于“以改革促增长”思路而探询加快改革、深化改革的基础条件时，不无意外地发现，起码在过去的20多年中，伴随着市场化改革的不断推进，中国财政不仅作出了“铺路搭桥”式的贡献，而且在这一过程中，亦积累下了扮演“铺路搭桥”角色的成功经验。

一个突出的例子便是改革初期。我们知道，中国的经济体制改革是从分配领域入手的。最初确定的主调，便是“放权让利”。而在当时，能够且真正放出的权，主要是财政上的管理权。能够且真正让出的利，主要是财政在国民收入分配格局中的所占份额。无论放权——比如实行“分灶吃饭”，以财政管理体制的改革为先导，调整中央和地方的分配关系，还是让利——比如对企业和居民实行大规模的减税，发放各种性质的补贴，事实上，都是着眼于以财政上的减收、增支为代价，来调动各方面的改革积极性，并为各项改革举措的出台创造条件。

在改革进入攻坚阶段、甚至走上制度创新之路以后，也可以从中找到财政扮演“铺路搭桥”角色的印记。由具有改革里程碑意义的“利改税”，到作为改革驱动器的涉外税收制度和新型财务会计制度的建立；从主要着眼点在于收入一翼的1994年的财税改革，到包括收支两翼在内的整个财政运行机制的系统变革；由旨在规范政府收入行为及其机制的“费改税”、“税费改革”的启动，到与市场经济相适应的公共财政制度框架的构建，等等。从总体上讲，以财政自身收支的不平衡和财政自身的改革来换取和支持整体经济体制变革的成功，是迄今为止中国的市场化改革事业可以追溯的一条清晰的线索（高培勇、温来成，2001）。

一方面经济的持续快速增长需要改革来提供不竭的动力和源泉，另一方面，中国财政亦有着为启动和推进改革“铺路搭桥”的经验和传统。认识伸展到这个层面，继续实施的积极财政政策同各项拟议进行或亟待进行的改革之间的联系以及对于推动这些改革所可能发挥的作用，似乎一下子展现在我们面前：沿着以往的积极财政政策实施路径，在“增发国债—扩张支出”的过程中，增发国债收入的投向选择或扩张支出的项目安排，可以同各项拟议进行或亟待进行的改革举措联系起来，使前者的运作为后者的顺利出台或目标到位铺平道路；跳出以往路径的局限而立足于调动尽可能多的财政要素加入积极财政政策实施过程，财政收入或财政支出任何一翼的调整，或者，财政收支两翼的联动，都可以同各项拟议进行或亟待进行的改革举措相联系，着眼于为它们的顺利出台或目标到位搭建桥梁。

讨论的行程至此，可以得到的基本判断是：继续实施的积极财政政策，应当也必须拓展以往的思路。在继续着眼于以“增发国债—扩张支出”来直接拉动需求的同时，适时地走上“以改革促增长”——着眼于为加快改革、深化改革而“铺路搭桥”，构建保持经济持续快速增长的制度基础——的道路。一手抓扩张支出对内需的拉动，另一手抓各种财政要素对市场化改革的推动，拉动内需与推动改革相结合，短期治标与长期治本相融合，两条腿协调并进，殊途同归，共同为经济的持续快速增长而使劲、加油，可能是继续实施的积极财政政策在思路层面上的一大突破。

这样做，并不意味着我们要重走“花钱买改革”的老路，而是在制度创新的旗帜下，将积极财政政策实践同整体经济体制改革巧妙地加以结合，从两者的联动中探求保持经济持续快速增长的大计。

这样做，也不意味着我们要为继续实施的积极财政政策“重起炉灶”，而是根据与时俱进的思想和变化了的形势，将短期的、旨在扩张需求的积极财政政策同长期的、致力于打造市场经济制度基础的经济体制改革有机地结合起来，在整个经济社会运行的大棋局中谋划保持经济持续快速增长的策略。

顺便说一句，如此的安排，还可能使我们收获一件颇有理论意义的“副产品”——走出围绕“积极”财政政策的概念之争。前面说过，我们是在一种特殊的背景下、出于政治智慧而使用积极财政政策作为扩张性财政政策的代名词的。正是由于“积极”被等同于“扩张”，便有了是否存在“消极”财政政策的质疑——将“消极”等同于“紧缩”，以同名为“积极”实为“扩张”的财政政策相对应。一旦赋予积极财政政策以“积极”推动改革、“积极”致力于经济持续快速增长、“积极”介入宏观经济调控过程的意义，便可在积极财政政策永远“积极”下去的同时，让旨在扩张需求的扩张性财政政策和旨在紧缩需求的紧缩性财政政策分别归位。

三 支出与收入并举：继续实施的积极财政政策要有新举措

思路层面的拓展，必然带来举措层面的变化并通过诸方面新举措的安排加以实现。

可以立即指出的一点是，实践“拉动需求”和“推动改革”并进的新思路，必须立足于调动尽可能多的财政要素加入积极财政政策的实施过程。因此，以往固守于财政支出一翼、而在财政收入一翼——特别是在税收领域——无所作为或作为甚少的现象，不能再继续下去。取而代之的，应当也必须是支出与收入同时并举、协同作战的新格局。

循着上述线索并撇开以往并将继续采用、已经广为熟悉的做法不论，在当前的中国，可以进入继续实施的积极财政政策视野的新举措至少有如下几项：

第一，税制调整。税制发展史告诉我们，任何一个国家的税收制度，总要植根于一定的经济社会环境并随着经济社会环境的变化而做相应调整。在1993年设计并于次年开始实施的中国现行税制，至今已经有了10年的历史。这10年来，虽然免不了修修补补，但基本的格局没有发生大的变化。对比之下，中国经济社会环境所发生的变化绝对可以用“巨大”来形容。由此，在今天的中国，税收制度同其赖以依存的经济社会环境之间的不匹配现象已经越来越清晰地为人们所看到。人们同时也意识到，若不对税收制度作出与时俱进性的调整，税收制度肯定会对经济发展产生负面影响。举个例子，诞生于短缺经济时代、深深打上反通货膨胀烙印的现行税制，在基本告别短缺经济、需要对付通货紧缩的今天，它所起的作用显然同我们的宏观经济政策目标向背。

然而，尽管理论界和实际工作部门对此作了大量的研究，甚至早已拿出了具有操作性的实施方案，税制调整就是“雷声大，雨点小”，千呼万唤不出来。究其原因，唯恐税收收入因此减少甚或税收收入增幅因此下降，是最重要的一条。比如增值税。已经成型、目标在于转换改型的增值税调整方案，[①]按大改、中改、小改三种选择估算，可能要分别付出800亿、500亿和300亿元的减收代价。如此规模的减收，在财政日子并不宽裕的情况下，自然使得决策层裹足不前。其他如企业所得税、个人所得税、消费税等若干税种的调整，亦是出于同样或类似的考虑而迟迟未能提上议事日程。税务部门也曾提出过“有增有减的结构性调整”设想（金人庆，2002），但有增有减——税收总体规模基本不变——毕竟要达到税制优化的目的，从实施调整到目标到位，要经历一个过渡期。税收收入在此期间可能出现的波动，亦不免使决策困难。

问题是，因财政减收的担忧而搁置拟议进行或亟待进行的税制调整，终归不是长久之事。指望财政的日子宽裕起来再实施税制调整，不仅会使调整变得遥遥无期，而且，将经济发展因此遭受的拖累计入账册，从宏观层面看，很可能得不偿失。所以，在继续实施的积极财政政策棋盘上，应当有税制调整的位置。

第二，社会保障制度改革。在中国的改革中，社会保障制度的改革已经成为“瓶颈”。国有企业改革、农村改革、金融改革、就业和再就业制度改革等，在一定程度上，都有赖于社会保障制度改革的先行到位。应当说，对于社会保障制度改革的意义，人们的认识不可谓不清晰。有关社会保障制度改革方案的研究，既有的进展亦不能说没有一定的可操作性。

但是，社会保障制度的改革，尤其是社会保障制度改革目标的基本到位，要花大钱。作为社会公共需要的一个重要领域，能够惠及全体社会成员的社会保障制度的建立，当然要靠政府的推动并通过纳入公共财政的收支体系来维系它的运转。而要做到这一层，财政必须为此承担较之眼下更多的责任，付出较之目前更多的代价。归结起来，也就是财政要为此多拿钱。主要出于钱的方面的制约，对于它的改革进程便不得不相应放慢，对其改革目标的期望值也不得不相应调低。甚至，连仅仅维持在低水平上的社会保障基金账户也因资金严重匮乏而无法做实。

同样的问题，如果财政方面的制约是障碍社会保障制度改革的主要因

① 即所谓改生产型增值税为消费型增值税，允许抵扣购进固定资产中所含税款，把企业目前承担的相对较重的投资负担降下来。有关税制调整方案的详细阐述，可参见笔者《加入WTO后中国税收制度的被动和主动调整》，《国际经济评论》2002年第11—12期。

素，那么，在继续实施的积极财政政策实践中，腾出一部分精力来推动社会保障制度的改革，花费一部分代价来提升社会保障制度改革目标的层次，也是一件情理之中的事情。

第三，农村改革。在新一届政府拟定推进的四项改革中，农村改革被放在首位。温家宝总理在记者见面会上所坦陈的五大难题，位列第一的便是农业发展滞后，农民收入增长缓慢。当前“三农”问题的严峻性和农村改革的重要性，由此可见一斑。

中国的城乡差距本来就十分严重，改革前期虽曾有过一段差别缩小的日子，但好景不长，近些年又呈现了不断扩大的趋势。占到全国总人口64%的农民，不仅在人均可支配收入上远远低于城镇居民，[①]而且，还要承受一系列的不公平待遇——不能和城镇居民享受同等的公共物品或服务，却要比城镇居民缴纳更多的税费（杨斌，2002）。应当说，对于这些差距及其持续拉大的危害，人们并非拖到今天才能看得明白。其中的某些差距的拉近或消除，也并非客观上完全不可为。人们常常挂在嘴边的所谓“两个300亿元”——专门对农民征收的农业税和只向农民收取的义务教育费用，全国一年大约各为300亿元——就是一个十分明显的例子。按理说，从财政的角度给农民以国民待遇，并且由此入手解决“三农”问题，不管从哪个角度看，都是政府应当做且必须早些做的事情。免除这两笔对农民来讲纯属额外的负担，政府无非少收300亿元，多支300亿元，加起来是600亿元左右的规模。然而，这600亿元的财政代价，总要有个出处。出处问题落实不了，财政的拮据状态扭转不了，政府也就迟迟下不了决心。

鉴于当前“三农”问题已经成为阻碍内需扩大、威胁经济增长的一个主要因素，全面建设小康社会目标的实现将在很大程度上取决于农民能否进入小康，在继续实施的积极财政政策安排中，推动农村改革恐怕是必须列入的一个内容。

第四，税费改革。税费改革在早些时候的提法是“费改税”。之所以要实行“费改税”，起因在于各级政府越过财政税务部门自行向企业和居民收费，并且自收自支，既严重扰乱了经济秩序，又使企业和居民陷入不堪重负的状态。后

① 统计数字表明，最近五年内，城镇居民人均收入年均增长8.6%，而农村居民仅为3.8%，前者是后者的2.6倍，转引自《经济月刊》2003年第4期，第29页。

来，为了避免因实行“对应调整”而导致政府收入总体规模失控，便有了旨在将“费改税”纳入统一的政府收入盘子并从总体上加以安排的“税费改革”的概念。所以，“费改税”的提法也好，“税费改革”的概念也罢，其基本的初衷，都是规范政府的收支行为及其机制，建立与市场经济相适应的公共财政制度。既有的研究已经表明，这一举动，从局部说，它牵涉政府同企业和居民之间收支往来关系的明晰界定，从而斩断政府部门随意从企业和居民部门攫取收入的非规范性之手，为企业和居民的投资和消费需求得以有效释放创造前提条件。就宏观论，它关系到政府角色的定位和政府职能的转变，将包括政府收支在内的全部政府活动纳入法制化轨道，为企业和居民的现时生存和长远发展提供一个法制化的环境。

亦属于同样的缘由，搞税费改革，各级政府部门的既得利益要因此受损，既有的职能以及相应的财政体制安排要随之调整。这些变化，财政总要拿钱——特别是动用属于规范性收入的那一部分钱——来摆平。比如，为了启动某些省份的农村税费改革，这几年由中央财政掏出的配套资金就有近千亿元。也正是主要来自于财政资金方面的掣肘，已经正式启动了5年之久的税费改革，至今尚未取得根本性的成果——规范性的预算内收支和非规范性的预算外收支、制度外收支并存，并且，非规范性的政府收支仍占相当大的比重。

如此看来，要最终实现税费改革的目标，财政必须付出代价。既然这笔钱不能不花，早晚要花，继续实施的积极财政政策将推动税费改革列入日程，的确是必然选择。

诸如此类的项目，还可列出许多。凡此种种，或是要财政减收，或是要财政增支，或是要调整国债资金投向，或是要割舍一些既得的财政利益。总之，都是要以财政代价的付出或通过财政收支的运作去推动或换取。这或许是难事，甚至是短期内难见明显成效之事。但是，从拉动内需和推动改革从而奠定保证中国经济持续快速增长根基的大计着眼，这些事，起码现在应当着手去做，值得花些气力去做。

再说一句，如果能在这些或类似项目的“进逼”下，那些本来不应花、可花可不花甚至花了也系“打水漂”的用钱项目得以相应减下来，中国公共财政制度建设的步伐能够因此加快，继续实施的积极财政政策的功效还将被进一步放大。

主要参考文献

项怀诚:《积极财政政策是政治智慧》,《华夏日报》2002年8月17日。

项怀诚:《关于2002年中央和地方预算执行情况及2003年中央和地方预算草案的报告》,《中国财政》2003年第4期。

丛明:《中国的经济财政政策与财政风险评估》,载中国经济社会研究会《中国经济社会论坛》2003年2月总第2期。

吕炜:《积极财政久战不决，问题出在消费环节》,《经济参考报》2003年4月3日。

中国人民大学:《中国经济发展研究报告2002》,中国人民大学出版社2003年版。

高培勇、温来成:《市场化进程中的中国财政运行机制》,中国人民大学出版社2001年出版。

金人庆:《中国当代税收要论》,人民出版社2002年版。

杨斌:《加入WTO后的中国“三农”问题》,载《加入WTO后的中国：经济学界如是说》,经济科学出版社2002年版。

（原载《财贸经济》2003年第7期）

关于中性财政政策的四点看法

从今年5月27日财政部长金人庆宣布财政政策将由“积极”转向“中性”之后，中性财政政策一词不胫而走，有关它的讨论异常热烈。由于这不仅是1998年以来在财政政策称谓上的重大变化，而且牵涉财政政策内容及其实施方式的重大调整，因而，很有必要对中性财政政策的有关问题给出明晰的论证。

一 “中性”是个比较适当的表述

在我国，积极的财政政策已经实施6年之久。6年多来，尽管宏观经济形势经历了不少甚至十分重大的变化，但至少在取向层面上，积极财政政策并未随之相应调整。即使在中国经济步出持续数年的低迷状态而呈现出快速增长、甚至全面扩张势头的情况下，先后于去年年末和今年年初举行的中央经济工作会议和十届全国人大二次会议，仍旧作出了继续实施积极的财政政策的决策。此后的这一段时间，方方面面、上上下下反经济过热的声浪越来越猛，货币政策和财政政策的反应却颇为不同。货币当局已经数次提高法定准备金率，表现出了强烈的反通胀意向。财政部门则态度暧昧，面对社会各界的企盼和责难，始终没有脱出继续“积极”——扩张——的轨迹。

财政政策之所以在变化了的宏观经济环境面前反应迟缓，当然有其深刻的经济社会背景。正是各种错综复杂的经济社会因素的制约，才束缚了财政部门的手脚，禁锢了财政政策的运作空间（高培勇，2003）。但是，作为宏观调控三大手段之一的财政政策，其作用的特点就是相机抉择。无论从哪方面讲，它都不应也不能“以不变应万变”。更何况，事实上，即便在继续实施积极财政政策的旗帜下，2004年的预算安排已经进行了旨在降低扩张力度的少许调整：（1）3198亿元的赤字，相对于它所面对的分母——今年的GDP——而言，实际的赤字率较之去年已经下降。（2）长期建设国债发行规模，从去年的1400亿元减少至1100亿元，并且明确，今后将逐步调减至0。（3）长期建设国债收入的投向，由过去主要用于重点建设项目扩展至在建重点工程项目的后续投入、公共项目的欠账填补和支持启动拟议进行或亟待进行的重大改革举措，等等（金人庆，2003）。所以，鉴于财政政策本身的作用特点和现实财政政策的实际变化，应当对财政政策的称谓作出相应调整。这样做，既可以标识财政政策实践上发生的变化，出师有名，也可以争取主动，求得舆论的理解和认同。

在财政政策的称谓上，我们曾使用过诸如“适度从紧的财政政策”和“积极的财政政策”等各种表述。不过，在世界上，比较规范且得到广泛认同的表述无非三种：扩张性财政政策、紧缩性财政政策和中性财政政策。相对而言，我们以往的表述比较模糊，难以直接标识其致力的方向和确切的内容。而且，随着时间推移和环境变化，可以选择的称谓空间已经缩小。所以，按照扩张性、紧缩性和中性等三种规范化的表述给今后的中国财政政策定名，已经势在必行。

就现实财政政策的可能取向和实际发生的变化而言，我们既不是在继续致力于扩张，也不会一下子改行紧缩，所能做的和已经做的全部事情，说到底，只不过是由过去的一心瞄准扩张、全力追求扩张转为适当减少扩张、逐步逼近中性。故而，可以认为，无论扩张性和紧缩性，都不能标识现实财政政策的取向和内容。唯有中性，才是关于现实财政政策取向和内容的适当表述。

二　“转向”是个比较贴切的提法

对于财政政策的调整要求，早在提出“中性”概念之前就开始了。只不过最初的提法，是积极财政政策要逐步“淡出”（项怀诚，2002）。后来，又有人仿照经济体制转型和增值税转型的概念，将其称之为财政政策“转型”。

仔细地审视这些不同提法并加以比较，可以认为，“转向”相对于“淡出”、“转型”来说，是个更为贴切的关于现实财政政策取向和内容调整的表述。

“淡出”的字义，在于慢慢地退出。把它放在积极财政政策实践上，可以理解为财政政策要逐渐退出扩张的轨道。就现实的财政政策调整来看，逐渐脱出扩张轨迹固然是其应有的动作，但除此之外，脱出扩张轨迹之后的作力方向也应进入视野。“淡出”有了前一层含义，后一层的内容则未能同时体现出来。

“转型”原用于描述制度的转轨，或说两种制度体系之间的转轨运作。而财政政策的调整，无论是致力于扩张，还是致力于紧缩，抑或致力于中性，只不过是财政政策在取向和内容上的一种相机抉择，只不过表明财政政策作力方向的相应变化。将“转型”用于财政政策调整，既难免“小题大做”之嫌，又易同制度层面的转轨相混淆，甚至弱化制度层面转轨的相对重要性。

“转向”本身就是一种调整或变化的意思，将其应用于财政政策，可以理解为财政政策作力方向的调整或财政政策取向的变化。同“淡出”相比，它既有脱出以往扩张轨迹的意义，也涵盖了作力方向调整的内容。同“转型”相比，它既可区别于制度层面的转轨动作，又可将财政政策的相机抉择意义凸显出来。而且，从财政政策的变化规律看，它也为今后财政政策的周期性调整预留了空间——伴随着宏观经济形势的周期性变化，财政政策可相应做周期性转向，或实施扩张，或实施紧缩，或致力于“中性”。

三　实施“中性”是一个渐进过程

所谓中性财政政策，就其本来含义讲，就是财政收支保持平衡，不对社会总需求产生扩张或紧缩的影响。就当前宏观经济调控的主要任务而言，对中性财政政策的基本要求，就是不给经济运行带来扩张性的影响。

立即可以指出的是，即便在理论层面上，中性财政政策也只是一种理想化的说法。且不说现实中的财政收支运作不可能实现完全意义上的平衡，在人类历史上，也几乎从来没有过哪一个国家财政收支完全相等、一分不差的记录。所以，“中性”不过是财政政策追求的一个目标，或者，是财政政策致力于实现的一种境界。实行中性的财政政策，不会一蹴而就，可能要经历一个相当的过程。起码，我们不能指望财政收支安排在经历了长达6年的扩张之后，一下子走向平衡。

现实中面临的诸多问题，就是一贴可信手拈来的“清醒剂”：

今年的财政收支盘子已在年初确定且运行了半年之多，将高达3198亿元的财政赤字规模大幅度压缩下来，或者，将全年7022亿元的国债发行规模大幅度压缩下来，既不符合实际，也难免给经济社会发展带来较之不采取压缩行动更大的负面影响。此其一。

同财政收支有关的每笔数字的背后，都有既得利益的牵涉。即便抛开存量调整的企图而专注于增量，在国家利益被部门利益、地区利益、集团利益和个人利益严重肢解的今天（魏加宁，2004），它的调整，肯定要经历各方利益主体阻挠甚至演化为激烈矛盾冲突的多重磨难。稍有不慎，就可能中途夭折，或者被打折扣。此其二。

制约财政政策转向调整的若干因素，并未随着对经济形势的日趋明朗而消失，亦不会随着中性财政政策的提出而削弱。在长达6年的积极财政政策实践的惯性作用下，它们的存在和运转，对于财政收支的调整，无论如何是躲不掉、绕不开的一道乃至数道坎儿。此其三。

同以往相比，这一轮的经济扩张呈现出许多新的特点。对于它的诊治，显然还拿不出可称之成熟的药方。迄今为止，中央关于宏观调控措施的定调是不搞一刀切，不走回头路，不踩急刹车。既反通胀，又防通缩；既要控制部分行业盲目投资和低水平重复建设，又要切实加强和支持经济发展（刘明康，2004）。整体宏观调控措施的推进尚且如此难以把握，有别于以往单纯的反通胀或防通缩的财政政策，且须兼容两个方面目标的所谓中性财政政策的操作艺术，更须花费相当的气力去探寻。此其四。

诸如此类的例子，还可举出许多。故而，权衡利弊，瞻前顾后，比较恰当且可行的选择是，在保持财政收支本身和经济社会全局平稳运行的前提下，通过“渐进”性的一系列安排，逐步地降低现实财政收支安排的扩张力度，逐步地逼近“中性”财政政策的效应境界。

四 可能的作为空间不大

这一轮财政政策转向的艰难经历，使得我们痛切地感受到现实财政政策决策的复杂性。既要适应宏观经济环境的变化，又要平衡各方面的利益关系；既要立足于财政收支本身的运行，又要照顾左邻右舍并同货币政策、国家计划等调控手段相衔接；既需针对某一方向专门实施反周期操作，又需兼容多方目标、多管齐下斟酌行事；既需寻求现实矛盾的治标之举，又需着眼于长远的制度建设，等等。所以，财政政策“中性”举措的谋划，空间狭小。在当前，有可能进入视野的举措有：

1. 在支持重大改革举措出台中追求“中性”

在当前的中国，说整体过热也好，言局部过热也罢，其最根本的原因，无非要归结到体制缺陷和结构失衡两个方面。而且，其最终的解决，都要依赖于改革举措的到位和市场体制的完善。时下的经济过热现象，系经济周期和政治周期的双重作用所引致，就是一个为人们所广泛认同的例子。因而，财政政策转向“中性”的过程要同市场化的改革进程相衔接。在推进改革、深化改革的棋盘上，谋划“中性”举措。

纵观中国26年来的改革历程，还可看到，财政改革一直是整体改革的开路先锋，始终扮演着为推进整体改革“铺路搭桥”的角色。改革启动初期如此，进入到制度创新阶段这样，完善市场经济体制仍要依赖于财政改革的推动。鉴于中国财政在支持改革方面的传统和经验，也鉴于当前财政收支存量——包括既有赤字——调整的难度和风险，在着眼于降低扩张性的财政宏观调控安排中，将新增财政收入和国债收入重点投向于支持重大改革举措的出台，就是一个既十分适当又一举多得的举措。（1）避免在财政收入增长和财政支出膨胀之间形成“直通车”，不为人为抬高财政支出规模预留任何空间；（2）用在支持改革举措出台上的支出同政府的其他支出相比，带来的扩张效应相对较小；（3）在“以改革促增长，以改革促发展”的旗帜下，实现财政支持经济增长方式的转换；（4）加快体制转换步伐，铲除各种行政性手段借这一轮调控之机“复归”的土壤。

2. 在结构优化中控制或压缩支出规模

在经历了6年之久的积极财政政策实践之后转而实施中性的财政政策，力求控制或压缩财政支出的规模是当然之举。但是，必须注意到，我们是在国民经济结构和财政支出结构“双失衡”的条件下追求“中性”目标的，一方面是总需求过度扩张和经济增长过快，另一方面是投资需求过度和消费需求乏力以及工业增幅迅速和服务业发展迟缓并存；一方面是财政支出规模总体膨胀，另一方面是“三农”支出、社会保障支出、生态工程建设和能源交通建设等项目严重欠账。

在如此的背景下控制或压缩财政支出规模，只能坚持“有保有控”——支出总量控制下的结构性调整。这就要求我们以“区别对待”的思维（贾康，2004），安排好各种财政支出的进退。或向某些项目倾斜，或适当压缩某些项目支出，或严格控制某些项目支出。比如，相对减少扩张色彩浓重的基本建设支出并相对增加旨在实现“五个统筹”目标的公共事业项目支出；严格控制单纯消费性且呈迅速膨胀之势的行政经费支出并适当增加公共性明显且相对短缺的科教文卫支出；适当压缩带有鲜明计划经济体制色彩、以“行政审批”手段拨付的支出并相应增加于推动市场化改革有利、于减少“行政审批”有功的各种与支持改革有关的支出，等等。顺便说一句，这样做，亦符合作为中国财政改革与发展目标的公共财政制度建设的要求。

3. 迅速启动新一轮税制改革

按常理讲，须付出减收成本的新一轮税制改革方案的实施，其所产生的效应是扩张性的。实施它，特别是在这个当口儿实施它，显然同中性财政政策的初衷相背。

但是，注意到这几年的中国税收一直处于高增长状态，并且，税收的高增长已经在相当大的程度上支持了财政支出的急剧膨胀。今年上半年的税收增长幅度已经高达26.2%，并且，照这个势头走下去，全年的税收增长额将达5000亿元上下。我们对于增加出来的这部分税收收入的投向，就不能不给予特别关注了。如果不做任何特意的安排，那么，在当前的各种体制性缺陷的作用下，以往的情形仍会再现。5000亿元上下的税收增长额，肯定会“直通”为财政支出的膨胀额。如果那样的话，不仅有违于中性财政政策的目标，而且会通过抬高财政支出和税收基数为将来控制和压缩财政支出规模的行动设置障碍。将这种特殊的中国国情同新一轮税制改革的可能效应联系起来，利弊权衡，孰轻孰重，结论是不言自明的。

从新一轮税制改革方案本身来看，制约其迟迟未能付诸实施的最重要因素，就是担心收入振荡，财政负担不起。今年又加上了一条：可能产生扩张效应而形成“逆向调节”。根据上述的分析，既然可能的扩张效应同税收增长“直通”为财政支出的不适当膨胀比起来已经变得相对次要，那么，利用税收高速增长所带来的收入增量为启动新一轮税制改革埋单，就是一个追求“中性”的势在必行之举。

进一步看，在以往支撑中国税收高速增长的因素中，除了经济增长之外，其他的诸如政策调整、物价上涨和加强征管所带来的增收效应，都是难以持续的。方方面面的分析已经表明，目前正是中国税收增长的巅峰阶段。联想到新一轮税制改革早晚要启动，早启动肯定比晚启动好。抓住眼下的收入增长“旺季”，将已经绘就的新一轮税制改革蓝图尽快加以实施，以税制结构的率先优化为整体经济体制改革的进一步深化打开通道、铺平道路，又是我们一再论证过的值得追求的目标。

4. 立足于做好货币政策的“配角”

财政政策的转向是加强宏观调控、发挥财政政策的宏观调控作用的必然要求。但这并不意味着财政政策要像过去6年那样，继续扮演宏观调控的“主角”。在宏观调控体系中，货币政策更适宜于总量调节，财政政策更适宜于结构调节以及反通胀实践更须货币政策担当“主角”的道理，在此不必赘述。

需要再三强调、必须时刻牢记的一个基本事实是，6年之久的积极财政政策实践的惯性作用加上各种体制性缺陷的惯性作用，大大挤压了当前的财政政策作用空间。奢望财政政策在抑制或防止经济过热的舞台上继续扮演“主角”，绝对不是现实的思维。

所以，在中性财政政策和紧缩性货币政策所形成的现实“搭配”中，前者是“配角”，后者是“主角”。前者要立足于“配角”，对前者起“补充”或“托底”作用。

5. 进一步加强税收征管

加强税收征管和堵塞税收流失的意义，人们早已到了烂熟于心的地步。税务部门以往的加强税收征管行动，已经带来税收实际征收率的迅速提升，从而大大拉近了制度税负和实际税负之间距离，[①]也已通过各种传媒让人们广为知晓。笔者在此想指出的是，在财政政策转向“中性”之后，加强税收征管的意义又多了一层——压低非政府部门的可支配收入，减少经济运行中的扩张因素。所以，进一步加强税收征管，把该征的税尽可能如数征上来，又是一个同中性财政政策目标相一致的常规举措。

主要参考文献

高培勇:《财政政策寻求突破》,《人民日报》2003年12月29日。

金人庆:《关于2003年中央和地方预算执行情况及2004年中央和地方预算草案的报告——2004年3月6日在第十届全国人民代表大会第二次会议上》,《人民日报》2004年3月18日。

项怀诚:《积极的财政政策一定要逐步淡出》，http：//business.sohu.com/51/64/article200736451.shtml。

魏加宁:《围绕宏观调控的纷争》,《法人》2004年第6期。

刘明康:《全面、准确、积极理解和把握中央宏观调控政策》,《中国证券报》2004年6月25日。

贾康:《国债规模如何调减》,《中国税务报》2004年5月26日。

（原载《经济参考报》2004年8月18日）

① 国家税务总局的分析表明，1994—2003年，税收实际征收率提升了约20个百分点。

破冰而出的稳健财政政策

——关于当前中国财政政策基本取向的分析

一 引言

从2003年下半年起，伴随着中国经济步入新一轮经济扩张期的进程，在经济学界——也包括担负宏观调控职能的政府部门，引发了一场关于财政政策转向调整问题的异常热烈的讨论。这场讨论，以2004年末召开的中央经济工作会议最终作出实施稳健财政政策的决策为标志，持续了大约一年半的时间。

如果不做过细的推敲，仅就时序来划分，这场讨论大致经历了三个阶段：

从2003年6月走出“非典”阴影、经济呈现快速增长势头，至11月末中央经济工作会议决定继续实施积极财政政策，为第一个阶段。讨论的主要话题是：经济是否过热了？是局部过热还是全面过热？面对宏观经济形势的重大变化，实施了6年之久的积极财政政策是否到了淡出或退出的时候？

从2003年11月末中央经济工作会议结束、经济过热特别是投资过热的压力骤增，至2004年5月末财政部长金人庆在世界扶贫大会上宣布财政政策将由积极转向中性，为第二个阶段。讨论的主要话题是：作为相机抉择的一项宏观调控手段，财政政策何以能以不变应万变？积极财政政策的继续实施是否形成了“逆向调节”而在帮倒忙？究竟是什么原因阻碍了财政政策的相应调整？何时、具备什么样的条件才能进行这种必需的调整？

从2004年5月末中性财政政策的概念提出至12月初中央经济工作会议做出转向稳健财政政策的决策，为第三个阶段。讨论的主要话题是，中性财政政策的表述是否适当？如何理解和把握中性的内涵和外延？是采取淡出或退出扩张性轨道的策略还是一下子转行紧缩？趋向中性的财政政策同趋向紧缩的货币政策是怎样一种关系？在现实的背景下，中性财政政策究竟有多大的作用空间？

至此，持续实施了7年之久的积极财政政策终于正式落下了帷幕，围绕财政政策转向调整问题的讨论也随之尘埃落定了。

表面上看，这一次由宏观经济形势变化所引发的有关财政政策转向调整问题的讨论，只不过是以往类似讨论的翻版。每一次的宏观经济形势周期性变化，总要伴随以宏观经济政策的相应调整，也都会提出财政政策该向何处去的问题。只要宏观经济形势的周期性变化不断，类似的讨论还将继续下去。但是，透过表象而深入事情的实质层面，可以看到，发生在中国经济转型期的这一次讨论之热烈，决策之艰难，过程之复杂，折射出了不少我们以往未曾遇到过的新因素，凸显出了许多我们以往未曾见到过的新特点。而且，这些新的因素、新的特点，还可能在未来宏观经济形势的类似变化以及宏观经济政策的类似调整中再现，甚至在相当大的程度上成为左右宏观经济决策的重要力量。

回顾并刻画这一次讨论以及决策的曲折过程，将这一过程中所折射、所凸显的新因素、新特点揭示出来。以此为基础，总结、抽象其间的变化规律，把握、抉择未来的宏观经济调控举措。这既是理解当前宏观经济决策的需要，也是研究今后宏观经济变化趋势的需要。同时，亦有利于丰富中国财政宏观调控的理论，完善中国财政宏观调控的艺术。

上述的任务，构成了本文的主题。

二　积极财政政策的基本实践

截至2004年末，从1998年开始实施的积极财政政策总共持续了7年的时间。首先对这7年的实践做一基本交代，可以为本文的讨论搭建一个逻辑平台。

1. 积极财政政策的含义

关于积极财政政策，尽管在7年的实践中人们始终对“积极”二字是否准确抱有异议，但无论官方和学界，在积极财政政策等于扩张性财政政策这一点上，都是颇为认同的。原任财政部长项怀诚（2002）曾用“政治智慧”解释“积极”二字的由来：在先后于1997年9月召开的党“十五大”和1998年3月举行的九届全国人大一次会议确定实施“适度从紧”的财政政策不久，一下子改弦更张为扩张性的财政政策，人们很可能一时难以接受。出于避免引致不必要震荡的考虑，便采用了其本意在于扩张需求的所谓积极财政政策的模糊说法。所以，就其含义而言，积极财政政策就是扩张性财政政策的代名词。

2. 积极财政政策的内容

在7年的积极财政政策实践中，尽管每年的举措或重点都有不同程度的变化，由初期的主要依靠增发长期建设国债加大重点基础设施建设投入，到后来扩展至包括支持国有企业技改、提高城镇低收入居民基本生活保障水平、增加公职人员工资以及停征固定资产投资方向调节税等各个方面，但归结起来，其最基本的内容，就是通过增发长期建设国债来扩大财政支出，并以此带动内需，实现经济的较快增长。所以，就其内容而言，积极财政政策可以概括为“增债＋扩支”。

3. 积极财政政策的成效

对于实施7年的积极财政政策成效，可以从多个角度、多个侧面去一一列举，比如，重点基础设施建设得到了加强，产业结构调整得到了推动，区域生产力布局得到了调整，投资环境得到了改善，国有企业改革得到了支持，等等。但在总体上说来，其最基本的成效，还是体现在它对国民经济增长的拉动效应上。正是在拉动了内需、进而拉动了GDP的增长这一点上，凸显了积极财政政策的功效。所以，就其成效而言，计量分析的结果表明，积极财政政策拉动了GDP年均大约1—2个百分点的增长（丛明，2003；金人庆，2004）。

4. 积极财政政策的成本

任何事情都是效益和成本并存的。7年之久的积极财政政策实践，亦使我们付出了昂贵的代价。抛开其他方面的成本不说，单就国债规模以及其他相关指标而言，如下的几组数字不能不进入我们的视野：（1）长期建设国债累积发行额，9100亿元；（2）为补充国有商业银行的资本金而发行的特别国债，2700亿元；（3）国债余额，由1997年末的6074.51亿元增加至29833亿元；（4）国债负担率，由1997年末的8.2%提升至21.9%（财政部综合司，2004；财政部，2004）。如果再考虑到未列入预算而又实际发生的政府债务和或有债务，上述的各项指标还会大幅度调增（王保安，2004）。

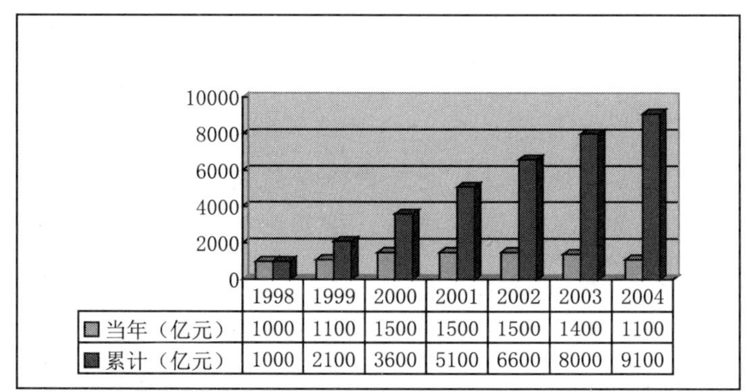

	1998	1999	2000	2001	2002	2003	2004
当年（亿元）	1000	1100	1500	1500	1500	1400	1100
累计（亿元）	1000	2100	3600	5100	6600	8000	9100

图1　长期建设国债发行及其累计额的变化（1998—2004）

资料来源：财政部综合司：《1991—2004年国家债务变化情况》，打印稿，2004年。财政部：《关于2004年中央和地方预算执行情况及2005年中央和地方预算草案的报告》，《中国证券报》2005年3月16日。

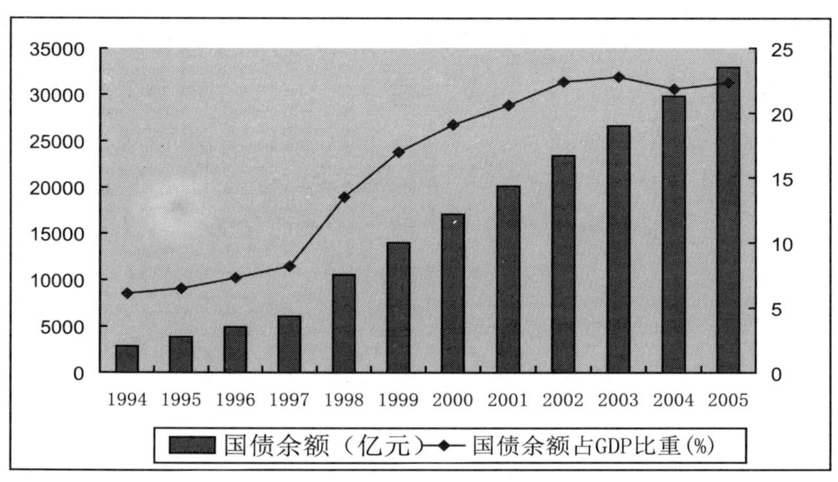

图2　国债余额及其占GDP比重的变化（1994—2005）

资料来源：同图1。

三 两难中的次优选择：2004年的财政政策取向

应当说，在中国，无论学界还是官方，对于宏观经济学的基本原理并不陌生。通胀来了，要紧缩；通缩来了，要扩张。作为宏观调控两大手段之一的财政政策，要通过在财政收支上实施紧缩或扩张的反周期操作，来发挥它的宏观调控功能。对于这些基本的常识，人们早已到了烂熟于心的地步。问题在于，当把这些表面看似常识范围内的东西应用于现实的操作时，就会发现，在连续实施了7年之久的积极财政政策的中国，有关财政政策取向问题的抉择，并非如此简单。

其实，早在2003年年末召开中央经济工作会议之前，也就是积极财政政策的实践持续将近6年的时候，面对宏观经济环境由冷趋热的变化，在如何为来年财政政策定调的问题上，决策层就颇费了一番周折。其中的原因，倒不仅仅是那时人们关于经济形势“热”与“冷”的判断尚不明晰，看法不一。即便是认准了，意见一致了，抉择起来也会左右为难，进退维谷（高培勇，2003）。

1. 退出之难

比如，如果人们认定宏观经济形势已经“过热”了，那么，以“增债+扩支”为基本内容的积极财政政策就应刹车而“适时退出”。但是，一旦取退出之策，原来沉在水底的一系列矛盾可能会一下子浮出水面：

在过去的6年中，全国各地利用中央举借的长期建设国债收入以及地方和银行的配套资金，兴建了一大批重点建设工程项目。这些项目，有些完工了，还有不少尚在建设之中。根据粗略的测算，即便不再开工新的项目，仅完成这些在建工程项目所需的后续资金投入，起码要以8000亿－10000亿元计。积极财政政策的退出，将会使这些在建工程项目的后续资金来源失掉既定渠道的支撑。搞不好，就会成为烂尾工程或半截子工程。此其一。

在过去的6年中，我们一直从正面论证积极财政政策分别拉动了1.5、2、1.7、1.8、2和2个百分点的经济增长。反证的结果便是，没有积极财政政策的拉动，这几年的GDP增幅至少要下调11个百分点。这意味着，在经济增长已经形成了对财政支出扩张的依赖的情况下，只要积极财政政策言退，依过去6年的情形计，此后至少年均1—2个百分点上下的经济增长率便会因此失掉支撑。此其二。

在过去的6年中，作为积极财政政策实践的副产品，在中国，已经形成了一批与积极财政政策命运绑在一起的地区、产业、部门和人群。这些特定地区、行业、部门和人群所享有的既得利益，有赖于积极财政政策的维系。它（他）们既然同积极财政政策共进退，那么，随着积极财政政策退出，既得的利益格局便会随之打破。且不说各方面因既得利益的牵扯肯定要阻碍退出的进程，[①]由此带来的不稳定因素，亦会在某种程度上威胁到经济社会的稳定发展。此其三。

2. 继续之难

换一个角度，如果大家认定宏观经济形势依然“偏冷”、并未“过热”，那么，继续实施积极的财政政策便是必要的。然而，财政政策的“继续积极”，亦会矛盾重重：

截至2003年年末，连续实施6年之久的积极财政政策，已经留下了数额高达8000亿元的债务（长期建设国债）。加上用于单纯弥补赤字的国债和属于借新债还旧债用途的国债，三个方面性质的国债相加，整个中国国债的余额高达26635亿元，占GDP的比重亦高达22.8%。积极财政政策的继续实施，无疑会进一步加大既有的国债规模及其负担率。由此蕴涵着的财政风险以及其他方面的风险，恐怕不能回避也回避不了。此其一。

实施6年之久的积极财政政策实践，已经使财政支出的不断扩张内生为经济进一步增长的必要条件。经济增长对积极财政政策所形成的这种依赖，在边际效应递减规律的作用下，事实上已经在逐步加深。这种“增债＋扩支”运作模式的继续实施，只能在取得拉动经济增长效果的同时，进一步加大经济增长对财政支出扩张的依赖。长此以往，其结果不言自

① 在这方面，可以立即指出的一个例子，就是2003年长期建设国债的发行计划，本来可以根据经济形势的变化而大幅下调。但在种种因素的制约下，仍维持了1400亿元的规模。结果，不仅当年出现了高达400亿元的国债收入结余，而且，还要为此白白多支付16亿元的利息。

明。此其二。

实施积极财政政策的期间愈久，与其相伴而生的既得利益格局就会愈加强化。它的继续，当然要给与其相关的地区、产业、部门和人群带来“继续”的利益，从而获得暂时稳定之效。但与此同时，很可能因此走上这种既得利益格局的不归之路。一旦将来维系“增债＋扩支”运作模式的各种条件不再存在，既得利益格局打破之后带来的不稳定因素，肯定会极大地危及经济社会的稳定发展。此其三。

3. 两难之悟

退也不是，进也不是。在这种两难的抉择处境中，寻求财政政策的作用空间并使之同整个宏观经济政策的作力方向相一致，便成为抉择财政政策取向的关键所在。令人欣慰的是，凡事皆有利弊。逆境的挤压，倒是有助于让我们悟到一些平时不大容易悟到的东西：

第一，以往的积极财政政策实践在取得一系列骄人成就的同时，亦有不少缺憾。政府投资的单兵突进未能如所预期的那样带来民间消费需求的真正活跃，又为此付出了国债规模急剧膨胀和经济增长形成对财政支出扩张的严重依赖的成本，就是一个例子。这启示我们，即便要继续着眼于拉动需求，也要对以往“成本高、效益低”的积极财政政策既有模式作出相应的调整。

第二，在本世纪头20年的重要战略机遇期，要实现GDP翻两番、全面建设小康社会的目标，国民经济必须以每年平均不低于7.2%的速度增长。同时，现实的中国也需要经济增长提供的空间来解决诸如增加就业、调整结构之类的事情。尽管经济社会协调发展的新理念相对降低了经济增长的重要程度，但是，在一个相当长的时间内，我们还必须追求较高的经济增长速度以消化以往因单纯追求经济增长而积累下来的欠账。鉴于政府投资依然是带动中国经济增长的重要力量，鉴于中国的经济增长已经离不开对财政支出扩张的依赖，起码在短期内，财政政策还要在一定程度上继续致力于扩张需求。

第三，弥补“非典”过后凸显出来的公共卫生、西部开发、农村发展、东北老工业基地等方面的欠账也好，保持经济社会的协调发展也罢，都是要花钱的，都是要以钱去铺路的。这笔钱，数额很大。钱从何来？财政收支安排的规律通常是增量调整，存量动不得。每年几千亿元的财政收入增量固然可填上一些缺口，但不能完全解决问题。今后的收入增长空间，又是个未知数。所以，增发国债依然是必须依赖的一个收入来源渠道。

第四，即使宏观经济形势的变化要求宏观经济政策作出重大调整，积极财政政策必须要退出，也要有个“渐退”的安排。积极财政政策毕竟实施了6年之多，在很多方面表现出刚性特征。因而，正如进军须一鼓作气、退兵则要缓缓而行，不能辙乱旗靡的道理，积极财政政策的退出安排，必须是安全的、稳妥的、瞻前顾后的。

第五，回顾26年来我们走过的历程，可以看到的一个重要事实是：支撑中国经济持续高速增长的因素固然很多，但是，一个最为根本且在传统体制下找不到对应物的因素，在于体制的改革。这一点，恰好印证了发展经济学的基本原理——制度变革是经济增长的动力和源泉。因而，要保持经济持续稳定快速发展的良好势头，可以也应当着眼于“以改革促增长，以改革促发展”。通过财政支持改革的举措安排，实现推动经济增长的目标。

4. 次优选择

注意到上述的基本事实和认识，可以得到的基本判断是：在当前的中国，财政政策的选择难有最优，只能在两难的抉择中寻求次优。先后于2003年年末和2004年年初举行的中央经济工作会议所做出的继续实施积极财政政策的决策[①]和十届全国人大二次会议所提出的2004年财政收支预算，[②]显然就是一种次优色彩浓重的选择。这种次优的选择，可以作如下的概括：

在保持积极财政政策扩张方向不变的前提下，着手以“降低扩张力度，

① 2003年中央经济工作会议文件做了如下表述：“保持宏观经济政策的连续性和稳定性。继续坚持扩大内需的方针，实施积极的财政政策和稳健的货币政策。国债和新增财政资金的使用，要重点向‘三农’倾斜、向西部大开发倾斜、向东北地区等老工业基地建设倾斜、向完善社会保障体系和改善困难群众生活等方面倾斜。同时，还要保证国家重点建设的需要，支持重大改革举措的出台。”（《人民日报》2003年12月5日）。

② 温家宝总理在十届全国人大二次会议上做的《政府工作报告》中做了如下表述：“搞好宏观调控，既要保持宏观经济政策的连续性和稳定性，又要根据经济形势发展变化，适时适度调整政策实施的力度和重点。适时，就是把握好调控措施出台的时机，见微知著，防患于未然；适度，就是松紧得当，不急刹车，不一刀切。”（温家宝，2004）。

调整支出投向”为主要着眼点的结构性微调（金人庆，2004）。

所谓保持扩张方向不变，就是财政政策仍然要致力于扩张需求，仍然要保持其对经济的扩张性。为此，在2004年的财政预算中，仍旧安排了3198亿元的赤字，1100亿元的长期建设国债发行计划。无论财政赤字，还是长期建设国债，都是以扩张为基本去向的积极财政政策的标志物。

所谓降低扩张力度，就是根据经济形势的变化，相机逐步减少基于实施积极财政政策目的而安排的财政赤字和长期建设国债规模。在2004年的财政预算中，虽然仍旧安排有3198亿元的财政赤字，但由于这一规模同2003年的安排持平，并且，相对于其增加的分母——2004年的GDP——而言，赤字率已经调减；虽然仍旧安排有1100亿元的长期建设国债发行计划，但相对于2003年的1400亿元的发行规模而言，已经调减了300亿元。只不过，为了换取各方面对调减长期建设国债发行计划的让步，财政预算又付出了调增基本建设支出50亿元的代价。故而，两项抵冲，净效应是调减250亿元。

所谓调整支出投向，就是将长期建设国债的发行收入，由过去主要用于重点建设工程项目扩展至几个方面投向的兼容。在以往，长期建设国债的发行收入同重点建设工程项目支出之间基本是一列“直通车”。在2004年的财政预算中，由以往主要用于重点建设工程项目支出而转为三个方面投向的兼容：在建重点工程项目的后续投入、填补以公共卫生为代表的公共项目欠账以及支持启动拟议进行或亟待进行但主要由于钱的制约而迟迟未能启动的重大改革事项。

四　转机所在：戏剧性的变化

正是由于2004年的财政政策安排不是一个最优的选择，从一开始，它就面临着来自舆论以及实践上的重重考验。因而，也就注定了它要随着时间推移而在表述和操作两个层面发生细微甚至十分重大的变化。

1. 对转向调整的追求

在积极财政政策的实践史上，对于转向调整的尝试，至少可以追溯至2002年。只不过，那时所使用的表述，是积极财政政策要逐步“淡出”（项怀诚，

2002)。[①] 进入2004年以后，随着方方面面、上上下下反经济过热的声浪越来越猛，虽然财政政策始终没有脱出继续“积极”——扩张——的轨迹，甚至在货币当局数次动用反通胀的看家本领——提高法定准备金率——的情况下，面对社会各界的企盼和责难，财政部门仍然态度暧昧。但是，稍微了解一些财政收支运作实情的人们都知道，并非财政部门执意要坚守实施了6年之久的积极财政政策阵线，亦并非财政政策不适宜介入致力于反过热的宏观调控，而是各种错综复杂的经济社会因素束缚了财政部门的手脚，禁锢了财政政策的运作空间。因而，如何冲破障碍财政宏观调控操作的重重绳索，让财政部门回归“相机抉择”的轨道，让财政政策再现“逆风行事”的风采，无论在官方还是在学界，都一直将其视作致力追求的目标。

2004年的5月27日是个转折点。这一天，在上海举行的“全球扶贫大会”已近尾声。财政部长金人庆应邀到会致辞。在记者的一再发问之下，金人庆提出，为确保中国经济持续稳步健康发展，财政政策将由“积极”转向“中性”。由于这是自1998年以来在中国财政政策称谓上发生的重大变化，它不仅在经济界，而且在全社会，都立即激起了强烈的反响。

细究起来，之所以积极财政政策的转向调整问题能在那个时候获得转机，甚至形成了比较规范的所谓“中性”的表述，可能主要归因于2004年4月份以来急剧变化的经济形势。随着第一季度固定资产投资规模增长43%以及其他方面统计数字的发布，投资过热的压力骤然增大。4月上旬的国务院常务会议和下旬的中央政治局会议，进一步发出了宏观调控的强烈信号。虽然决策层并未使用“过热”一词，但以中央银行为代表的政府各部门所采取的一系列措施都是针对“过热”的，都属于“抑制”或起码是“防止”过热的措施，都是着眼于“软着陆”。身处这样的背景，以“增债+扩支——其中主要是基本建设投资”为基本内容的积极财政政策的继续实施，自然会对已经过热的投资形成“逆向调节”甚至“火上浇油”，也自然会遭到人们的质疑和“请退”（张迪恳，2004)。于是，继续实施积极财政政策的字眼逐渐看不到了，尽快“淡出”甚或“退出”积极财政政策的声浪猛然高起来了。

① 有关积极财政政策要“淡出”的表述，最早见于原财政部部长项怀诚2002年4月15日在一公开场合的发言：“积极的财政政策一定要逐步淡出。没有一个国家的政府，没有一个国家的财政部能够长期地执行积极财政政策，而不出问题。”（参见http：//business.sohu.com/51/64/article200736451.shtml。）

2. “中性”的意义

接踵而来的问题是，既然实施了6年之久的积极财政政策要转向，既然积极财政政策的称谓同转向后的内容已经不相匹配，那么，为转向后的财政政策取一适当的名称，以标识它所具有的特殊的转向意义并同以往实施的财政政策区别开来，也就提上了议事日程。正是在这样的条件下，中性财政政策的概念应运而生了。

如同对反周期操作的财政政策基本原理的熟悉，人们对于“中性”的意义也不陌生。与紧缩性的和扩张性的财政政策有所不同，所谓中性财政政策，就其本来含义讲，就是财政收支保持平衡，不对社会总需求产生扩张或紧缩的影响。就当前宏观经济调控的主要任务而言，对中性财政政策的基本要求，就是不给经济运行带来扩张性的影响。

一旦将中性应用于现实并果真如此行事，所应拿出的最起码的举措，就是大大压缩，甚至完全取消2004年3198亿元的财政赤字。意识到这并非易事，几乎没有人对此抱有多少信心。

围绕中性财政政策而凸显的现实国情和基本原理之间的遥远距离，自然会将如下的问题提至我们面前：随着由财政政策由“积极”转向“中性”，现实的财政收支安排究竟能经历什么样的变化？

立即需要指出的一点是，即便在理论层面上，中性财政政策也只是一种理想化的说法。且不说现实中的财政收支运作不可能实现完全意义上的平衡，在人类历史上，也几乎从来没有过哪一个国家财政收支完全相等、一分不差的记录。所以，“中性”不过是财政政策追求的一个目标，或者，是财政政策致力于实现的一种境界。在当前的中国，它的实际意义主要在于，财政政策的方向已经在舆论和操作两个层面发生了调整：由过去的一心瞄准扩张、全力追求扩张转为适当减少扩张、逐步逼近中性。

就上述的意义而论，事实上，中国财政收支运作转而追求中性，早在提出中性财政政策概念之前就开始了。远的不说，单讲2004年的财政预算安排。前面说过，即便财政赤字规模仍旧维持去年的水平并表明财政政策仍在致力于扩张，但是，如果看到，（1）它所面对的分母——GDP——在增长，实际的赤字率较之去年已经下降。（2）长期建设国债发行规模，从去年的1400亿元减少至1100亿元，并且明确，今后将逐步调减至0。（3）长期建设国债收入的投向，由过去主要用之于重点建设项目扩展至在建重点工程项目的后续投入、公共项目的欠账填补和支持启动拟议进行或亟待进行的重大改革举措，等等，2004年财政预算安排的财政扩张力度已经在趋于减少。中性财政政策的提出，只不过是将这种在过去悄然进行的小幅度、小范围的调整推向台前，进而扩展为昭示世人、可对财政收支全局及其结构进行全面调整的宏观调控举措。

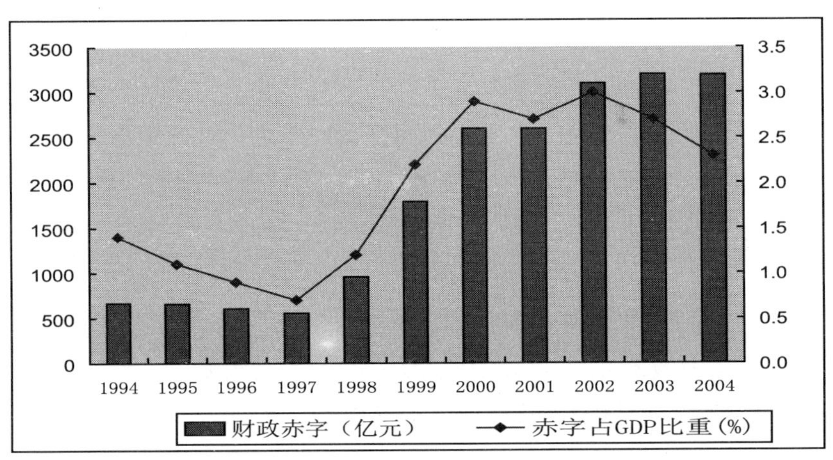

图3　中国财政赤字及其占GDP比重的变化（1994—2004）

资料来源：中国财政年鉴编辑委员会：《中国财政年鉴》，中国财政杂志社2002年版。财政部：《关于2004年中央和地方预算执行情况及2005年中央和地方预算草案的报告》，《中国证券报》2005年3月16日。

3. 定名于“稳健”

关于中性财政政策的讨论，尽管始终是在理论层面上展开的，但事实上，回过头来看，正是在讨论的过程中和讨论的基础上，拉开了财政政策转向调整的序幕，铺就了财政政策转向调整的通道，也形成了财政政策转向调整的思路。

于2004年度12月初举行的中央经济工作会议，在全面分析当前国际国内形势的基础上，最终作出了2005年实行财政政策转向调整的重大决策。并且，将调整后的财政政策定名为“稳健财政政策”。从中性财政政策意义的讨论到稳健财政政策的定名，两个概念之间的联系显而易见：所谓稳健财政政策，就是经济学所讲的中性财政政策（金人庆，2004a）。于是，围绕中性财政政策的讨论而形成的诸方面成果，特别是适当减少扩张、逐步逼近中性的渐进性思路，在稳健财政政策的旗帜下被继承下来，派上了用场。“松紧适度”和“双减”——减少财政赤字和减少长期建设国债，在中央经济工作会议的文件中，分别被视作稳健财政政策的核心内容和主要标志。

五 在改革中转向稳健：2005年的财政政策取向

1. 一个渐进的过程

颇有意思的是，如果以所谓“松紧适度”和“双减”作为财政政策由“积极”转向“稳健”的标识，由前面关于2004年财政政策的讨论可以看出，财政政策的转向调整并非始自2004年的中央经济工作会议。事实上，2004年的财政预算安排，在不少方面就已蕴涵着财政政策转向调整的明显意图。只不过在那时，有关财政收支安排的一系列举措，仍旧是在积极财政政策的表述下进行的。稳健的财政政策的启用，实际上是一年多来中央推出的一系列加强宏观调控举措的继续和改善。

所以，如果将2004年的财政政策称之为以“积极”之名、行“稳健”之实的财政政策，那么，2005年的财政政策应当是“名与实合一”的稳健财政政策了。

然而，将过去悄然进行的小幅度、小范围的转向调整推向台前，进而扩展为可昭示世人的、应对财政收支全局及其结构进行全面调整的宏观调控举措，并不意味着我们可以一蹴而就地脱掉“积极”的印记，而一下子转行“稳健”。它可能要经历一个渐进的过程。

前面反复提到的这一轮宏观调控以来障碍财政政策实行转向调整的因素以及现实中面临的诸多问题，就是一贴可信手拈来的“清醒剂”（高培勇，2004）。

金人庆（2004a）在2004年中央经济工作会议闭幕不久发表的《实行稳健的财政政策，促进经济平稳较快发展》一文中，曾这样归结财政政策转向调整的制约因素：政策需要保持相对的连续性，国债项目的投资建设有个周期，在建、未完工程尚需后续投入；在经济高速增长和部分行业、项目对国债资金依赖较大的时候，“收油过猛”会对经济造成较大负面冲击；按照“五个统筹”的要求，确实有许多“短腿”的事情要做，保持一定的赤字规模，有利于集中一些资源，用于增加农业、教育、公共卫生、社会保障、生态环境等公共领域的投入；保持一定的调控能力，有利于主动地应对国际国内各种复杂的形势。

这一轮财政政策转向的艰难经历，已经使得我们痛切地感受到现实财政政策决策的复杂性。既要适应宏观经济环境的变化，又要平衡各方面的利益关系；既要立足于财政收支本身的运行，又要照顾左邻右舍并同货币政策、国家计划等调控手段相衔接；既需针对某一方向专门实施反周期操作，又需兼容多方目标、多管齐下斟酌行事；既需寻求现实矛盾的治标之举，又需着眼于长远的制度建设，等等。所以，实施稳健财政政策的举措空间，相当狭小。

2. 由推进改革入手

在如此复杂而艰难的背景下谋划稳健财政政策的举措，一个比较恰当且可行的选择是：从推进改革入手，通过着眼于推进改革的一系列渐进性安排，逐步地降低现实财政收支安排的扩张力度，逐步地逼近稳健财政政策的效应境界。

做如此选择的基本考虑是：

第一，对于当前中国经济形势的判断，说整体过热也好，言局部过热也罢，其最根本的原因，无非要归结到体制缺陷和结构失衡两个方面。而且，其最终的解决，都要依赖于改革举措的到位和市场体制的完善。时下的固定资产投资规模膨胀现象，系经济周期和政治周期的双重作用所引致，就是一个为人们所广泛认同的例子。所以，财政政策由积极转向稳健的过程，自然要同市场化的改革进程相衔接，在推进改革、深化改革的棋盘上，谋划致力于稳健的各种举措安排。

第二，在7年之久的积极财政政策实践惯性和对于财政支出规模控制的体制缺陷双重作用下，财政支出规模的控制并非易事。2004年财政收入的高速增长势头又大大刺激了各方面增加支出的欲望，从而在一定程度上抬高了2005年以及此后年度的财政支出规模盘子。即便稳健的财政政策采取渐进的步骤，降低财政收支安排的扩张力度终归是要做的一件事。鉴于用在推进改革举措出台方面的支出较之于其他方面支出的扩张效应相对较小，在财政支出总规模难以控制甚至急剧增长的条件下，把增加的“钱”尽可能用到推进改革的支出项目上，通过支出结构的调整尽可能减少它所带来的扩张力度，显然是可以着手的一个适当策略。

第三，在中国的市场化改革进程中，中国财政一直是整体改革的开路先锋，始终扮演着为推进整体改革“铺路搭桥”的角色。改革启动初期，它通过“放权让利”，以财政上的减收、增支为代价，调动了各方面的改革积极性，为各项改革举措的出台创造了条件。进入到改革攻坚阶段，又是1994年的财税改革为整体改革步入制度创新之路打下了基础。改革的启动和攻坚时期如此，完善市场经济体制的新任务，无疑仍要依赖于财政的推动。鉴于中国财政在支持改革方面的传统和经验，也鉴于当前财政收支存量（甚至包括增量）调整的难度和风险，以财政自身收支的不平衡和财政自身的改革来推进整体经济体制变革的成功，也是一个当然之举。

3. 转向稳健的“十六字”方针

迄今为止，财政部门为实施稳健财政政策已经拿出了“控制赤字、调整结构、推进改革、增收节支”的所谓“十六字”方针（金人庆，2004）。将这“十六字”的具体含义放到现实的背景下加以整合，可以看到：

所谓控制赤字，就是要适当减少财政赤字和长期建设国债。前面说过，在历史和现实的种种因素制约下，无论是赤字的削减，还是长期建设国债发行规模的压缩，都不会采取较大的动作。所以，它的实现，眼前既不会有多大的作为空间，也需在推进改革的安排逐步实现。

所谓调整结构，就是要按照科学发展观和公共财政建设的要求，优化财政支出投向结构。它既牵涉流量的调整，亦难免触及存量。因而，在这一过程中，坚持区别对待也好，强调有保有压也罢，它的实现，也需同改革举措相衔接，通过推进改革的安排来实现。

所谓推进改革，就是要转变以往主要依靠财政支出支持或拉动经济增长的方式，在“以改革促增长，以改革促发展”的旗帜下，以财政自身的改革以及着眼于推进改革的财政收支安排，实现推进整体改革进程的目的。

所谓增收节支，就是在强化税收征管的基础上，把该征的税尽可能如数征上来。同时，严格控制财政支出的过快增长，提升财政资金的使用效益。这既是财政税务部门的一项常规性工作，又是必须寄希望于通过改革来逼近的一个长久目标。

所以，一个合乎逻辑的判断是，以上述“十六字”作为基本图景的稳健财政政策实行方案，通篇浸透着推进改革的精神，实际上是要以推进改革作为主线来实行的。

4. 可能的作用空间

一旦将推进改革同稳健的财政政策联系起来，并以推进改革为主线来整合有关稳健财政政策的一系列举措安排，稳健的财政政策将会极大地冲破各种主客观因素的围堵而获得一片新天地。

可以纳入这一视野的举措，至少有如下几个“瓶颈”项目：

第一，推进税制改革。新一轮税制改革的必要性早已得到比较明晰的论证，2003年召开的党的十六届三中全会也已对新一轮税制改革的内容做了比较全面的安排。目前的主要任务，是采取适当的举措使其尽可能快地全面启动。

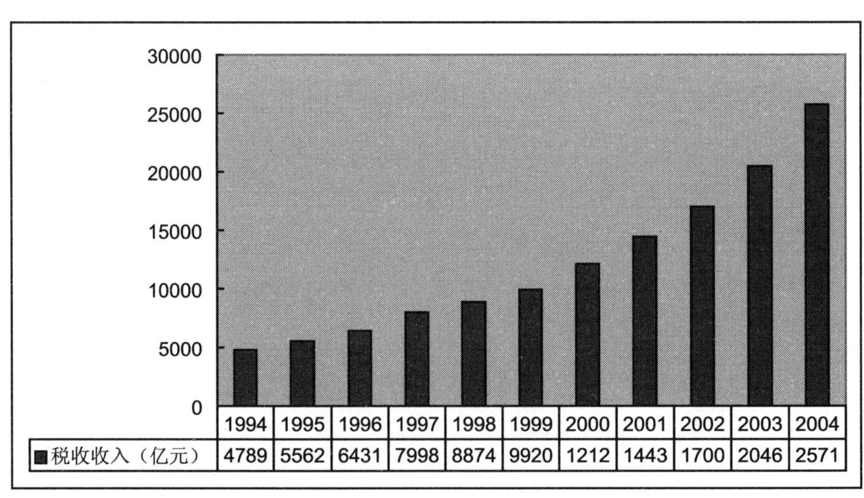

图4 中国税收收入的持续高速增长（1994—2004）

资料来源：同图3。

归结起来，制约新一轮税制改革启动的原因，原来主要是“收入震荡”——担心税收收入因此而减少。近期，又增加了“逆向调节”——担心已经过热的固定资产投资因税收减收而呈现更热的势头。故而，如何且能否破解这两大难题，是尽快启动新一轮税制改革的关键所在。

先看所谓“收入震荡”。拟议中的税制改革方案无疑是以财政上的减收为代价的。而且，根据初步测算，仅仅增值税和企业所得税两个税种的改革，就要涉及2000亿元上下的减收。如此规模的成本，在财政日子并不宽裕、方方面面亟待投入的条件下，自然会使人们变得格外谨慎。问题是，因财政减收的担忧而搁置拟议进行的税制改革，终归不是长久之事。指望财政的日子宽裕起来再实施企盼已久的税制改革，不仅会使改革变得遥遥无期，而且，很可能永远等不来那一天。

跳出“税改→减收”的局限而放眼整个财政收支流程，可以发现两件互为关联的事情：一件是，从1994年开始，中国税收始终处于高速增长的状态。而且，增幅越来越大。持续11年的高增长，已经大大抬高了税收基数盘子。2004年的税收规模，是1993年的5.9倍。另一件是，伴随着税收的高增长，财政支出规模表现出更快、更猛的增长势头。11年间，财政支出的盘子已经在税收高增长的支撑下迅速膨胀起来。2004年的支出规模，是1993年的6.5倍。也就是说，在过去的11年中，税收增长和支出膨胀之间是一列几乎没有任何路障的“直通车”。

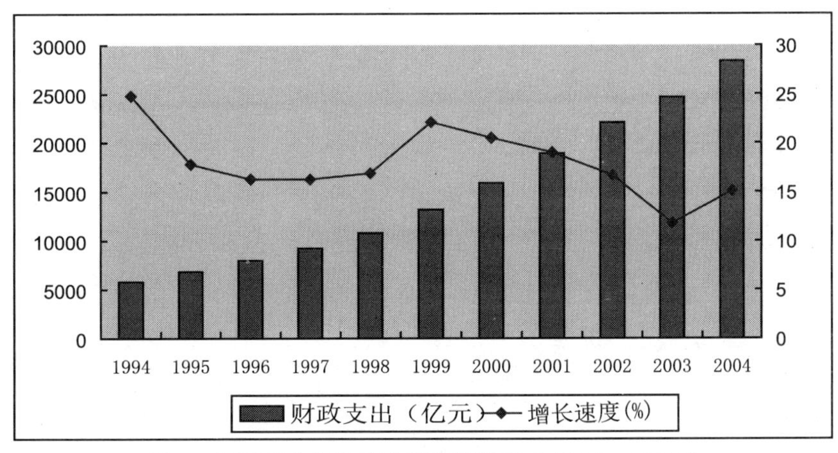

图5 中国财政支出的持续高速增长（1994—2004）

资料来源：同图3。

进一步看，持续了数年的中国税收高增长，目前已经到了巅峰阶段。在以往，我们一直用所谓“三因素”论来解释导致高增长——经济增长、政策调整和加强征管。2004年的情形虽有些变化——政策调整因素为物价上涨所替代了，但仍是三个因素支撑了税收的增长势头。在三因素中，除了经济增长尚可掌握之外，其余的两个因素绝对是不可持续的。且不说物价上涨具有周期性，单就加强征管而言，根据国家税务总局的测算，从1994年实行现行税制之时至今，它已提升了税收实际征收率大约20个百分点。不过，税收实际征收率的提升，终归有个限度。由1994年的50%多一点提升至目前的70%上下，再往前走，它的空间已经变小，收益递减规律肯定会产生作用。

既然目前正是税收收入增幅最大的时期，并且，倘不在此时作出相应安排，税收高增长将肯定引发政府支出的不适当膨胀，那么，一个可行的选择就是：抓住眼下的收入增长“旺季”，将超预算增长的税收用于启动新一轮税制改革。

再来看所谓“逆向调节”。按常理讲，须付出减收成本的新一轮税制改革方案的实施，其所产生的效应是扩张性的。实施它，特别是在目前这个当口儿实施它，显然同稳健财政政策的初衷相背。

但是，一旦将税制改革置于税收高速增长的背景下，并且，从减税和增支的效应比较中加以透视，便可发现，如果不对税收高增长形势下的——尤其是2004年——财政收支作出特意的安排，在当前的各种体制性缺陷的作用下，数千亿元的税收增长额肯定会“直通”为财政支出的膨胀额，[①]甚至“激活”本就旺盛、只是限于压力而稍稍减缓的政府部门固定资产投资膨胀热情。由此带来的扩张性效应，恐怕是无论如何也回避不了的。

以减收为代价的新一轮税制改革固然会产生扩张效应，但平衡预算的基本原理告诉我们，减税和增支，都可带来财政的扩张性效应。不过，两相比较，后者的扩张效应肯定比前者来得大。既然新一轮税制改革的可能的扩张效应同税收增长“直通”为财政支出的不适当膨胀比起来已经变得相对次要，那么，利用税收收入高增长所带来的收入增量为启动新一轮税制

① 实际的情形正是如此。在现行的体制背景下，2004年所形成的高达4061亿元的“财政超收”，并未用于冲减当年的财政赤字，而是直接形成当年的财政“超支”。

改革“埋单”，就是一个同稳健的财政政策相协调的“正向调节”之举。

第二，推进社会保障制度改革。在中国的改革中，社会保障制度的改革已经成为一个实实在在的“瓶颈”项目。诸如国有企业改革、农村改革、金融改革、就业和再就业制度改革等，在相当程度上，都有赖于社会保障制度改革的先行到位。应当说，对于社会保障制度改革的意义，人们的认识不可谓不清晰。有关社会保障制度改革方案的研究，既有的进展亦不能说没有一定的可操作性。

但是，社会保障制度的改革，尤其是社会保障制度改革目标的基本到位，要花大钱。作为社会公共需要的一个重要领域，能够惠及全体社会成员的社会保障制度的建立，当然要靠政府的推动并通过纳入公共财政的收支体系来维系它的运转。要做到这一层，财政必须为此承担较之眼下更多的责任，付出较之目前更多的代价。归结起来，也就是财政要为此多拿钱。主要出于钱的方面的制约，对于它的改革进程便不得不相应放慢，对其改革目标的期望值也不得不相应调低。甚至，连仅仅维持在低水平上的社会保障基金账户也因资金严重匮乏而无法做实。

鉴于财政方面的制约是障碍社会保障制度改革的主要因素，在实行稳健的财政政策实践中，腾出一部分精力来推动社会保障制度的改革，花费一部分代价来提升社会保障制度改革目标的层次，也是一件情理之中的事情。而且，同样的道理，花在支持社会保障制度改革等改革事项上的“钱”，较之花在其他政府支出上的“钱”所带来的扩张性效应要小。在当前的形势下，它同稳健财政政策致力的方向是一致的。

第三，推进农村改革。在“五个统筹”中，城乡协调发展处于极为重要的位置。新一届政府组建以来，农村改革一直被放在首位。

中国的城乡差距本来就十分严重，改革前期虽曾有过一段差别缩小的日子，但好景不长，近些年又呈现了不断扩大的趋势。占到全国总人口64%的农民，不仅在人均可支配收入上远远低于城镇居民，而且，还要承受一系列的不公平待遇——不能和城镇居民享受同等的公共物品或服务，却要比城镇居民缴纳更多的税费。应当说，对于这些差距及其持续拉大的危害，人们并非拖到今天才能看得明白。其中的某些差距的拉近或消除，也并非客观上完全不可为。从财政的角度给农民以国民待遇，并且由此入手解决

“三农”问题，不管从哪个角度看，都是政府应当做且必须早些做的事情。

令人欣喜的是，在推进农村改革方面，2004年以来的进展颇为迅速。继宣布一次性取消除烟叶之外的农业特产税并在三至五年内取消农业税之后，今年又出现了加快取消农业税的良好势头。全国已经有27各省、市、自治区先后宣布取消农业税。至迟到明年，实施了几千年的农业税将最终退出中国的历史舞台。而且，在财政支出领域给农民的诸如计划生育奖励扶助制度和新型农村合作医疗制度和医疗救助制度试点也已启动，公共财政的阳光正在逐步普照农村大地。所有这些，当然都是在财政付出了相当大的代价，并且，税收收入高增长的支撑又使得这种代价的付出成为可能的背景下发生的。

现在的任务，就是乘势而上，搭乘稳健财政政策这列难得的火车，全面而系统地推进农村改革，将其引向更深层次。无需赘言，它所带给我们的收益亦是双重的：农村改革目标的实现和稳健财政政策目标的实现。

主要参考文献

项怀诚:《积极财政政策是政治智慧》,《华夏日报》2002年8月17日。

丛明:《中国的经济财政政策与财政风险评估》,载中国经济社会研究会《中国经济社会论坛》2003年总第2期。

高培勇:《财政政策寻求突破》,《人民日报》2003年12月29日。

金人庆:《实行稳健的财政政策促进，经济平稳较快发展》,《人民日报》2004年3月7日。

财政部综合司：《1991—2004国家债务变化》（打印稿）。

财政部:《关于2004年中央和地方预算执行情况及2005年中央和地方预算草案的报告》,《中国证券报》2005年3月16日。

王保安:《当前中国财政政策分析和调整取向》,《财贸经济》2004年第5期。

高培勇:《积极财政政策：在思路和举措两个层面寻求突破》,《财贸经济》2003年第7期。

温家宝:《政府工作报告——2004年3月5日在第十届全国人民代表大会第二次会议上》,《中国证券报》2004年3月17日。

金人庆:《关于2003年中央和地方预算执行情况及2004年中央和地方预算草案的报

告——2004年3月6日在第十届全国人民代表大会第二次会议上》，《人民日报》2004年3月18日。

项怀诚：《积极的财政政策一定要逐步淡出》，http://business.sohu.com/51/64/article200736451.shtml，2002年。

魏加宁：《围绕宏观调控的纷争》，《法人》2004年第6期。

刘明康：《全面、准确、积极理解和把握中央宏观调控政策》，《中国证券报》2004年6月25日。

贾康：《国债规模如何调减》，《中国税务报》2004年5月26日。

（原载《中国人民大学学报》2005年第5期）

财税形势·财税政策·财税改革

——面向“十一五”的若干重大财税问题盘点

引言

站在“十五”和“十一五”的交汇口上，在财政税收领域，一项值得花费气力、应当认真去做的工作，就是对当前面临的若干重大财税问题给出一个全面而系统的盘点，以此为基础，对“十一五”的财税形势、财税政策和财税改革作出一个深刻而细致的判断。这不仅是因为，中共十六届五中全会所通过的《中共中央关于制定国民经济和社会发展第十一个五年规划的建议》将财税改革放到了极其重要的位置，财税改革将成为整个“十一五”时期改革攻坚战中的一场重大战役。而且，在走过了自1994年以来的十几年历程之后，中国的财税改革又到了一个非常重要的“关口”。发生在财税领域中的许多变化，存在于财税领域中的许多因素，已经成为关系中国经济社会发展全局的焦点、热点和难点。本文的主题，即是在这样的背景下拟定的。

接下来的问题是，如何来做？

审视现实的目的，既是为了把握未来；梳理过去五年以至更长区间行动轨迹的意图，既是为了勾画未来五年以至更长时间的工作方案，那么，事无巨细、面面俱到的通篇浏览，既不必要，也非可行。一个事半功倍又切实有效的选择，就是抓大放小、抓纲举目，以重大问题分析透视全局图景。基于上述思维，本文筛选了当前关系中国财税改革与发展全局的六个重大问题，作为分析的主要线索。这就是：财政收支规模的变化、财政风险问题的判断、税收收入的持续高速增长、政府预算约束机制的弱化、稳健财政政策的基本去向和新一轮税制改革。

一 财政收支规模的变化

1. 财政收入规模

从图1可以直观地看到，同1994年之前的情形大相径庭，1994—2005年的12年间，中国财政收入规模始终保持了相当快的增长速度。1994年，全国财政收入不过5218.10亿元，1999年突破10000亿元，2003年突破20000亿元，到2005年，已经达到了31628亿元。财政收入占GDP的比重，已经由1994年的10.95%提升至2005年的17.35%。

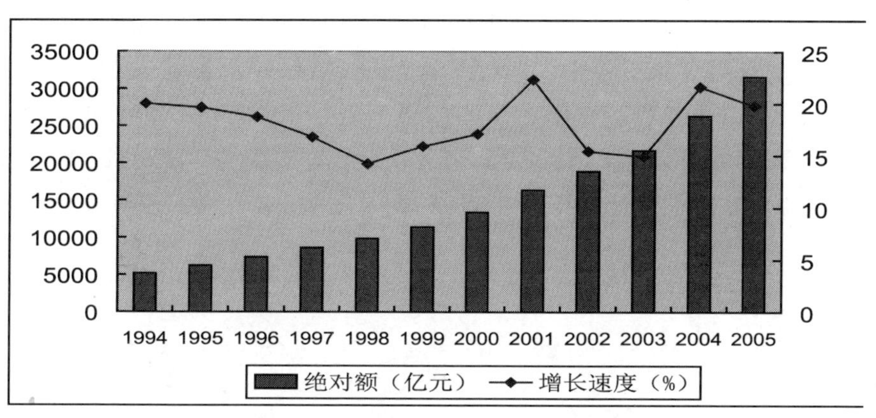

图1 中国财政收入规模的变化（1994—2005）

资料来源：中国财政编辑委员会：《中国财政年鉴（2004）》，中国财政杂志社；

财政部：《关于2004年中央和地方预算执行情况及2005年中央和地方预算草案的报告》，《中国财政》2005年第4期；

金人庆：《深化改革 科学发展 谱写财政工作新篇章——在全国财政工作会议上的讲话（2005年12月19日）。

关于财政收入规模，有两件事情需要澄清。

其一，我们通常所说的财政收入口径，不同于税收收入。从税收收入到财政收入，要经过一系列复杂的计算过程。以每年1月1日国家税务总局发布的上年税收收入数字为基点，加上关税收入、各种农业税收——包括农（牧）业税、农业特产税、耕地占用税和契税，减去出口退税，可以得到各项税收。以各项税收为基础，加上各项专项收入——如教育费附加、排污费、城市使用资源费收入等，再加上其他收入，然后减去企业亏损，这时，得到的结果才是财政收入。

其二，对于财政收入规模大小的判断，往往要在比较分析中得出。比较的参照系有两个：同上年实际数字相比，得到的是“增收”规模。同当年的预算或计划数字相比，得到的是“超收”规模。增收不等于超收，两者之间有一定甚或相当大的距离。以2004年的情况为例，全国财政收入26369.47亿元，增收额为4681.17亿元，超收额为2826.13亿元。①

2. 财政支出规模

图2揭示了1994—2005年间中国财政支出规模的变化情况。同样可以直观地看到，在12年间，中国财政支出规模的增长速度非常之快。1994年，全国财政支出不过5792.62亿元，1998年突破10000亿元，2002年突破20000亿元，到2005年，已经达到33708亿元②。财政支出占GDP的比重，已经由1994年的12.16%提升至2005年的18.49%。

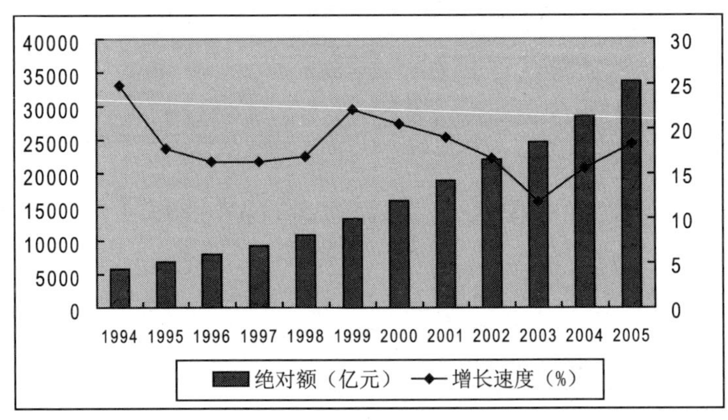

图2　中国财政支出规模的变化（1994—2005）

资料来源：同图1。

① 若将解决出口退税陈欠的1288亿元还原为当年的财政收入，则全国财政收入为27671.79亿元，增收5956.49亿元，超收4101.45亿元，增长27.43%。

② 若加上当年由财政超收用作财政支出的数字，在2004年，财政支出规模便已突破3万亿元。

与财政收入规模的判断类似，说到财政支出规模，同样要采用比较分析。以上年实际数字为参照系，可以得到“增支”规模。以当年预算或计划数字为参照系，可以得到“超支”规模。增支与超支之间，也是有差距的。就2004年的情况看，全国财政支出28486.89亿元，增支额为3836.89亿元，超支额1718.25亿元，比上年增长15.57%。

3. 小结：需探究的问题

财政收支规模的变化之所以重要，是因为，它集中反映着政府介入资源配置的轨迹。从过去12年间财政收支规模的变化中，可以发现如下几个值得关注并需在“十一五”期间妥善解决的问题：

（1）这些年，财政收入和财政支出规模的增幅都是持续高速的。其必然的结果便是，GDP的分割格局越来越向政府一方倾斜。如果说1994年财税改革后的最初几年，财政收支占GDP的比重提升带有矫正性质，是一件值得追求的事情。那么，在经过了持续十几年的比重提升之后，我们还能否说继续提升这个比重是必要的？

（2）在改革之初，我们曾将降低财政收入占GDP的比重作为改革的目标。这个比重数字，在1978年的时候，为31.2%。新中国历史上的最高水平发生在1960年，为39.3%。在经历了1978—1993年持续16年的下降以及1994—2005年持续12年的提升之后，我们应当回答：这个比重数字的目标值究竟多少是合适的？

（3）前面所说的财政收支占GDP的比重数字，只不过反映的是预算内的财政收支规模。若以实际发生的政府收支口径计算，以2005年为例，还要在34000亿元财政支出规模的基础上，加上偿还到期国债支出、社会保障支出、预算外支出和制度外支出等几个大的支出项目。而一旦如此，现实中国政府支出占GDP的比重数字，起码要提升至30%以上。这个数字，已经接近甚至超过了1978年的水平。

（4）还需看到，财政收支规模在过去12年间的迅速扩张，是以财政收入的迅速增长为基础并在财政收入迅速增长的支撑下发生的。正是由于财政收入的迅速增长弱化了政府扩张支出的约束条件，才使得财政支出的迅速扩张成为可能。也正是在这样一种背景下，政府扩张支出的偏好越来越强烈，对于政府支出膨胀的控制力正在逐步弱化中。由此带来的问题是，照此下去，其趋势何在？有无一个尽头？在这样的情况下，是否有必要将政府收支规模的约束机制真正纳入法治轨道？

二　财政风险问题的判断

对于财政风险问题的判断，通常使用两类指标：财政赤字和国债规模。

1. 财政赤字

从图3可以看到，在1994—2005年的12年中，中国财政赤字大体经历了三个不同的变化区间。从1994—1997年，在“九五”计划基本消灭财政赤字的目标下，无论是绝对水平还是相对水平，财政赤字都处于递减状态。到1997年，财政赤字及其占GDP的比重数字分别为558.45亿元和0.7%。是1997年下半年来自东南亚的那一场金融危机，扭转了这一进程。从1998年起，积极财政政策的实施，使得财政赤字迅速扩张起来。到2002年，财政赤字及其占GDP的比重数字分别达到了3096亿元和3.0%。随着中国经济进入新一轮扩张期，财政赤字水平开始得到控制。2003年的财政赤字虽然维持在3198亿元的高位，但占GDP的比重下降到2.7%。到2005年，两个数字则进一步分别调减至3000亿元和2.0%。

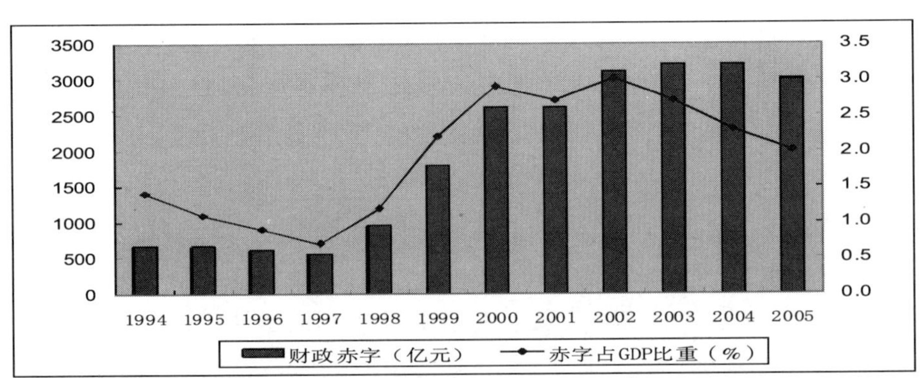

图3　中国财政赤字及其占GDP比重的变化（1994—2005）

资料来源：同图1。

2. 国债规模

讨论国债规模，必须区分两个不同的衡量指标：一是国债余额，或称国债累积额，它是存量指标。另一是国债发行额，属于流量指标。

先看国债余额。图4描述了1994—2005年间国债余额及其占GDP比重的变化情况。可以由此得到的突出印象就是，国债余额与年俱增，而且，增速极快。1994年，不过2832亿元，占GDP的6.1%。1997年为6074亿元，2002年升至23433亿元，到2005年，则达到32933亿元。与此相应，国债余额占GDP的比重数字，也先后爬升至8.2%、22.4%和22.33%。

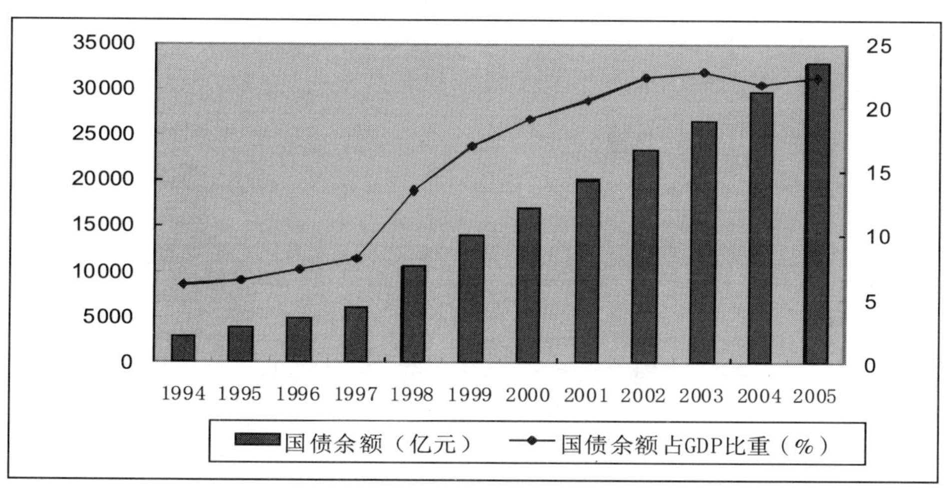

图4　中国国债余额及其占GDP比重的变化（1994—2005）

资料来源：同图1。

在测度当前中国的国债余额时，有两点值得注意。

其一，同其他国家的情况有所不同，中国每年国债余额的增量，相当于当年财政赤字额与为地方政府代发的长期建设国债额之和，而不仅仅是当年的财政赤字额。这是因为，中国的现行预算法规定，各级地方财政不允许列赤字，也不允许以举债形式筹措收入。不过，从1998年以后，基于实施积极财政政策的需要，采取了一种迂回的做法。这就是，在由中央财政每年增发的长期建设国债中，包括了一笔名义上转贷地方政府的份额。由此带来的问题时，为地方财政代发的这笔国债，在现行统计口径中得不到反映。迄今为止，这笔长期建设国债的数额为2530亿元。

其二，1998年，为补充国有商业银行的资本金曾发行了数额高达2700亿元的特别国债。由于它的期限长——30年，也由于它的发行方法特殊——内部转账，往往在统计国债余额时被人们忽略掉。

但是，无论如何，上述的两笔国债终归是中国政府的债务，需小心地将已连续8年由中央财政代发并转贷给地方财政的长期建设国债以及1998年采取特殊办法发行的特别国债，加入国债余额，而不致被漏计掉。

再看国债发行额。综合地看，决定中国国债发行规模大小的因素有三个：偿还到期国债、弥补财政赤字和实施带有扩张意图的财政政策。也就是说，三个因素相加之后，才是全部的国债发行额。长期建设国债，只不过是每年发行的国债中的一个组成部分。长期建设国债发行规模的削减，并不一定意味着整个国债发行规模的削减。

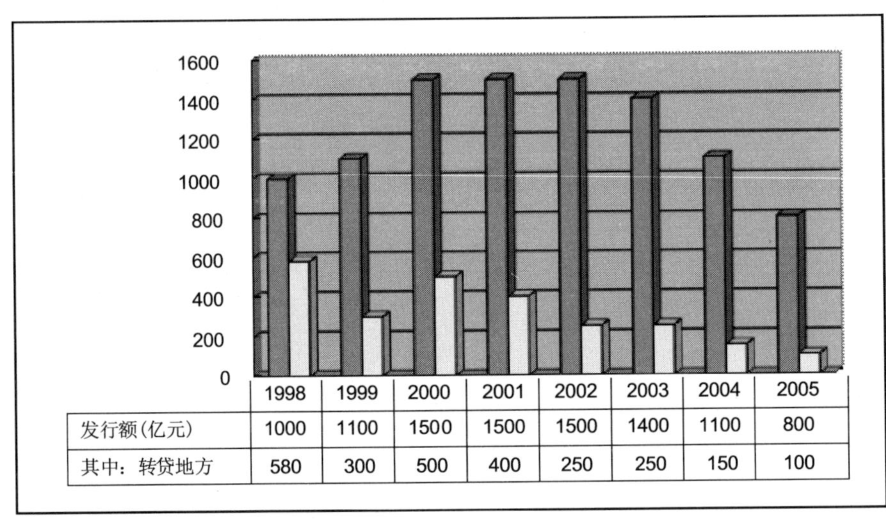

	1998	1999	2000	2001	2002	2003	2004	2005
发行额(亿元)	1000	1100	1500	1500	1500	1400	1100	800
其中：转贷地方	580	300	500	400	250	250	150	100

图5 中国长期建设国债发行规模的变化（1998—2005）

资料来源：同图1。

图5告诉我们，1998年以来，长期建设国债的发行规模经历了一个由急剧爬升到缓慢下降的过程。由最初的1000亿元增加至1100亿元、1500亿

元，并在保持了三年的1500亿元高位之后，逐步削减至1400亿元、1100亿元和800亿元。截至2005年底，长期建设国债的累计发行规模已经达到9900亿元。其中，代地方财政发行的部分为2530亿元。

然而，随着长期建设国债发行规模近3年来的削减，比如由2004年的1100亿元减少至2005年的800亿元，整个国债发行规模并未相应减少：反而由2004年的7022亿元增至2005年的7023.4亿元。

3. 小结：需探究的问题

在笔者看来，财政风险是迄今为止我们所讨论、所面对的所有经济风险的最后一道防线。换言之，在我们所讨论、所面对的所有经济风险中，财政风险是最重要、最严峻的风险。只要财政上不发生风险，只要能守住财政风险这最后一道防线，来自其他别的方面的任何风险就不会真正酿成大的麻烦，或者，即便发生了风险甚或很大的风险，也有可能最终得到控制。

那么，盘点过去12年间有关财政风险问题两类指标的变化情况，我们可以得到怎样的判断？

（1）在我们以往的概念中，财政赤字从来都是财政收支不平衡的结果。除非用作实施扩张性财政政策的手段，否则，财政赤字从来都被视作财政困难的产物。但是，从前面关于财政赤字变化轨迹的揭示中，我们看到的却是另外一番景象：12年间，财政收入一直在持续高速增长。不少的年份，如2004年，都是财政赤字同财政超收并存，甚至财政超收远大于财政赤字。有时事情简单到只要动用部分财政超收，便可完全消灭财政赤字的地步。所以，必须指出，在今天的中国，财政赤字同财政收支不平衡或财政困难之间的相关度已经被弱化了。

（2）很长的一个时期，我们曾将欧盟国家“马约”规定的两个控制线——财政赤字不超过GDP的3%和国债余额不超过GDP的60%——作为控制财政风险的两个参照系。但近年来，对欧盟国家经济制度的进一步考察让我们意识到（高培勇，2005），3%也好，60%也罢，都非欧盟国家历史经验明晰论证的结果，而是妥协的产物。而且，即便在今天的欧盟，有些国家，也早已突破了这两个控制线，并正在提升这两个控制线的水平。如法国和德国，在2003年，两国财政赤字占GDP的比重均为4%。在2002年，两国国债余额占GDP的比重分别为65.4%和62.5%。由此带来的严峻问题在于，一旦发现所谓国际公认的安全线或警戒线并不存在，我们又凭借什么去控制中国自身的财政风险?

（3）对于中国财政赤字和国债余额水平的深入调研提醒我们，无论财政赤字还是国债余额的水平，我们现在所能统计、所能谈论的，只不过是既有赤字和国债规模的一部分。除此之外，大量的隐性赤字、隐性债务以及或有赤字、或有债务，尚处在模糊不清的状态。在家底不明的情况下，即便我们勉强把财政赤字和国债余额控制在所谓的安全线和警戒性之内，安全线内也是不安全的，警戒线也是起不了警示作用的。其实，相对而言，当不知道自己的敌人在哪里、不晓得自己的敌人有多强大时，那才是真正意义上的风险所在。

（4）由于当前存在着各种经济风险向财政集聚的趋势，眼下又未拿出任何可能降低或防范这种可能风险的有效举措，故而，在“十一五”期间面临的一个十分重要的课题，就是加强对财政风险问题的研究，建立适合中国现实国情的财政风险抵御或防范机制。

三　税收收入的持续高速增长

1.“魔方”式的增长轨迹

从图6可以清晰地看到，在1994年以后，中国税收始终处于持续高速增长状态。若打比方，这种增长的轨迹有点似“百变魔方”。即便深谙税收运行机理、熟悉现行税制格局的专业人士，也常会在有关税收收入增长预期、税收增长因素解析等问题上遇到难题。

具体来说，1994年的时候，全国税收收入不过4789亿元。1994—1997年，年均增长1000亿元上下。1998年情况特殊，在通货紧缩的挤压中，很勉强地实现了1000亿元的增长任务。但是，在1999年之后，税收收入便进入了快车道，当年跨越10000亿元大关。接下来，2001年突破15000亿元，2003年突破20000亿元，2004年突破25000亿元，2005年突破30000亿元。

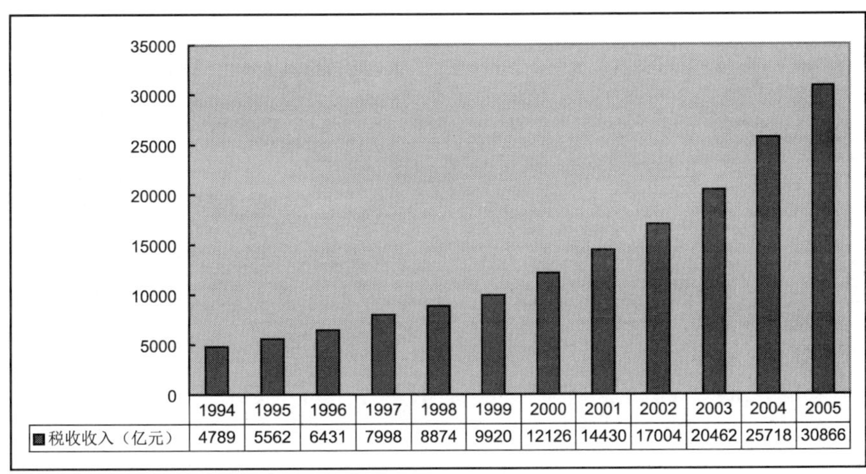

	1994	1995	1996	1997	1998	1999	2000	2001	2002	2003	2004	2005
■税收收入（亿元）	4789	5562	6431	7998	8874	9920	12126	14430	17004	20462	25718	30866

图6 中国税收收入的持续高速增长（1994—2005）

资料来源：同图1。

2. 关于税收增长的解释

应当注意到，中国税收这一持续12年的高速增长现象，是在税收制度基本未作任何大的调整的背景下发生的。在世界税收史上，尽管也有过一个时期税收收入跳跃式增长的先例，但那往往是税制变革的结果：或是增设税种，或是提升税率，或是拓宽税基。正是出于这样一个原因，关于中国税收的故事才特别耐人寻味。

究竟是什么原因支撑了中国税收持续十几年的高速增长局面？在过去，我们通常是用经济增长、政策调整和加强征管即所谓“三因素”论来解释的。随着2004年出现高达5000多亿元的税收收入增幅，为了更细致地揭示其背后的深刻原因，“三因素论”已为“多因素论”所替代。在多因素论下，税收收入的持续高速增长被归结为经济增长、物价上涨、税源结构不平衡、区域发展不均衡、加强税收征管和进出口不平衡六个因素交互作用的结果。①

相对于三因素论来说，多因素论的分析显然向前跨进了一步，更全面、更贴近现实。然而，持续十几年且在税制基本未变条件下实现的税收收入

① 比较详尽的解释可参见《中国税务报》2005年3月10日。

高速增长，毕竟是发生在中国的一个奇迹。要透视这个特殊的现象，只能从中国的特殊因素入手。那么，究竟什么是支撑中国税收持续高速增长的特殊因素？

仔细分析，就上述的六个因素而言，真正可以依赖、真正有点特殊并和其他国家有所不同的地方，可能主要出在加强税收征管所拓展的增收空间上。国家税务总局的调研报告表明（许善达，2004），1994年，中国税收的实际征收率为50%多一点。而到2003年，实际征收率已提升至70%以上。也就是讲，在10年间，中国税收的实际征收率提升了20个百分点。实际征收率提升的同时，便是税收跑冒滴漏的减少和税收收入的相应增长。问题是，中国税收何以有如此之大的拓展空间？

追溯一下现行税制的出生背景，便可发现，在1993年后期，中国政府亟待解决的矛盾主要有二。一是严峻的通货膨胀。为应对当时高达20%以上的通胀率，要调动包括税制设计在内的几乎所有可能的手段。“抑热”便成了现行税制设计的一个重要着眼点。另一是严峻的财政拮据。为扭转当时财政收入占GDP比重的持续下滑势头，要在税制设计中掺入增收的因子。“增收”也就成了现行税制设计的一个重要着眼点。这两个重要着眼点，同当时只有50%上下的税收实际征收率相遇，“宽打窄用”的理念也就作为一种自然选择，进入税制设计过程。这就意味着，即便只着眼于5000亿元的税收收入目标，在只有50%税收实际征收率的条件下，也需事先建构一个可征收10000亿元的税制架子。①也就是说，中国的现行税制在其出生之时，预留了很大的拓展空间。随着税收实际征收率的稳步提升，税收收入肯定要呈现强劲的增长势头。在过去的12年间，现行税制所具有的巨大的拓展空间，可能是支撑中国税收持续高速增长的最重要的源泉。

3. 小结：需探究的问题

中国税收收入的持续高速增长之所以会引起广泛的关注，是因为它事关GDP在政府与非政府部门的分割格局，牵涉有关中国宏观税负问题的判断，故而，对中国经济社会发展的全局有重大影响。

---

① 一个突出的例子是，增值税的生产型税基和17%税率的形成，都同这一“宽打窄用”的设计理念有直接关系。

现在看来，从对过去12年间税收收入持续高速增长现象与原因的分析中得到的结论，可能是发人深省的。

（1）这几年来，我们一直身处所谓税收收入持续高于GDP增长正常与否的质疑之中。判断正常与否的关键，是操用什么样的参照系。不同的参照系，可能会得出迥然相异的结论。如以现行税制作为参照系，那么，它就是正常的。因为，本着依法治税的原则，按照现行税制的规定，把该征的税如数征上来，是税务部门的天职。反之，放着该征的税故意不征或少征，那是税务部门的失职。但是，如果换一个参照系——经济社会的正常发展，那么，它就不那么正常了。因为，税收制度总要同一个国家的经济社会发展状况相匹配。出生于12年前的现行税制，在中国发生翻天覆地变化的12年间基本未变，就好像已经长大成人的孩子仍然脚穿孩提时代所购的鞋子，又如何保证两者之间的彼此匹配？故而，12年基本不变的现行税制同发生翻天覆地变化的经济社会现状之间的不匹配，的确已经成为障碍中国经济社会发展的不正常因素。

（2）从现行税制诞生的哪一天起，由于前述的“宽打窄用”设计理念的原因，我们也一直处于所谓名义税负和实际税负之间的争议之中。一旦问及企业和居民的税负是否过重？回答往往肯定。而拿来支持的论据，无非是现行税制的规定。也正是基于类似的思维，《福布斯》杂志公布的所谓税收痛苦指数，把中国排在了世界第二的位置。然而，一旦站在政府角度论及税负轻重，答案往往是不重。而拿来支持的论据，则是每年的税收收入——实际征收到的税收——占GDP的比重数字。问题在于，随着税务部门加强征管和税收实际征收率的稳步提升，名义税负和实际税负之间的差距已经在一步步拉近。如果说，现行税制诞生之时的实际税负是一种比较适当的税负水平，那么，在12年后的今天，企业和居民所承受的实际税负还仍是一种比较适当的税负水平吗?

（3）税务部门的工作目标之一，就是不断加强征管，以求挖潜增收。往前看，一个基本图景是，税务部门的人员素质和技术装备水平将会越来越高，税收征管工作的力度将会越来越大，名义税负和实际税负之间的距离将会越来越拉近。在如此的条件下，可以预期，在未来的5年以至更长时间，只要现行税制仍然保持基本不变的格局，或者，即使变了，变动的步伐仍未跟上税收实际征收率的提升以及整个经济社会发展的进程，税收收入的持续高速增长还将继续下去。如果听任这种趋势延续，它有无一个终点？如果有，那又是什么？

（4）上述的所有问题，实际上都归结于现行税制是否能够适应经济社会环境发生的变化，是否能够与时俱进上。笔者一向以为，在我们所面对的所有的经济制度中，税收制度应是与时俱进最强的那一类。由税收收入的持续高速增长所带来、所引发的一系列问题，不管是正向的，还是负向的，都应在现行税制的与时俱进中得到验证，得以解决。换言之，税收收入持续十几年的高速增长，给我们一再传递的一个十分重要的信息，就是要加快全面启动新一轮税制改革。

四　政府预算约束机制的弱化

中国政府预算对政府支出的约束机制不强，历来是个老大难问题。这些年，在公共财政体制的建设进程中，预算管理制度本身的改革的确取得了一些突破性进展。但是，跳出微观层面而放眼左右政府预算约束机制的宏观环境，便会发现，在过去的12年间，中国政府预算的约束机制仍处于相对弱化的状态。而且，在近期，这种相对弱化的预算约束状况又有了进一步加强的迹象。它集中表现在两个方面的线索上：超预算收支规模的膨胀和人民代表大会议程取消政府预算口头报告制度。

1. 超预算的收入

前面说过，考察中国财政收入规模的增长，必须区分“增收”和“超收”两个口径。同以上年实际数字为参照系得到的“增收”额有所不同，“超收”是以当年的预算或计划数字为参照系而计算出来的财政收入增长额。也就是说，它是突破了既有预算规模的控制而处于预算框架之外或称超计划的财政收入增长额。

表1揭示了1994—2003年间全国超预算收入的变化情况。可以立即得到的印象是，在1994年以后，超预算收入便成为中国财政收支安排中的一个常态现象。而且，总的趋势是，超预算收入的规模越来越大。就绝对规

模看，1994年不过458亿元，2004年达到4101.45亿元。就相对规模看，在1994年，超预算收入占当年财政收入和财政增收额的比重分别为8.8%和52.7%，到2004年，这两个比重分别达到15%和69%。

表1　全国超预算收入的演变状况（1994—2003）

单位：亿元，%

年份	财政收入	财政增收	财政预算收入	财政预算增收	超预算收入	超预算收入占财政收入比重	超预算收入占财政增收比重
1994	5218.10	869.15	4759.95	411	458.15	8.8	52.7
1995	6242.20	1024.10	5692.4	474.3	549.8	8.8	53.7
1996	7407.99	1165.79	6872.18	629.98	535.81	7.2	46.0
1997	8651.14	1243.15	8397.94	989.95	253.2	2.9	20.4
1998	9875.95	1224.81	9683.68	1032.54	192.27	1.9	15.7
1999	11444.08	1568.13	10809	933.05	635.08	5.5	40.5
2000	13395.23	1951.15	12338	893.92	1057.23	7.9	54.2
2001	16386.04	2990.81	14760.2	1364.97	1625.84	9.9	54.4
2002	18903.64	2517.60	18015	1628.96	888.64	4.7	35.3
2003	21715.25	2811.61	20501	1597.36	1214.25	5.6	43.2
合计	119239.62	17366.30	111829.35	9956.03	7410.27	6.2	42.7

资料来源：国家统计局:《中国统计年鉴（2004）》；中国财政编辑委员会:《中国财政年鉴（2004）》。

从图7可以更直观地看到，近几年，特别是2002年以来，同财政收入增长幅度的提升相伴随，超预算收入在中央和地方财政收入中的比重呈现出越来越明显的上升趋势。2004年，在中央和地方的财政收入总额中，分别有高达8.73%和12.81%的部分系超预算的收入。

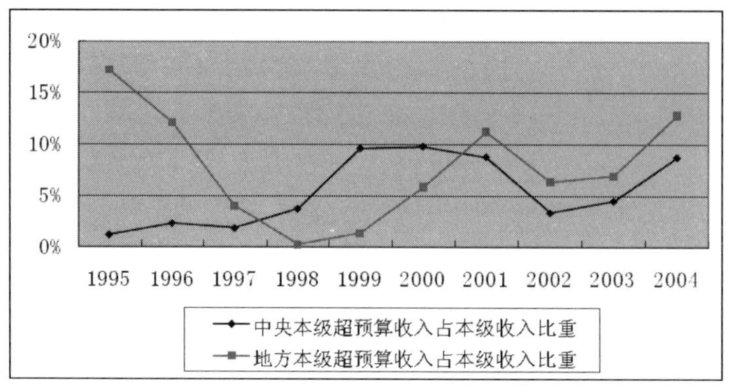

图7 超预算收入占中央和地方财政收入比重的演变（1994—2004）

资料来源：同表1。

2. 超预算的支出

接踵而来的问题是，“超收”的钱到哪里去了？

同超收的计算口径相仿，每年财政支出规模大于预算或计划数字的部分，便形成所谓“超支”。问题的复杂之处在于，在中国现行的预算管理体制格局下，每年形成的“超收”，都要不打任何折扣地转化为当年的“超支”。而且，基本的情形是，超收多少就超支多少。在“超收”与“超支”之间，是一列高度相关的“直通车”。

进一步看，由于近几年的财政收入一再大幅度增长，增长的相当部分又表现为“超收”，故而，在一再大幅度“超收”的支撑下，中国的财政支出一再“超支”。2004年即是一个典型的例子。高达4101.45亿元的“超收”额，既没用于弥补当年的财政赤字，也未留作当年的预算盈余，而是直接、全部地转化为当年的财政“超支”。

3. 取消政府预算口头报告制度

更具戏剧性的是，在2005年初，从中央到地方，每年一度的人民代表大会会议议程做了一项非同小可的“改革”：取消政府预算的口头报告，而仅提交书面报告。从表面看，这似乎只是基于节省会议时间考虑而进行的议程调整。但透过这一现象，我们看到的是，事实上，在这一“改革”

中，本来就亟待加强的人民代表大会对政府预算的约束机制，被进一步弱化了。

（1）在以往每年一度的全国人大会议议程安排中，政府工作报告、国民经济和社会发展计划报告、政府预算报告、人大常委会工作报告、最高人民法院工作报告和最高人民检察院工作报告，均作为同一层次的正式审议事项，既作口头报告，又发书面报告。将政府预算报告和国民经济和社会发展报告的审议，由以往的口头和书面报告兼行改为只发书面报告。其他的几个报告，则仍保留口头和书面报告兼行的做法。尽管可以用所谓节省会议时间、提升会议效率甚或坚持求真务实等理由来解释，但是，按照中国人的传统思维习惯，这起码给人一个印象：人民代表大会所审议的报告不在同一层次上了，政府预算报告的重要性降格了。

（2）作为立法机关的各级人民代表大会之所以要审议包括政府预算报告在内的、主要由政府行政部门提交的一系列文件，其根本的原因就在于，政府所从事的是满足社会公共需要的公共管理活动。既然是社会公共需要，既然同所有的社会成员都有关，政府的活动自然要纳入众人的视野，由作为广大社会成员代表的立法机关加以审议。不过，深一步看，政府所从事的活动多种多样，并非所有的政府活动都要形成正式文件、提交立法机关审议。那样做，既不可能，也不必要。一个理想且有效的办法是，寻找一条可折射、覆盖政府活动全部内容的主线作为立法机关审议的重心。这条主线，事实上是存在的，那就是政府的财政收支。

其中的道理不难理解，政府做任何事，都需要花钱。要花钱，就得要筹钱。这一收一支之间，伴随着政府活动的枝枝蔓蔓，牵动着政府活动的方方面面。所以，为政府的公共管理活动而筹钱、而花钱的活动，从来都是全部政府活动的核心内容。相对于其他政府部门提交的有关其他领域的公共管理活动文件而言，由财政部门提交的政府预算，是居“牵一发而动全身”地位的，它是立法机关和全体社会成员审议、监督政府部门活动的最重要的途径和窗口。“只有财政收支到位之处，才是政府职能履行之地”。这既是政府部门运作的一个规律，也是关于政府预算同政府部门提交的其他方面文件之间关系的一个极好概括。也正因为如此，在现实各国立法机关所审议的政府部门文件中，只有政府预算——而非其他方面的文件，才是花费时间最多、投入精力最大的审议对象。政府预算最重要！将处于核心地位的政府预算的审议层次相对降格，难免有舍本逐末之嫌。

（3）如果从1998年正式确立公共财政的目标算起，中国的公共财政体制建设已经走过了近七年的历程。2003年10月召开的中共十六届三中全会，也已将完善公共财政体制写入了《关于完善社会主义市场经济体制若干问题的决定》。有别于计划经济年代专注于国有经济单位的财政收支格局，公共财政体制的最突出的特点，就在于它是以公共化为取向的，就在于它是以“取众人之财——非取国有经济单位自家之财”来“办众人之事——非办国有经济单位自家之事”的。既然取的是“众人之财”——所有的税收，不论税种怎样，也不论税基和税率的安排如何，都直接或间接地来自全体社会成员的缴纳；既然办的是“众人之事”——所有的支出，不论规模怎样，结构如何，都直接或间接地用于全体社会成员的福利，它的运作，便与全体社会成员的切身利益挂上了钩。而且，由“钱”所挂上的这个钩，亦同由其他方面线索挂上的钩有所不同：它是最牵动人心的！它是最引人关注的！因而，它可将老百姓的日常生活同国家的政治生活更紧密地连接起来，从而最大限度地调动广大社会成员参政、议政的积极性和主动性。

从加强社会主义政治文明建设的角度出发，尽可能多地连接老百姓的日常生活和国家的政治生活并搭建两者相通的桥梁，无疑是十分重要的。建构在公共财政基础上的政府预算，显然就是这样的一个不可或缺的桥梁。这又告诉我们，对于这样一个桥梁的任何甚至哪怕是稍许一点的弱化之举，既与公共财政体制的建设目标相背离，也同社会主义政治文明的建设方向不相容。

（4）中国现实的政府预算，还存在着颇多的缺陷。诸如未能覆盖政府部门的所有收支、比较粗放、过于笼统、不够透明、法治性不强等，都是我们时常挂在嘴边并正在着力纠正的问题。往前走，它的改革方向应当是越来越完整、越来越细化、越来越透明、越来越科学、越来越对政府的收支行为具有约束力。要实施这样的改革，各级人民代表大会对于政府预算审议、监督能力的增强，审议、监督力度的提升，肯定是一股最重要的、必须依赖的推动力量。

照此说来，人民代表们以往花在审议政府预算报告上的时间不是多了，而是太少了。不是因听读兼行而显得过于烦琐了，而是听得不够，读得不深，审得不细，以至于在某种程度上走了过场，形同虚设，因而未能发挥应有的作用。所以，如果人民代表大会会议议程确实要在政府预算报告的审议上有所改革的话，那么，增加而不是减少政府预算报告的审议时间，提升而不是降低政府预算报告的审议力度，才是应当瞄准的目标。将本就有欠庄重的政府预算审议氛围进一步淡化，将本就相当薄弱的政府预算审议力度进一步调减，将本就相当单薄的政府预算审议程序进一步省略，绝对是对政府预算制度改革进程的放慢，甚至可能产生逆转之效。

4. 小结：需探究的问题

上述几个有关政府预算约束机制弱化现象的讨论，实际上告诉我们，对于政府预算的法制建设现状不可估计过高。瞻望“十一五”的经济社会发展格局，如下几个方面问题的妥善解决可能是非常紧迫且必要的。

（1）持续十几年之久，特别是近几年呈膨胀势头的巨额财政“超收”，的确是一件好事情。因为，做事总要花钱，有未许下任何“婆家”、可机动调用的“超收”的钱，毕竟为政府解决目前面临的一系列棘手问题提供了相应的空间。但是，长此以往，它带给我们的挑战也是非常严峻的。比如，之所以会有如此的财政“超收”，其中一个很重要的原因在于，我们历年沿用的预算收入规模测定办法，都是在GDP的计划增幅上加2—3个百分点。例如2005年，GDP的计划增幅为8%，据此测定的预算收入增幅便为11%（8%+3%）。但是，从过去12年的情形看，历年的财政收入实际增幅都远大于预算增幅。其结果，巨额的财政“超收”怎能不滚滚而来？问题是，如此的预算收入测定办法究竟有无科学性？若调整，又该操用什么样的办法？

（2）在现实的预算管理制度格局下，超预算收入的动用和决策程序基本上在行政系统内完成，而不在人民代表大会的审批视野之内。即便在形式上要走某些程序，但通常的情形是，先支用，后通报。而且，本来应互为条件的财政赤字和财政超收，也互不搭界、各行其道。仍以2004年的财政超收和财政赤字为例，财政超收4101.45亿元，财政赤字3191.77亿元。依一般原则，即便要动用“超收”，也要在弥补赤字之后才可进行。那样做的话，真正能够动用并用于“超支”的“超收”规模不过909.68亿元。然而，现实的操作结果是，3191.77亿元的财政赤字依旧，4101.45亿元的“超收”也全部转化为预算框架之外的“超支”。在这一操作过程中，不仅整个财政支出规模得以跳出预算控制而急剧膨胀起来，政府部门扩张支出的欲望被极大地刺激起来，而且，财政赤字同财政收支不平衡或财政困难之间的相关度被弱化了，政府预算的完整性、严肃性被打破了，人民代表大会对于政府预算的监督制约作用也在一定程度上被置于尴尬境地。如何才能走出一条既适合中国国情，又可有效强化政府预算约束机制的路子？

（3）从根本上说来，人民代表和人民代表大会的根本职责就是，代表纳税人审议好政府预算报告，代表纳税人监督政府部门用好每一笔税款。在现实中国政府预算约束机制总体处于弱化的格局下，人民代表大会所进行的将政府预算报告由以往口头和书面报告兼行改为书面报告单行的所谓“改革”，不能称之为改革。或者，至少不是市场化取向改革背景下通向公共财政体制建设和社会主义政治文明建设目标的改革。无论从哪个方面看，在当前的中国，不宜于降低政府预算报告的相对重要性。如何尽快地让政府预算口头报告制度回归人民代表大会会议议程，并且，采取措施不断强化人民代表大会对于政府预算的监督制约职能，是“十一五”时期不容回避也回避不了的一个重大问题。

五　稳健财政政策的基本取向

1. 稳健财政政策的实质意义

从2005年起，中国政府开始转行稳健的财政政策。在此之前，积极的财政政策伴随我们走过了7年的历程。从积极财政政策转向稳健财政政策，应当说是一个十分重大的变化。因而，在两者的比较中恰当地把握稳健财政政策的实质意义非常必要。

迄今为止，关于稳健财政政策的最权威解释，有两个重要之点：一是它的核心在于“松紧适度”。这使得我们可以立即把稳健财政政策同积极财政政策区别开来。因为，后者的核心在于“扩大内需”。由“扩张”走向“适度”，就是这一转向调整过程中的一个重大变化。另一是它的标志在于“双减”——减少财政赤字、减发长期建设国债。这也使得我们可以将稳健财政政策同积极财政政策区分开来。因为，后者的标志恰恰相反，在于“双增”——增加财政赤字、增发长期建设国债。由“双增”走向“双减”，即是这一转向调整过程中的另一个重大变化。

以所谓“松紧适度”和“双减”为参照系追溯一下近三年的财政收支安排，可以看到（参见图3和图5）：

即便2004年并未宣布实施稳健财政政策，即便那时仍旧举的是积极财政政策大旗，但在那一年，财政赤字的绝对规模由上年的3198亿元减少到3191亿元，减少了7亿元；相对规模——财政赤字占GDP的比重——由上年的2.7%减少到2.3%，减少了0.4个百分点。长期建设国债发行规模由上年的1400亿元减少到1100亿元，减少了300亿元。也就是讲，我们在2004年已经在进行“双减”，在实施“松紧适度”。2004年实际上是在以“积极”之名行“稳健”之实。

2005年是正式转行稳健财政政策或说是正式走向“名与实合一”的稳健的第一个年头。在那一年，财政赤字由上年的3191亿元减少至3000亿元，减少了191亿元。财政赤字占GDP的比重由上年2.3%减少至2.0%，减少了0.3个百分点。长期建设国债发行规模由上年的1110亿减少至800亿元，减少了310亿元。

于2005年末举行的中央经济工作会议，又做出了2006年继续实施稳健财政政策的决策。据此做出的2006年财政收支安排，财政赤字又将由上年的3000亿元减少至2950亿元，减少了50亿元。长期建设国债发行规模由上年的800亿元减少至500亿元，减少了300亿元。

从2004年的“名实不符”到2005年的“名实合一”，再到2006年的“继续稳健”，3年来实施稳健财政政策的经历告诉我们，这一轮的财政政策转向调整同上一轮相比，有着很大的不同。如果把上一轮的调整视作“一蹴而就”型的，那么，这一轮就是“渐进”式的。调整的核心和标志固然圈定在“松紧适度”和“双减”，但相对于3万亿上下的财政收支规模而言，每一年发生的“双减”变化几乎是微不足道的。小步前行，趋向稳健，渐进地逼近“松紧适度”的境界，可以说是这一轮调整的一个重要特征。

这就意味着，转行稳健财政政策也好，继续实施稳健财政政策也罢，并不意味着我们可以一蹴而就地脱掉“积极”的印记，它可能要经历一个相当长的渐进过程。

2. 转向稳健的制约因素

那么，其中的制约因素是什么？如下可能是一个大致的清单（高培勇，2005）：

在实施积极财政政策的7年中，全国各地利用中央举借的长期建设国债收入以及地方和银行的配套资金，兴建了一大批重点建设工程项目。这些项目，有些完工了，还有不少尚在建设之中。今后即便不再开工新的项目，仅完成这些在建工程项目，就需要相当大的后续资金投入。后续的资金投入倘若失掉支撑，这些工程就可能成为半截子工程或烂尾工程。此其一。

在实施积极财政政策的7年中，我们一直在论证积极财政政策每年拉动了1.5—2个百分点的经济增长。反证的结果便是，没有积极财政政策的拉动，每年的GDP增幅至少要下调1.5—2个百分点。在经济增长已经形成了对财政支出扩张的依赖，并且，现实的中国又需要经济增长提供的空间来解决转轨期间面临的一系列经济社会难题的情况下，转向调整的步伐过快将可能给经济运行带来较大的冲击。此其二。

实现“五个统筹”的要求也好，保持经济社会的协调发展也罢，都是要花钱的，都是要以钱去铺路的。这笔钱，数额很大。由于财政收支安排的规律通常是增量调整，存量动不得。每年数千亿元左右的财政收入增量固然可填上一些缺口，但不能完全解决问题。加之今后的收入增长空间是个未知数，故而，增发国债依然是必须依赖的一个收入来源渠道。此其三。

同财政收支有关的每笔数字的背后，都有既得利益因素的牵涉。即便抛开存量调整的企图而专注于增量，财政政策的转向调整也绕不开既得利益格局的调整这道坎儿。在财政政策转向调整中尽可能避免由此引发的社会震荡，尽可能减少由此带来的不稳定因素，是不能不慎重考虑的一个重要问题。此其四。

这一轮的宏观调控呈现出的一个重要特点是，既要防止通胀的苗头继续扩大，又要避免通缩的阴影卷土重来；既要坚决控制投资需求膨胀，又要努力扩大消费需求；既要控制部分行业盲目投资和低水平重复建设，又要着力支持经济社会发展中的薄弱环节。因而，有别于以往单纯的反通胀或防通缩的财政政策，稳健财政政策的实施必须兼容经济和社会的多重目标。此其五。

金人庆（2004）在2004年中央经济工作会议闭幕不久发表的《实行稳健的财政政策，促进经济平稳较快发展》一文中，曾这样归结财政政策转向调整的制约因素：政策需要保持相对的连续性，国债项目的投资建设有个周期，在建、未完工程尚需后续投入；在经济高速增长和部分行业、项目对国债资金依赖较大的时候，“收油过猛”会对经济造成较大负面冲击；按照“五个统筹”的要求，确实有许多“短腿”的事情要做，保持一定的赤字规模，有利于集中一些资源，用于增加农业、教育、公共卫生、社会保障、生态环境等公共领域的投入；保持一定的调控能力，有利于主动地应对国际国内各种复杂的形势。

3. 可能的举措

为谋划稳健财政政策的具体实施方案，财政部门已经拿出了“控制赤字、调整结构、推进改革、增收节支”的所谓“十六字”方针（金人庆，2004）。将这“十六字”的具体含义放到现实的背景下加以整合，可以看到：

所谓控制赤字，就是要适当减少财政赤字和长期建设国债。在历史和现实的种种因素制约下，无论是赤字的削减，还是长期建设国债发行规模的压缩，都不会采取较大的动作。所以，它的实现，眼前既不会有多大的作为空间，也需在推进改革的安排逐步实现。

所谓调整结构，就是要按照科学发展观和公共财政建设的要求，优化财政支出投向结构。它既牵涉流量的调整，亦难免触及存量。因而，在这一过程中，坚持区别对待也好，强调有保有压也罢，它的实现，也需同改革举措相衔接，通过推进改革的安排来实现。

所谓推进改革，就是要转变以往主要依靠财政支出支持或拉动经济增长的方式，在“以改革促增长，以改革促发展”的旗帜下，以财政自身的改革以及着眼于推进改革的财政收支安排，实现推进整体改革进程的目的。

所谓增收节支，就是在强化税收征管的基础上，把该征的税尽可能如数征上来。同时，严格控制财政支出的过快增长，提升财政资金的使用效益。这既是财政税务部门的一项常规性工作，又是必须寄希望于通过改革来逼近的一个长久目标。

所以，一个合乎逻辑的判断是，以上述“十六字”作为基本图景的稳健财政政策实施方案，通篇浸透着推进改革的精神，实际上是要以推进改革作为主线来实施的。

4. 小结：需探究的问题

从当前宏观经济运行态势和财政收支运行规律的交互作用中，可以得到的基本判断是，在“十一五”期间，稳健财政政策将可能与我们长期相伴。立足于稳健财政政策的宏观环境并在这个宽广的平台上，如何加快推进那些拟议进行或亟待推进的改革事项，既是实施稳健财政政策的一个主要着力点，也是“十一五”期间中国财税工作的一个主要任务。

根据《中共中央关于制定国民经济和社会发展第十一个五年计划的建议》（2005），在“十一五”期间，拟议进行或亟待推进的有关重大财税改革事项可大致区分为如下三个层次：

（1）着眼于完善落实科学发展观的体制保障的改革。具体包括：进一步推进公共财政体制的完善；合理界定各级政府的事权，调整和规范中央与地方、地方各级政府间的收支关系，建立健全与事权相匹配的财税体制；调整财政支出结构，加快公共财政体系建设；实行有利于增长方式转变、科技进步和能源资源节约的财税制度。

（2）财税自身改革。具体包括：完善中央和省级政府的财政转移支付制度，理顺省级以下财政管理体制，致力于地区间基本公共服务均等化；完善增值税制度，实现增值税转型。统一各类企业税收制度。实行综合和分类相结合的个人所得税制度。调整和完善资源税，实施燃油税，稳步推行物业税；农村税费改革，巩固成果，全面推进农村综合改革；继续深化部门预算、国库集中收付、政府采购和收支两条线预算管理制度改革；规范土地出让收入管理。

（3）支持推进的改革。具体包括，教育体制改革、社会保障制度改革、医疗卫生制度改革、收入分配制度改革。

六 新一轮税制改革

1. 新一轮税制改革的主要内容

相对于1994年的那一次税制改革，我们把目前正在推进中的这一次税制改革称之为“新一轮税制改革”。关于新一轮税制改革，早在2003年10月份，中共十六届三中全会所通过的《中共中央关于完善社会主义市场经济若干问题的决定》第20条已经作出了全面描述。紧接着，在那个基础上，于2005年10月份召开的中共十六届五中全会，又将“十一五”期间的税制改革安排写入了《中共中央关于制定国民经济和社会发展第十一个五年计划的建议》第24条。

对于新一轮税制改革的主要内容，可从两个层次上分别来说：改革的原则和改革的事项。

先说前一个层次。新一轮税制改革的原则，被概括为12个字：“简税制，宽税基，低税率，严征管。”将这12个字与1994年的那一次税制改革的16字原则——“统一税法，公平税负，简化税制，合理分权”——做一简单的对比，就可发现，同旨在建立适应市场经济体制的税收制度体系的1994年税制改革有所不同，新一轮税制改革并非一次重起炉灶式的改革。它是在1994年所确立的税制体系框架的基础上，着眼于现行税制的进一步修补和完善。因而，相对于1994年的税制改革而言，它的规模和影响都要小一些。

再看后一个层次。新一轮税制改革的主要方面，可概括为8个项目：改革出口退税制度；统一各类企业税收制度；增值税由生产型改为消费型，将设备投资纳入增值税抵扣范围；完善消费税，适当扩大税基；改进个人所得税，实行综合和分类相结合的个人所得税制；实施城镇建设税费改革，条件具备时对不动产开征统一规范的物业税，相应取消有关收费；在统一税政前提下，赋予地方适当的税政管理权；创造条件逐步实现城乡税制统一。

在其中，迄今为止，在“十五”期间已经启动并取得相应进展的改革项目有：出口退税制度的改革、个人所得税改革内容之一——工薪所得减除额标准的上调、增值税由生产型转为消费型改革在东北地区三省一市进行试点、实现城乡税制统一改革重要一步——取消农业税。应在“十一五”期间启动甚至全面完成的改革项目有：增值税转型改革、统一各类企业税收制度、实行综合和分类相结合的个人所得税制度、调整和完善资源税、实施燃油税和推行物业税。

2. 新一轮税制改革的重点

尽管上述所有的项目都是必须推进的改革。但如果按其牵动全局意义的大小排序，在“十一五”期间，新一轮税制改革还是有其重点项目的。这就是，增值税、企业所得税和个人所得税。对这几个税种的改革，不妨讨论得细致一点。

（1）增值税。中国的现行增值税制诞生于20世纪90年代初期。在那个时候，通货膨胀和短缺经济，是我们经常挂在嘴边的主要矛盾。抑制通货膨胀、约束消费和投资需求，也是我们反复谋划的基本目标。而且，在那个时候，财政收入不足、财政收入占GDP比重偏低，是我们经常面对的主要难题。增加财政收入、提升财政收入占GDP的比重，也是我们反复盘算的基本路径。为此，能够想到、可以用上的几乎所有的手段，都被赋予了抑制通胀、约束需求的任务。能够采取、可以实施的几乎所有的办法，也都被注入了增加财政收入的因素。增值税制的设计，自然也要被派上用场。于是，在那样的背景之下，即便增值税的基本特征是只按生产经营中的增值额计税，非增值部分——购入固定资产已在此前环节缴纳的税款——应当准予抵扣，并且，世界上通行的增值税税基是消费型——不含购入固定资产的价值，当时的增值税税制还是选择了生产型的税基——不允许抵扣购入固定资产所含税款。

早在几年之前，随着宏观经济环境的变化——通胀为通缩所取代——和财政收入形势的扭转——每年的收入增量都达千亿元以上，现行增值税制的约束消费和抑制投资倾向已经成为不合时宜的印记。于是，便有了对现行增值税制作相应调整的呼声和企盼。并且，在这种呼声和企盼中，主管部门亦拿出了比较成型的改革方案。在2003年召开的中共十六届三中全会上，作为新一轮税制改革的主要内容之一，增值税由生产型改为消费型还被写入了《关于完善社会主义市场经济体制若干重大问题的决定》。

作为一个对税制和税收全局具有重大影响的税种，增值税制的改革非同小可。故而，先试点，在试点的基础上向全国推广，便成为增值税改革的一个重要思路。恰好，试点对象的确定又与振兴东北老工业基地战略决策的实施相逢，于是，便有了先将增值税的改革方案在东北地区试行的方案并在2004年下半年得以启动，增值税制的改革由此拉开了序幕。

时至今日，增值税改革的试点已经取得了相应的经验。应当说，现在是向全国推广的时候了。然而，由于另一个改革重点——企业所得税——的改革受阻，它的推广受到了强有力的牵制。企业所得税的改革能否顺利出台，将在很大程度上决定着增值税改革的时间表。

（2）企业所得税。关于内外资企业所得税制合并改革的必要性，这几年来，社会各界已经做了相当充分的阐述。同在中国的土地上从事生产经营活动，两者的税负竟相差10个百分点上下，无论从哪个角度讲，都不能再继续下去。关于内外资企业所得税制改革的方向和内容，有关部门已经有了比较成熟的方案。

但是，就在方方面面为这项改革的启动而呐喊、而谋划、而多方论证的热切企盼中，它的改革却一再受阻、一再拖延下来。之所以如此，能够放在桌面上的理由，主要是一条：它会减少外资企业独享多年的税收优惠，从而会对引进外资带来负面影响。而这条理由，在过去的几年中，已经经过多方论证并一再地为人们所证伪。

作为当今世界上最具吸引力、引进外资连年位居前列的投资国之一，我们一直在思量：外资进入中国究竟图的是什么？税收优惠固然是吸引外资的因素之一，但在左右其投资取向的棋盘上，税收上的优惠只属于蝇头小利。相对而论，稳定的政治局面、发展良好的经济态势、广阔的市场潜力、丰富而廉价的劳动力资源才是对外资吸引力最大、作用最强的因素。退一步讲，如果确有一些外资就是专奔税收优惠而来，这样的外资肯定不在实力强、技术硬、对中国经济发展具有重要作用的企业之列。此其一。

如果说在改革开放初期，尚处幼年的中国经济发展状况使得我们对于吸引外资的态度确有些多多益善、饥不择食的话，那么，在中国经济已经步入迅速发展轨道、国力已经得到稳步提升的今天，我们已经到了有资格、有条件讲究引进外资的质量和品位的时候。对于今天的中国经济而言，外资并非多多益善，不能也不应再饥不择食。沿用改革开放初期的思维来面对今天的外资工作，无论从哪个方面讲，肯定是不合时宜的。此其二。

在内外资适用不同的企业所得税法的条件下，内资企业的实际税负水平较之外资企业高出10个百分点以上。由于众所周知的原因，大量的内资企业本来就先天不足。加上人为施加的歧视性高税负以及各种法律、法规上的限制，事实上产生了抑制内资企业发展的效应。可以说，正是在以税收为代表的各种歧视性政策的挤压之中，几乎没有一家内资企业能同外资企业进行可称得上公平的竞争。此其三。

WTO固然不排斥在税收上给外资企业“超国民待遇”，但实行对所有企业的一视同仁的“国民待遇”终归是其基本的规则，也是各国通行的做法。放着既符合市场经济规则、又同WTO要求相一致的“国民待遇”原则不用，非要额外赋予外资企业以税收特权，非要给予其税收上的“超国民待遇”，由此换得的效益究竟能否抵得上为之付出的成本？此其四。

说到底，在当前的中国，之所以会有反对内外资企业所得税制合并改革适时启动的强烈声音，其根本的原因无非在于，吸引外资规模的增减可能牵动着相关部门的政绩，沿袭多年的区域性税收优惠格局可能发生的变化会让相关地方失掉继续独享这种“级差地租”的机会。

问题的复杂性在于，企业所得税制合并改革受阻所带来的，并不限于企业所得税一个税种。事实上，它也直接拖住了增值税以及整个新一轮税制改革的进程。

这是因为，增值税的改革，主要表现为税基的缩减。因而在总体上，它是一种给纳税人减负的改革。而且，它是一种具有普惠性的、几乎所有的纳税人都受益的改革。与之有所不同，按照既有的企业所得税制合并改革方案，它的改革主要表现为内资企业税负调减而外资企业税负调增。也就是内资和外资企业的所得税税负，将分别从两头向中间靠拢。因而，它的启动肯定要遇到阻力。为了化解可能的阻力、顺利地推进改革，一个既有效又少副作用的选择，就是，将增值税和企业所得税改革一并推出，捆绑上市。那样做的话，两个税种改革所带来的税负增减效应相抵，从而极大地降低企业所得税制合并改革可能遇到的阻力，换取整个新一轮税制改革的成功。否则，如果增值税改革单兵突进，固然会因其给纳税人带来的明显减负效应而受到普遍欢迎。但是，失掉了平衡新一轮税制改革税负增减效应这样一个特殊的机遇，今后的企业所得税制合并改革启动的难度将会更大，甚至会因此无限推延下去。

（3）个人所得税。如前所述，作为个人所得税改革的一个内容，工薪所得减除额标准的上调已经先行一步。在“十一五”期间，个人所得税仍面临着进一步全面改革的任务。

中国的现行个人所得税制之所以需要改革，同调节居民个人收入差距的需要和现行个人所得税的格局有关。

顾名思义，个人所得税是对个人所得征收的税收。但现实中的个人所得，是可以分成若干类别的。对于不同类别的个人所得，可以区分不同项目分类征税，也可以将各种项目加总求和综合征税，还可以将分类征税和综合征税的办法混合在一起征税。相应的，个人所得税的类型被区分为分类所得税制、综合所得税制和混合所得税制。

中国现行的个人所得税，实行的是分类所得税制。列入个人所得税的征税项目一共有11个：工资薪金所得、个体工商户生产经营所得、企事业单位承包（承租）经营所得、劳务报酬所得、稿酬所得、特许权使用费所得、利息（股息、红利）所得、财产租赁所得、财产转让所得、偶然所得和其他所得等。对于上述不同类别的所得，采取的是不同的计征办法、适用的是不同的税率表格。故而，表面上个人所得税是一个税种，实际上它是由11个类别的个人所得税构成的。

再者，由诸税种所构成的税制体系就像是一个交响乐队。个人所得税固然要为政府取得收入，但除此之外，它还有一个特殊的角色定位——调节居民间的收入分配。我们知道，在当前的中国，收入分配差距的日益拉大，已经在相当程度上危及经济社会的长期稳定发展。努力缓解收入分配差距而不是听任其继续拉大，已经成为“十一五”时期的重大战略任务。作为一种最重要的调节收入分配的手段，个人所得税改革的主要目标，当然要锁定在如何有效地调节居民收入的分配差距上。

现行分类所得税制的格局不那么适合调节收入分配差距需要。道理非常简单，人与人之间的收入差距，是一种综合的收入差距，是在加总求和所有来源、所有项目收入的基础上才能计量出来的。现行的将个人所得划分为若干类别、分别就不同类别征税的办法，固然便于源泉扣缴，不易跑冒滴漏，也能起到一些调节收入差距的作用，但是，在缺乏综合所得概念基础上实现的调节，毕竟是不全面的，甚至可能是挂一漏万的。

让高收入者比低收入者多纳税并以此调节居民之间的收入分配差距，就要实行综合所得税制——以个人申报为基础，将其所有的所得综合在一起，一并计税。这既是各国个人所得税制历史演变的基本轨迹，也是我国个人所得税的改革方向。正因为如此，中共十六届三中全会通过的《关于完善社会主义市场经济体制若干问题的决定》第20条，对于个人所得税制改革目标的阐述便是："改进个人所得税制，实行综合和分类相结合的个人所得税制。"

3. 小结：需探究的问题

从有关新一轮税制改革问题的讨论中，至少可以得到如下几个方面的判断：

（1）任何一个国家的税收制度，总要植根于一定的经济社会环境并随着经济社会环境的变化而做相应调整。在1993年设计并于次年开始实施的中国现行税制，至今已经有了12年的历史。这12年来，虽然免不了修修补补，但基本的格局没有发生大的变化。对比之下，中国经济社会环境所发生的变化绝对可以用"巨大"来形容。在今天的中国，税收制度同其赖以依存的经济社会环境之间的不相匹配现象已经越来越清晰地为人们所看到。若不对税收制度进行与时俱进的调整，税收制度肯定会对经济发展产生越来越大的负面影响。所以，在"十一五"期间，新一轮税制改革已经到了必须全面启动的时候。

（2）拟议中的税制改革方案无疑是以财政上的减收为代价的。而且，根据初步测算，仅仅增值税和企业所得税两个税种的改革，就要涉及2000亿元上下的减收。如此规模的成本，在财政日子并不宽裕、方方面面亟待投入的条件下，自然需要谨慎对待。但谨慎并不意味着搁置，因财政减收的担忧而搁置拟议进行的税制改革，终归不是长久之事。指望财政的日子宽裕起来再实施企盼已久的税制改革，不仅会使改革变得遥遥无期，而且，很可能永远等不来那一天。注意到目前正是税收收入增幅最大的时期，抓住眼下的收入增长“旺季”，将超预算增长的税收用于启动新一轮税制改革，应当也必须是“十一五”期间的一个重要选择。

（3）能够放在桌面上的理由也好，不能拿到桌面上的原因也罢，在内外资企业所得税制合并改革以及整个新一轮税制改革上所遇到的种种难题的破解，最终取决于，相关的部门和地方究竟能否跳出部门利益、地方利益的局限而跃升至国家利益、宏观利益的层面上考虑问题。只有冲破了各种既得利益格局的围追堵截，各项亟待进行、拟议进行的改革才可能破冰而出。内外资企业所得税制合并改革如此，其他方面的改革也是这样。这也可算作我们经过一系列的碰撞之后，终于悟出的一个带有常识性的道理。

主要参考文献

许善达:《在中国税收高层论坛的演讲》，2004年4月24日，http：//www.finance.sina.com.cn/roll/20040424/1551737。

金人庆:《实行稳健的财政政策　促进经济平稳较快发展》，《人民日报》2004年3月7日。

金人庆:《深化改革 科学发展 谱写财政工作新篇章—在全国财政工作会议上的讲话》，全国财政工作会议文件，2005年12月19日。

高培勇:《在推进改革中转向稳健——关于2005年中国财政政策基本取向的分析》，《税务研究》2005年第1期。

《中共中央关于制定国民经济和社会发展第十一个五年计划的建议》，《人民日报》2005年10月16日。

（原载《财贸经济》2006年第1期）

把脉当前的中国财政走势

如同经济社会发展整体格局的形成往往取决于若干关键因素的变化一样，把脉当前的中国财政走势，一个比较恰当的选择，就是从其体制机制性层面的关键因素入手，由关键因素的分析透视财政收支运行全局。

就当前的中国财政收支运行格局而论，处于体制机制层面、对整体格局具有重大影响的关键因素，大致有如下几个。

一 收支规模:“超收”主导的决定机制

回顾一下这些年特别是近两三年来中国财政收支规模所走出的基本轨迹，可以清晰地看到这样一个颇具机制体制性意义的图景：无论在中央财政一级，还是在地方财政级次，抑或就汇总后的全国财政而论，进入决算视野的历年财政收支规模，其最终的决定因素，在于税收收入的“超收”状况。换言之，在由预算收支规模向决算收支规模的高幅跃升过程中，税收收入的持续巨额“超收”发挥了决定性的作用，而非任何其他别的什么因素所引致。

不妨以2006年的财政收支规模数字为例并参照图1来说明其究竟。

按照2006年的财政预算盘子，全国财政收入和全国财政支出指标分别为35423.38亿元和38373.38亿元。然而，到了决算环节，上述两个指标则分别被改写为39343.62亿元和41326.16亿元[①]。前者超出预算3920.24亿元，后

① 这个数字系根据一般口径加以调整的结果。即41326.16亿元＝全国财政支出40213.16＋解决出口退税欠账支出613亿元＋安排中央预算稳定调节基金支出500亿元。

者超出预算2952.78亿元[①]。其超出的幅度，分别达到11.07%和7.69%。

预决算数字之间之所以会呈现如此大的反差，在表面上，系因财政“超收”引致“超支”并最终扩大了收支规模。但深入一步看，其根本的原因，则镶嵌于我国现行的预算约束制度之中：

在预算的编制环节，无论是预算收入指标的安排，还是同其协调安排的税收收入计划指标，历来都是本着“留有余地”的原则确定的。其习惯性的做法，就是在GDP的计划增幅基础上外加2—4个百分点。如在2006年，GDP的计划增幅为8%，据此确定的预算收入增幅便为12%（=8%+4%）。注意到过去13年间实际高达20.13%的税收收入年均增幅几乎是同期GDP年均增幅（10.14%）的2倍之多，GDP的实际增幅又总是远高于计划增幅，并且税收收入占到了预算收入的95%以上，可以立刻意识到，无论出于怎样的考虑，在预算收入的编制环节，事实上预留了很大的“超收”空间。

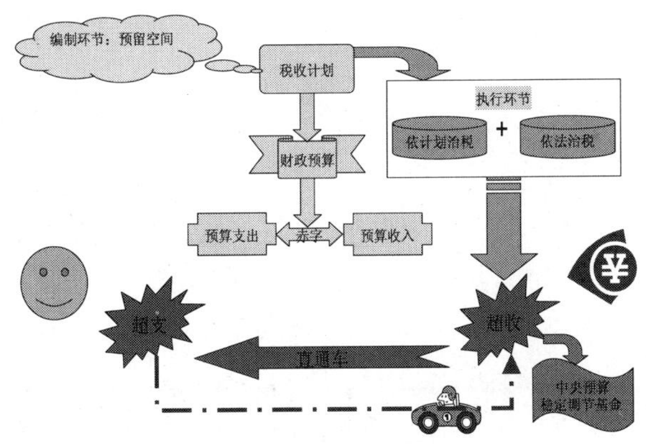

图1　收支规模：“超收”决定一切

在预算的执行环节，处于现行税收管理体制下的税务机关，其日常工作要在两条线索上进行：税收计划和现行税制。一方面，作为指令性的税收计划，经过层层分解并下达到各级税务机关之后，便成为必须完成的任务“底线”。另一方面，作为征税基础的现行税制，在依法治税的旗帜下，把

① 超收与超支之间的967.46亿元差额，反映为减少中央财政赤字200.05亿元和地方财政结余或结转767.41亿元。

该征的税如数征上来，又是税务机关必须履行的天职。既要依计划治税，又须依法治税。前者很“硬”，没有讨价还价的余地。后者虽表面上不那么“硬”，也可依征管能力的状况而有所伸缩，但在税收法制建设迅速推进的条件下已经容不得人为的调节。故而，税收计划和现行税制之间的现实距离，又为税务机关“填充”预算编制环节预留的“超收”空间打下了基础。

在预算的审批环节，现行预算法对于“超收”、“超支”的规定，颇为模糊[①]。“超收”收入的动用和决策基本上在行政系统内完成，而未纳入人民代表大会的审批视野。即便在形式上要走某些程序，实行所谓向全国人大常委会的通报和报告制度，通常的情形也是，先支用，后通报。或者，边支用，边通报。甚至本来应互为条件的财政赤字和“超收”，也互不搭界、各行其道。故而，每年形成的“超收”，几乎都要不打任何折扣地转化为当年的“超支”。在“超收”与“超支”之间，是一列高度相关的“直通车”。

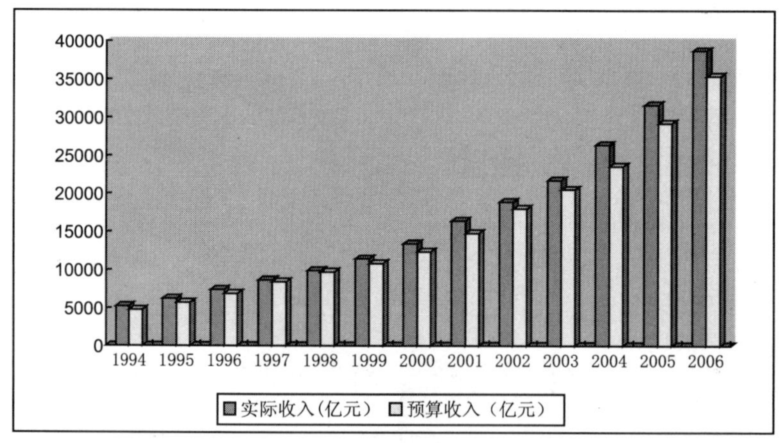

图2 财政“超收”已经常态化（1994—2006）

资料来源：中国财政编辑委员会:《中国财政年鉴（2004）》，中国财政杂志社2004年版；国家统计局:《中国统计年鉴（2006）》，中国统计出版社2006年版。

---

① 在现行预算法中，见诸字面的表述是，“各级政府预算的上年结余，可以在下年用于上年结转项目的支出；有余额的，可以补充预算周转金；再有余额的，可以用于下年必需的预算支出”。

国家统计局:《中华人民共和国国民经济和社会发展统计公报》,《经济日报》2007年3月1日。
财政部:《关于2006年中央和地方预算执行情况与2007年中央和地方预算草案的报告》,《经济日报》2007年3月19日。

事情一旦走到这一步,"超收"的意义随之变了味,人们对于"超收"的态度也走了样:由被动地接受"超收"的结果演化为主动地追求"超收"的目标。自然的,"超收"也就越来越趋向于常态化(参见图2和图3):每年动辄几千亿元的"超收"滚滚而来;"超收"对于财政收入的意义日趋重要;因"超收"而生、跑到预算约束视野之外的财政收支规模也越来越大。

正是在上述的体制机制性因素的交互作用下,如图1所示,我国历年的财政"超收",往往会通过直接转化为"超支"的途径而叠加到预算收支规模之上。从而,决算环节的财政收支规模,可以通过"超收"与"超支"加预算收支规模的简单算术而得出。

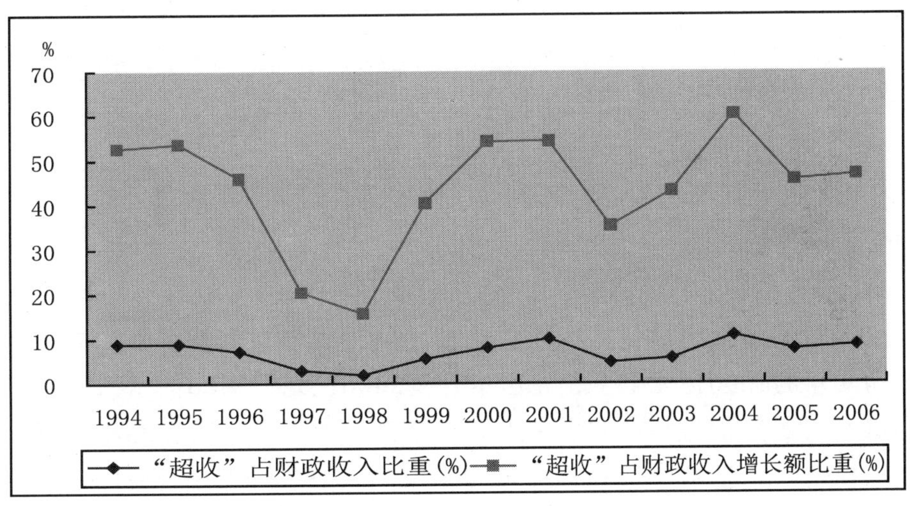

图3 居高不下的财政"超收"占比

资料来源:同图2。

迄今为止发生的唯一例外是,在2006年,上述诸因素的传导过程有了一丝松动迹象:作为税务机关工作线索之一的税收计划,其以往的指令性特征得到少许弱化并被相应赋予了指导性意义；动用“超收”设立500亿元的“中央预算稳定调节基金”并冲减200亿元的财政赤字，使得“超收”得以部分“分流”，并相应弱化了“超收”与“超支”之间的“直通车”关系。在图1中，它表现为右下角的“漏斗”。

可以认为，我国在财政收支规模上所走出的这种“预算编制→预算执行→税收‘超收’→财政‘超支’→决算收支规模”的行动路线，既不同于教科书中的一般原理，也有别于典型市场经济国家的一般做法，而属于颇具“转轨”特色的非典型案例。这就意味着，除非彻底改变上述的体制机制性因素并实现向适应市场经济的规范化财政预算制度的转轨，否则，由“超收”所主导甚至决定一切的我国财政收支规模决定机制，很可能要与我们长期相伴。

所以，中国财政收支规模的未来走势，说到底，最终还是要决定于财政预算制度的改革进程。这可以作为我们把脉当前中国财政走势的一个重要线索。

二 税收增长：重复以往的故事

在由“超收”所主导的财政收支规模决定机制中，税收收入的增长状况扮演着重要角色。

由图4和图5可以看到，从1994年开始的中国税收收入的高速增长现象，已经持续了长达13年的区间。这13年间，税收收入的增幅一再攀升，由最初几年的1000亿元上下，先后攀升至2000亿元、3000亿元、5000亿元和7000亿元，从而把税收收入带上了一个又一个高台。到2006年，全国税收收入规模已经达到37636亿元。这个数字，是1993年全国税收收入规模的9.14倍。而且，13年间的税收收入年均增幅（20.13%）①，几乎是同期GDP增长率（10.14%）的2倍之多。

① 这13年的增长速度分别为：23.1%（1994）、17.8%（1995）、18%（1996）、16.7%（1997）、10.5%（1998）、13.4%（1999）、22.8%（2000）、19.7%（2001）、12.1%（2002）、20.4%（2003）、25.7%（2004）、20%（2005）和21.9%（2006）。

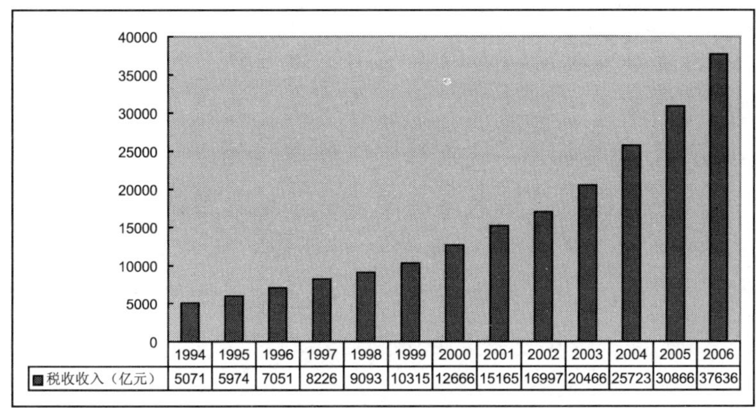

图4 税收收入规模的持续高速增长（1994—2006）

资料来源：中国税务年鉴编辑委员会：《中国税务年鉴（2005）》，中国税务出版社2005年版；国家统计局：《中国统计年鉴（2006）》，中国统计出版社2006年版；国家统计局：《中华人民共和国国民经济和社会发展统计公报》，《经济日报》2007年3月1日。

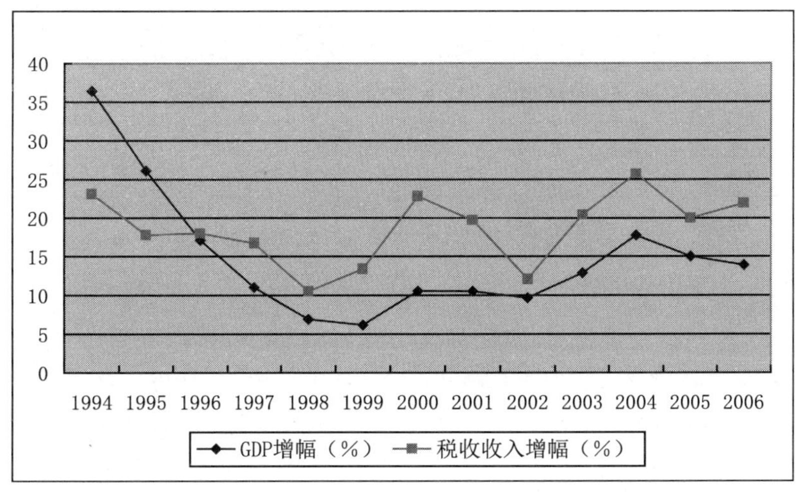

图5 税收收入与国内生产总值增长率的比较（1994—2006）

资料来源：同图4。

同财政收支规模决定的情形相仿，税收收入之所以会呈现如此持续高速增长的轨迹，在现象层面上，可以通过所谓“三因素”论（金人庆，2002）或“多因素”论（谢旭人，2006；李方旺，2006）加以解释，但其深层次的原因，则镶嵌于我国现行的税收制度之中：

从中国和世界税收发展史的追溯中可以看到，发生在过去13年来的中国税收收入持续高速增长现象，不仅在中国，而且是世界上的一个特例。对于这一特例发生的缘由，难以操用一般规律加以解释。在能够列举的支撑税收收入持续高速增长的因素清单中，不论是经济增长、政策调整、物价上涨，还是累进税率制度、加强税收征管，抑或GDP与税收的结构差异、外贸进出口对GDP与税收增长的影响差异，均系世界上普遍存在的一般性因素。而它们，并未引致类似中国这样的税收收入持续高速增长轨迹。

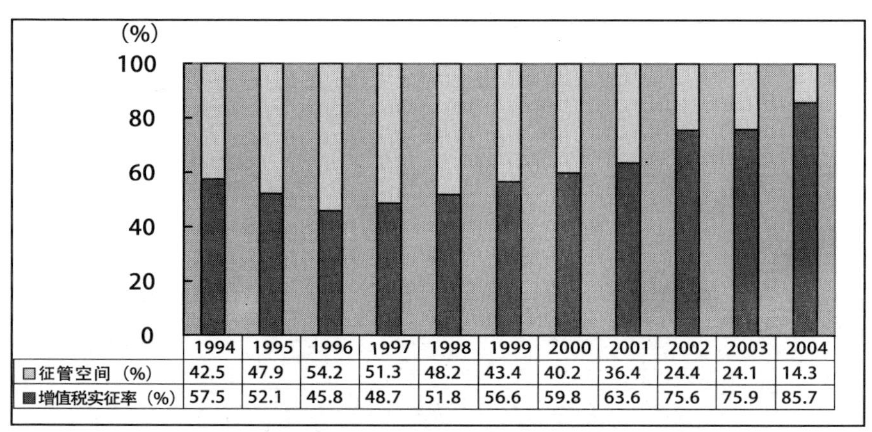

	1994	1995	1996	1997	1998	1999	2000	2001	2002	2003	2004
□征管空间（%）	42.5	47.9	54.2	51.3	48.2	43.4	40.2	36.4	24.4	24.1	14.3
■增值税实征率（%）	57.5	52.1	45.8	48.7	51.8	56.6	59.8	63.6	75.6	75.9	85.7

图6 增值税实际征收率的稳步提升（1994—2004）

资料来源：转引自国家税务总局计划统计司《增值税征收率变动与金税工程二期效果宏观分析》。

来自国家税务总局的两个分析报告（许善达，2004；国家税务总局计划统计司，2006）表明，分别以法定税负和实征税负①作为计算税收征收率的分母和分子，那么，中国税收的综合征收率，已经由1994年的50%左右提升至2003年的70%以上。在10年间，提升了20个百分点；具体到作为第一大税种的增值税，其征收率（参看图6），则已由1994年的57.45%提升到了2004年的85.73%。在11年间，提升了28.28个百分点。表现在税收征收率

① 前者指现行税制所规定的、理论上应当达到的税负水平。后者指税务部门的征管能力能够实现的、实际达到的税负水平。两者之间的距离，决定于税收征收率。故而，不同于“法定”的税负水平——税基和税率两个因素的乘积，“实征”的税负水平，则是税基、税率和税收征收率三个因素的乘积。

上的如此迅速且高幅的提升，说明中国税务机关拥有的“征管空间”巨大。正是由于拥有巨大的“征管空间”，才使得中国税务机关在加强税收征管方面的努力具有令人刮目相看的“魔力”——税收收入由此获得了持续高速增长的强大推动力。

注意到税收收入增长轨迹的形成同现行税制的诞生同步发生——1994年的税制改革改写了中国税收的历史，对于“征管空间”的来历，显然要深入于现行税制层面，从其孕育与诞生的特殊背景中去探求。归结起来，孕育并诞生于1993—1994年间的我国现行税制，至少打上了属于那个年代的三个方面的特殊烙印（高培勇，2006）：

其一，严峻的通货膨胀。为应对当时高达20%以上的通胀率，要调动包括税制设计在内的几乎所有可能的手段。故而，现行税制的设计必须融入反通胀因素。如增值税，就要采用有助于抑制企业投资冲动、口径相对较宽的生产型税基；

其二，严峻的财政拮据。为扭转当时财政收入占GDP比重的持续下滑势头，不仅要保证原有税负不减，而且要实现略有甚至较大幅度“增收”。故而，现行税制的设计必须在税制设计中渗入增收的因子，把取得既定规模的税收收入作为重要目标；

其三，偏低的税收征收率。为保证既定税收收入目标的实现，就要在现行税制中植入具有抵冲偏低的税收征收率效应的因素。故而，现行税制的设计必须留有余地，“宽打窄用”。以“宽打”的税制架构，确保“窄用”的税收收入规模。

诸多方面的因素相交融，现行税制的格局也就大体奠定：在当时的背景下，即便只着眼于5000亿元的税收收入目标，考虑到“抑热”、“增收”以及“征收率偏低”等方面的实情，也需事先建构一个可征收10000亿元的税制架子。换言之，中国税务机关所拥有的巨大“征管空间”，事实上是现行税制在其孕育和诞生之时所预留下的。正是现行税制所具有的巨大的拓展潜力，把中国税收推上了持续高速增长的轨道。

由此不难发现，在以往的13年中，中国税收收入走出了一条“现行税制→征管空间→加强征管→税收征收率→税收收入增长”的行动路线。认识到这一行动路线的源头在于现行税制，可以得到如下的判断：除非改变现行税制，否则，至少在未来的几年内，中国的税收收入，仍将会重复以往的故事。

所以，中国税收收入的未来走势，特别是其高速增长的势头能否持续下去，最终要取决于新一轮税制改革的进程。这可以作为我们把脉当前中国财政走势的另一个重要线索。

三 “体制复归”：支出占比呈现“V”形格局

财政“超收”也好，税收收入的持续高速增长也罢，终归是作为政府支出的财源而进入财政运行过程的。当我们将视野由“超收”、税收收入增长而转至政府支出并最终聚焦于整个社会资源的配置格局时，立刻会发现，在以往的13年中，不仅两者之间的变动轨迹有着惊人的相似，而且，由此带动的财政支出规模扩张，也使得整个社会的资源配置格局呈现了“体制复归”势头。

由图7可以看到，从1994年以来，中国财政支出规模亦经历了一个迅速扩张的过程。1994年，全国财政支出不过5792.62亿元，1998年突破10000亿元。此后，两年上一个台阶。2000年突破15000亿元，2002年突破22000亿元，2004年突破28000亿元，2005年达到33930.28亿元，2006年又进一步迈上了41326.16亿元高台。

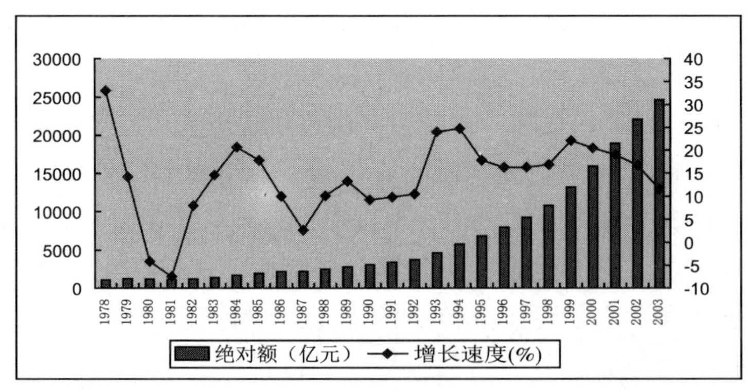

图7 1978—2003年财政支出变化情况

资料来源：同图2。

把财政支出规模的年均增速（19.94%）与同期GDP的年均增速（10.14%）联系起来，不难发现，前者几乎是后者的2倍。作为一个必然结果，GDP的分割格局越来越向政府一方倾斜。至2006年，财政支出占GDP的比重，已经由1994年的12.0%提升至 19.73%。

再将视野延伸至改革开放以来的28年历程，还可以从图8发现，这些年来，作为社会资源配置格局的一个基本反映，中国财政支出占GDP的比重走出了一个不完全对称的“V”字形轨迹：在改革之初，我们曾将降低财政支出占GDP的比重作为改革的目标。这个比重数字，1978年为31.0%。其后，曾有过一个持续下降的时期。到1996年探底，仅为11.2%。以此为转折点，开始持续提升并达到了2006年的19.73%。而且，往前看，在税收收入强劲增长特别是巨额“超收”的带动下，这个比重的提升势头依旧十分强势。

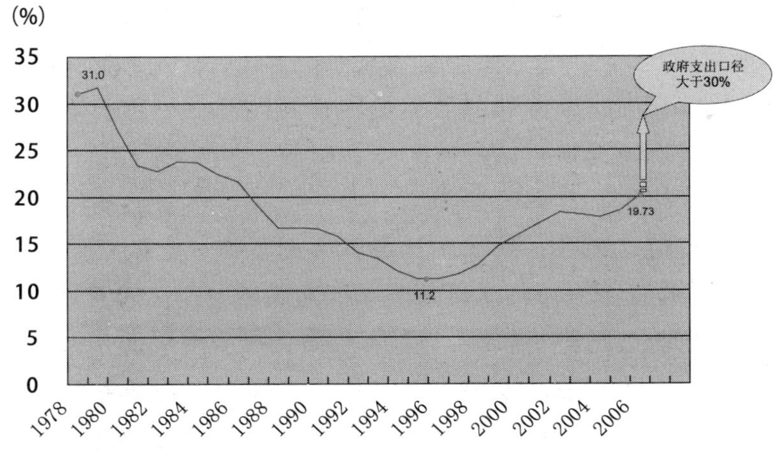

图8 体制复归：财政支出占GDP比重的稳步提升（1978—2006）

资料来源：同图2。

问题还有复杂之处。同改革开放之前的情形有所不同，准确地讲，现实中国的财政支出规模，只是预算内的政府支出，并非政府支出规模的全部。倘若换一种口径，以实际发生的政府支出计算，那么，以2006年为例，还要在41326.16亿元财政支出规模的基础上，至少加上当年未列入预算的偿还到期国债支出、统筹层次不一的社会保障支出、预算外支出和制度外支出等几个类别的支出项目。[①]而一旦如此，中国政府支出占GDP的比重数字，起码要提升至30%左右。这个数字，已经接近或相当于1978年的水平。到了这个时候，一个耐人寻味的现象便呈现在了我们面前：1978—2006年，以中国政府支出占GDP的口径而论，如图8中右上角箭头所示，我们已经走出了一个完全对称的“V”字形。

进一步看，在新中国历史上，政府支出占GDP比重的最高水平发生在1960年，为39.3%。这实际上告诉我们，在当前的中国，政府部门占用的GDP份额，正处于由改革的起点向历史最高点的迈进过程中。我们已经到了重新审视社会资源配置格局并重新评估目标取向的时候。

如果注意到政府支出规模在过去13年间的迅速扩张，是以税收收入的迅速增长和财政预算制度的不规范为基础并在两者的交互作用下发生的。正是由于税收收入的迅速增长弱化了政府扩张支出的约束条件，并且，正是由于财政预算制度的不规范导致了政府收支行为的不规范，才使得政府支出的迅速扩张成为可能并使社会资源配置格局呈现了“体制复归”势头，那么，在此过程中所牵涉的各种相关因素同样可以归之于体制机制层面，它们同样镶嵌于我国现行的税收制度和财政预算制度之中。换言之，除非拟议中的新一轮税制改革得以全面启动，并且，除非财政预算制度得以步入规范化的轨道，否则，反映在社会资源配置格局上的“体制复归”势头，很可能继续蔓延下去，甚至带来与改革开放初衷相悖的结果。

基于同样的道理，中国政府支出以及社会资源配置格局的未来走势，要在各种适应市场经济的相关制度的改革进程中去揣摩。这是我们把脉当前中国财政走势的第三条重要线索。

四 税制改革：2008年迎来实质操作

说到税制改革，不能不提及中共十六届三中全会和“十一五”规划所描

① 根据《中国统计年鉴》、《中国财政年鉴》的统计数字以及相关推算，在2005年，这几项支出的规模分别为：3923.37亿元、7600亿元、4351.71亿元和4000亿元。

绘的新一轮税制改革蓝图。

在中共十六届三中全会所通过的《中共中央关于完善社会主义市场经济体制若干问题的决定》第20条中（2003)，税制改革的主要方面，被概括为8个项目：改革出口退税制度；统一各类企业税收制度；增值税由生产型改为消费型，将设备投资纳入增值税抵扣范围；完善消费税，适当扩大税基；改进个人所得税，实行综合和分类相结合的个人所得税制；实施城镇建设税费改革，条件具备时对不动产开征统一规范的物业税，相应取消有关收费；在统一税政前提下，赋予地方适当的税政管理权；创造条件逐步实现城乡税制统一。

在此基础上，十届全国人大四次会议所颁布的《中华人民共和国国民经济和社会发展第十一个五年规划纲要》第32章第2节（2006)，又将"十一五"期间拟议启动的税制改革进一步锁定为10个项目：在全国范围内实现增值税由生产型转为消费型；适当调整消费税征收范围，合理调整部分应税品目税负水平和征缴办法；适时开征燃油税；合理调整营业税征税范围和税目；完善出口退税制度；统一各类企业税收制度；实行综合和分类相结合的个人所得税制度；改革房地产税收制度，稳步推行物业税并相应取消有关收费；改革资源税制度；完善城市维护建设税、耕地占用税、印花税。

迄今为止，已经启动并取得相应进展的改革项目有：出口退税制度的改革、个人所得税的部分改革——上调工薪所得减除额标准与实行部分高收入者自行申报、增值税由生产型转为消费型改革在东北地区三省一市进行试点、迈出实现城乡税制统一改革重要一步——取消农业税、调整消费税和统一车船税制等。就表面看，启动的项目不能算少，涉及的范围也较大，但脱出表面现象而深入到问题的实质层面，便会发现，真正意义上的税制改革并没有到来。

这是因为，事实上，在新一轮税制改革的蓝图中，增值税和"两法合并"（内外资两个企业所得税法合并）改革是处于核心地位的。这两个项目的改革，带来的税收增减规模最大，牵动的纳税人范围最广，对经济社会生活的影响最深。所以，它们的推进，从一开始，就被当作重头戏，而扮演着“牵一发而动全身”的角色。

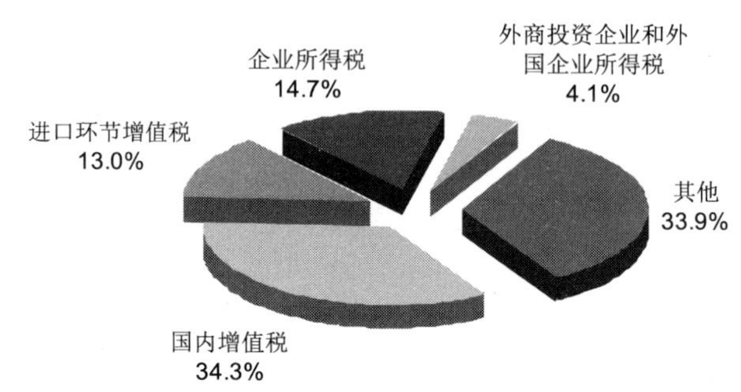

图9 现实中国税收收入的两大支柱：增值税与企业所得税（2006）

资料来源：《经济日报》2007年2月18日。

举2006年为例（参见图9），在全年37636亿元的税收收入中，来自增值税、进口环节增值税、企业所得税与外商投资企业和外国企业所得税的收入，分别占34.3%、13.0%、14.7%和4.1%，合计为66.1%。可以看出，归入增值税转型改革和“两法合并”改革系列的这两类税种，构成了现实中国税收收入的两大支柱。

正因为如此，有关政府部门对于两个税种的改革十分慎重，投入了相当大的精力，做了尽可能周密的安排。最终形成的启动方案，就是“捆绑上市”：在适当的时机，将增值税和“两法合并”改革一并推出。

之所以要选择“捆绑上市”的方案，是因为，增值税的改革，意在转型——由生产型转为消费型。它的主要表现，是增值税税基的缩减。尽管转型方案在“财政减收”的压力下屡打折扣，但在总体上，它终归属于一种给纳税人减负的改革。而且，它是一种带有普惠性的、几乎所有的纳税人都受益的改革。故而，它的启动，不会遇到什么阻力。与之有所不同，“两法合并”的改革，意在“统一”——将内外资企业分别适用的不同企业所得税制合并为一个统一的企业所得税制。尽管“统一”的思路，在理论上可以有就低不就高（把内资企业税负降至外资企业税负水平）、就高不就低（将外资企业税负提升至内资企业税负水平）和向中间靠拢（内资企业降低税负、外资企业增加税负并在中间地带合拢）三种方案，但现实中，考虑到税制改革成本和财政承受能力，最终能够选择的只是第三种——向中间靠拢。既然它主要表现为内资企业税负调减而外资企业税负调增，它的启动，肯定要遇到阻力。为了化解可能的阻力、顺利推进改革，一个既有效又少副作用的方案，就是将增值税和“两法合并”改革一并推出，捆绑上市。那样做的话，两个项目改革所带来的税负增减效应相抵之后，相关纳税人仍会得到相当的减负利益。从而，可以极大地降低“两法合并”改革可能遇到的阻力，换取整个新一轮税制改革的成功。

本着这样一种思路，两个项目的改革几乎是同时推进的，但推进的过程却让人们大跌眼镜。增值税的改革进展相对顺利，从2004年7月起在东北地区“三省一市”的八个行业开始试点。一年之后，积累下了试点经验并很快进入了向全国推广的“等待”期。“两法合并”改革则大相径庭。最初的计划，是在2005年的全国人代会上交付审议，从2006年起同增值税的推广同步实施。计划落空之后，又把希望寄托于2006年的全国人代会，并于2007年起实施，结果又是计划落空。直至2007年3月即不久前闭幕的十届全国人大五次会议，“两法合并”方案才终于破冰而出——提交审议并高票通过。至此，可以预期，期盼已久的“两法合并”将在2008年迎来正式启动的曙光。

由此想到的是，已经一拖再拖、即将进入第四个名为“试点”实为“等待”年头的增值税改革，将会做怎样的取舍？事实上，至少从2006年开始，增值税的改革一直面临着两个选择：一种选择是，不再等“两法合并”而单兵突进。其结果，固然会因其给纳税人带来的明显减负效应而受到普遍欢迎，但是，失掉了平衡新一轮税制改革税负增减效应这样一个特殊的机遇，“两法合并”改革的难度将会更大，甚至可能导致无限推延下去。另一种选择是，继续等，仍待“两法合并”启动之日相伴而动。其结果，不仅增值税全面完整、相互连贯的征扣税机制会受到极大的冲击，而且，适用于试点地区同其他地区的增值税政策的不平衡状态长期存在下去，也会诱发一部分纳税人的偷逃税行为，给税收的征管工作带来极大的难题。可以说，在这种等与不等、处境尴尬的抉择中，增值税改革早已处于“呼之欲出”的关头。故而，随着“两法合并”改革在2008年1月的正式启动，如果宏观经济环境不发生大的变化，增值税转型改革也有望于迈出向全国推广的关键一步。

鉴于上述这两类税种的特殊地位和特殊角色，特别是鉴于这两类税种改革所付出的减收成本（依2006年数字测算，将分别为900亿元和2000亿元上下），构成了整个新一轮税制改革成本的大头儿。并且，其他项目的改革或带有增收色彩，或减收的数额很小，因此，也可以预期，以这两类税种改革的启动为契机，整个新一轮税制改革也将迎来一个全面启动的高潮期。

由“两法合并→增值税转型→整个新一轮税制改革→财政预算制度改革”，以此为线索来把脉当前的中国财政走势，可以对未来的财政收支运行状况得出比较乐观的判断。

五　结束语

本文从左右当前中国财政收支运行格局的若干体制机制性因素入手，在揭示处于现实背景下的财政收支运行规律的基础上，给出了把脉当前财政收支运行可能走势的基本线索。

所有的讨论结果都表明，在当前的中国，实现财政又好又快发展的希望，在于理顺中国财政收支运行的体制与机制，消除各种可能的体制机制性障碍。这一切，又寄希望于各项亟待进行、拟议进行的相关制度改革的到位。

主要参考文献

金人庆:《中国当代税收要论》, 人民出版社2002年版。

谢旭人:《谢旭人答记者问》,《中国财经报》2006年6月13日。

李方旺:《2000—2005年我国税收收入增长的数量特征与新一轮税制改革》,《税务研究》2006年第8期。

许善达:《在中国税收高层论坛上的演讲》, 2004年4月24日，http：//www.finance.sina.com.cn/roll/20040424/1551737。

国家税务总局计划统计司:《增值税征收率变动与金税工程二期效果宏观分析》，2006年。

高培勇:《中国税收持续高速增长之谜》,《经济研究》2006年第12期。

财政部:《关于2006年中央和地方预算执行情况与2007年中央和地方预算草案的报告》,《经济日报》2007年3月19日。

《中共中央关于完善社会主义市场经济体制若干问题的决定》,人民出版社2003年版。

《中华人民共和国国民经济和社会发展第十一个五年规划纲要》,《经济日报》2006年3月17日。

(原载《财贸经济》2007年第4期)

当前若干重大税收问题的分析*

引言

在不同历史时期，无论是整个经济社会发展进程，还是某一特定的经济社会领域，总会面临不同的能够对全局产生或具有重大影响的重要因素，也总会遇到不同的能够对全局产生或具有重大意义的重要变化。这些因素或变化，往往是我们观察并破解一系列重大经济社会课题的“抓手”。

税收领域也不例外。而且，作为人类社会中与时俱进颇强的一个经济社会领域，这些年来，存在于税收领域的重要因素以及发生在税收领域的重要变化，在成为左右整个税收运行的重要力量的同时，也在不断地把一系列前所未有甚至在既有理论分析框架中难以求解的新课题提至我们面前。说挑战也好，言机遇也罢，对于我们，这些新课题，躲不开、绕不过，绝对在必须回答、必须解决的重大税收问题之列。

研究税收问题，特别是研究重大的税收问题，不仅要从微观角度，而且要放眼宏观。这是历史与现实一再向我们揭示的道理。只有将税收置于宏观层面上做所谓一般均衡分析，从税收同其他相关因素的彼此联系和相互作用中，恰当地定位税收、解析税收，才有可能得出比较符合客观实际的判断，也才有可能拥有统揽全局的洞察力。也只有在这样的基础上，才能建立起新的植根于中国国情的税收理论分析框架。

站在宏观层面，仔细地审视当前的中国税收运行全景，可以发现，尽管存在于税收领域的矛盾现象犬牙交错且频繁变化，但以“牵一发而动全身”为筛选标尺，归纳起来，可以放入“重大”系列的问题，大致有税收

* 本文系笔者2002年发表的《税收的宏观视野——关于当前若干重大税收问题的分析》一文的姊妹篇。

增长、税收征管、税负轻重、税收与GDP的分配和新一轮税制改革等几个方面。

有鉴于上述种种，本文致力于完成两个互为关联的任务：其一，在宏观层面上，回答并解决当前面临的上述重大税收问题。其二，以此为基础，充实、完善既有的税收理论分析框架。

一　税收增长的源泉

说来有趣，从1994年以来，伴随着税收收入增长的一再提速，用于描述“增长”的语汇都在走马灯似的变化。先是所谓“高速”增长，继而是“超常”增长，后来是“超速”增长。2007年，税收收入的增长速度进一步蹿升至30%以上，于是，又有了“超高速”增长的说法。

由“高速”到“超常”，到“超速”，再到“超高速”，事实上折射了人们在中国税收收入持续高速增长问题上的一种迷茫。不过，仔细想来，迷茫并非意味着我们不喜欢税收持续高速增长。说得极端一点，倘若抛开其他方面的因素不论，如果税收增速能够达到300%甚至3000%，那对于所有人都不是坏事情。之所以迷茫，无非因为，税收毕竟不是天上掉下来的馅饼。有关税收增长的问题，不能不放在宏观层面讨论。而一旦试图这样去做，我们发现，现实的税收增长实践并不能在既有的理论分析框架中得到圆满的解释。

从各种经济学教科书以及工具书可以经常看到的相关表述是，经济决定税收，税收来源于经济。其意思是说，经济才是税收的源泉，或者，税收增长只能从经济增长中获得支撑。然而，中国税收增长所走出的现实轨迹，显然是对上述理论的挑战。举2008年1—6月份的例子。全国税收收入的增速为30.5%，而同期GDP的增速是10.4%。如果说经济才是税收的源泉，那么，GDP增速与税收增速之间的差额达20.1%。这个差额，来自哪？即便考虑到物价上涨因素，把同期的CPI（7.9%）叠加到10.4%之上，从而得到以现价计算的GDP增速18.3%。①

① 在现实生活中，对外发布的GDP增速往往按不变价格计算，而税收增速按现价计算。为了两者具有可比性，需对前者做相应调整。其方法是：按现价计算的GDP增速=按不变价格计算的GDP增速+CPI（居民消费价格指数）。

这时，GDP增速与税收增速之间的差额仍有12.2%，相当于税收增速的近一半儿。这个差额的来源，又可用什么样的因素去说明？

显然，中国现实的税收增长，不止经济增长一个源泉。[①]两个增速之间差额的来源，只能从经济之外的因素——非经济因素——中去寻找。注意到支撑现实税收增长的源泉可以区分为经济的和非经济的两个系列，并且，举凡来自经济因素的支撑，大都可以视作正常的、可在既有理论分析框架内求解的范畴，关于税收增长问题的讨论，自然可以也应当聚焦于非经济因素。

对于支撑税收收入持续高速增长的非经济因素，即便是身处税收工作一线的税务部门恐怕也一时难言其详。然而，从迄今为止来自官方层面关于税收增长成因的归结中，还是可以揣摩出其大概。

从20世纪90年代末期起，面对社会各界围绕税收增长问题的一片质疑之声，税务部门就一直在努力地搜集各种可能的理由给予解释。概括起来，这些解释，大致可以分作“三因素论”和“多因素论”两类。按照所谓“三因素论”的说法，中国现实的税收增长，是由经济增长、政策调整和加强征管等三个因素所支撑的（金人庆，2002）。在所谓“多因素论”下，中国现实的税收增长，被归结为经济增长、物价上涨、GDP与税收的结构差异、累进税率制度、加强税收征管和外贸进出口对GDP与税收增长的影响差异等多种因素交互作用的结果（谢旭人，2006）。[②]

财政部门在最近推出的一份题名为《正确看待税收收入超GDP增长》（财政部税政司，2008）的报告中，也从价格依据差异、统计口径差异、GDP结构与税收结构差异、核算方法差异、部分税种的累进制度等几个方面，更细致地论证了税收增速超过GDP增速的成因。

将上述所列的这些可能的成因一一收入视野，并按照经济的和非经济的两个系列加以区分，可以看到，能够划归到非经济系列下的因素主要有二：一是税收征管，另一是累进税制。

税收征管对于税收增长的作用，在既有的理论分析框架中暂时还没有它

① 对于不少人所持的诸如“税收增速不能简单同GDP增速做比较”之类的见解，这或许是一个更为恰当的视角。

② 比较详尽的解释可参见《谢旭人答记者问》，《中国财经报》2006年6月13日。

的相应位置。但是，包括来自中国在内的各国的税收征管实践已经一再证明，在现行税制的基础上，税务部门加强税收征管的努力，无论是来自技术手段的更新，还是来自人员素质的提升，抑或来自于管理机制的健全，甚或来自熟练程度的积累，等等，或多或少，总会减少税收的“跑冒滴漏”，总会提高税收的征管水平，总会提升税收的征收率，最终会增加税收收入。这就意味着，在各方面主客观因素的交互作用下，税务部门的税收征管水平是趋向于不断提升的。只要税收征管水平趋于不断提升（而不是下降），税收增速总是要跑在GDP增速的前面。

累进税制对于税收增长的作用，可以在既有的理论分析框架中找到它的相关阐述。现今各国的税制结构，尽管形式多样，但或多或少，总有一部分是由累进的所得税所组成的。累进所得税的一个突出特征，便是纳税人适用的税率水平，随其收入或利润额度的增加而相应提高。即是说，累进所得税在纳税人所取得的收入或利润中的份额，是趋于不断扩大的。所以，在累进税制的作用下，税收收入一般会以高于GDP增长的速率增长。[①]在税收经济学中，这是一个已被我们当作税收增长的一般规律而载入的内容。

将上述的分析引入现实的税收增长实践，还可发现，就中国的税收收入结构而言，覆盖于累进税制下的税收收入份额，并不高。以2007年为例，在全部税收收入中，来自所得课税的收入占比为25.9%。若再细分，在其中，占比为6.4%的个人所得税，是实行分类计征的。其所包括的11个收入项目，并非全部适用累进税率；占比为15.6%的企业所得税，虽在形式上规定有两档照顾性税率，但其大量适用的，是单一的比例税率；占比为3.9%的外商投资企业和外国企业所得税[②]，虽伴有各种减免规定，但其所适用的，也是比例税率。如此计算下来，在中国现实的税收收入中，可以同累进税制挂上钩的份额，绝对是个小头儿。

来自累进税制的作用既然属于小头儿，那么，本着非此即彼的逻辑，其余的大头儿——来自非经济因素的税收增长贡献，便只能记在税收征管名下了。中国税务部门在加强税收征管方面收获的成果，有力地支持了这一判

① 按照杨斌（2008）的说法，只要实行复合税制结构，税收弹性总会大于1。

② 从2008年起，企业所得税、外商投资企业和外国企业所得税已经统一合并为“企业所得税”。

断。根据国家税务总局（2005）的测算结果，1994—2004年，增值税的征收率，由57.45%提升至85.73%。11年间，提升的幅度达28.28个百分点。依此计算，以1994年为基期，来自增值税且可归入税收征管因素项下的税收收入增长额，就达3668.12亿元。

结论1：研究中国现实的税收增长问题，一个事半功倍的选择，是脱出税收总体增速的局限，而聚焦于税收增速与GDP增速的差异。

结论2：来自于经济的和非经济的因素交织在一起，共同支撑了中国现实的税收增长。找寻税收增速与GDP增速之间出现差异的缘由，可以从非经济因素的内容及其贡献入手。

结论3：在当前的中国，支撑税收增长的最主要的非经济因素，就在于税收征管。支撑税收超GDP增长的最主要的源泉，就在于税收征管水平的不断提升。

二　税收征管的魔力

对于税收征管，在以往，我们多是从管理技术或方法的角度来研究的，而很少将其提至宏观层面并在宏观经济分析的框架内加以定位。也正因为这样，当税收征管的魔力凸显出来甚至成为支撑税收增长的一个重要源泉的时候，既有的理论分析框架并未给我们提供相对成熟的答案。

也许应当算作意外之喜，税收征管实践的迅速推进，在不断地把一个个新事物、新变化提至我们面前的同时，也一再地用一个个鲜活的事实提醒我们，税收征管也是一个重要的宏观变量。前面的分析已经表明，在既定的税制安排基础上或在税制保持不变的前提下，凭借加强税收征管的努力，也能增加税收，也能改变GDP的分配格局，也能收获调节投资、调节消费以及调控宏观经济运行的效果。

这是一个非常重要的分析结论。循着如此的逻辑走下去，还可使我们收获如下两个可提至规律层面加以认识的重要推论：

其一，就其导致的宏观实效而言，增加税收，并非只有变动税制（如增设税种、提高税率、扩大税基）一种途径。加强税收征管，同样具有增加税收之效。可以说，变动税制和加强征管，是掌控在政府手中的两个具有同样或类似功效的推动税收增长的驱动器。

其二，鉴于税收征管的水平只会提升不会下降，并且，不断地加强征管，把该征的税尽可能如数征上来，又是税务部门的天职所在，故而，加强税收征管可以为政府实现税收超GDP的增长提供不竭的源泉。

税收征管的魔力如此奇特，我们不能不在宏观层面上更深入地求证它的特殊“身世”。

如下的两个问题，可能必须回答：

其一，税收征管所具有的税收增长效应，究竟是中国所特有的，还是世界的普遍现象？

从能够查找到的各国税务部门的相关文献可以看到，在当今的世界上，没有任何一个国度的税务部门可以实现100%的税收征收率，没有任何一个国度的税务部门不拥有相应的“征管空间”。有所不同的，只在于税收征收率的高低或“征管空间”的大小。凡征管技术相对先进、征管方法相对成熟、征管经验相对丰富、征管机制相对健全的税务部门，其征管的水平——税收的征收率就相对较高。反之，则较低。但是，不管怎样，可以认定的一个基本事实是，只要税收的征收率没有达到百分之百，只要税务部门还拥有一定的“征管空间”，那么，不论国别怎样，经济发展阶段如何，围绕税收征管这条线索所作出的任何努力，都可收获税收超GDP增长的效应。

其二，纵观世界各国的税收发展史，在税制保持不变的前提下，税收征管同税收增长之间达到如此之高的关联度，我国可能是一个仅有的例外。具有相同或近似“基因”的税收征管，为什么只有在中国这块儿土地上才能释放出如此之大的能量？这其中有无特殊的缘由？如果有，那又是什么？

细究起来，相同或近似的税收征管“基因”，在不同的土地上所释放出的税收增长“能量”不同，显然应归之于税收征管所身处的基础环境——作力空间——的差异。作力的空间大，可回旋的余地大，能够释放的能量相应就大。作力的空间小，可回旋的空间小，释放的能量自然就小。照此说来，中国的税收征管之所以能在税收增长上凸现出不同于其他国度的非凡魔力，只能说明一点：中国税务部门拥有的“征管空间”大——“法定税负”与“实征税负”之间的距离大[①]。倘若没有巨大的“征管空间”作为基础，税务部门的征管力度再大，本事再强，恐怕也“创造”不出如此之高的非经济因素贡献度，当然也就不会有如此之大的税收增速与GDP增速之间的差额。

接下来的问题是，中国税务部门何以会拥有巨大的“征管空间”？

“征管空间”的大小，显然同其赖以运行的税制基础密切相关。换言之，税务部门拥有的“征管空间”，盖因税收制度安排的结果。税收制度之所以作出这样而非那样的安排，又直接取决于税收征管身处的基础环境。

注意到我国的现行税制诞生于1994年，而在那时，税务部门的征管能力不强，纳税人的诚信水平不高，以至于税收的征收率偏低。在如此的基础环境下，要实现既定的税收收入目标，现行税制的设计，必须着眼于“宽打窄用”——以较高的“法定税负”框架去适应偏低的“实征税负”现实。举个例子，即便政府当年确定的税收收入目标只有5000亿元，但按照当时的税收征收率为50%的判断（许善达，2004），也须至少搭建一个能够在名义上征收到10000亿元税收收入的税制框架。也就是说，要以10000亿元税收收入的税制框架确保5000亿元的税收收入规模。可以看到，“法定税负”与“实征税负”之间的那50%的距离，正是现行税制预留给税务部门的“征管空间”，也正是税收征管因素得以发挥作用或施展魔力的基础所在。

参照前述有关增值税征收率的例子，还可以由此看到，这些年来，特别是进入本世纪以后，在我国，无论税务部门的征管水平，还是纳税人的诚信水平，都得到了极大的提升。正是在“两个水平”双双获得极大提升的推动之下，税收的征收率得以迅速提升了，“法定税负”与“实征税负”之间的距离得以迅速地拉近了。从而，税收征管因素对于税收增长的贡献度越来越大了。

税收征管与现行税制之间的这种捆绑关系，是我们分析和把握中国税收征管魔力现状以及未来走势的一个重要线索。

结论4：税收征管也是一个掌握在政府手中的重要的宏观变量。通过加强税收征管，不仅可以增加税收，为税收超GDP增长提供不竭的源泉。而

---

① 所谓“法定税负”和“实证税负”，是互相对应的两个概念。前者指现行税制所规定的、理论上应当达到的税负水平。后者指税务部门的征管能力能够实现的、实际达到的税负水平。

且，还可由此改变GDP分配格局，实现宏观调控的政策意图。

结论5：中国税收征管所具有的非凡魔力，来自现行税制赋予的巨大“征管空间”。正是在巨大的“征管空间”基础上，中国税收征管凸显了非同一般的税收增长效应。事情表现在中国税收征管所具有的非凡魔力上，问题的根源，则存在于现行税制所蕴藏的巨大“征管空间”之中。

三　税负轻重的判断

提到中国税负水平的轻重，自然会使人联想起《福布斯》杂志。在那份杂志分别于2005年和2007年推出的所谓“全球税收痛苦指数”（Tax Misery Index）排行榜中，中国先后被排在了第二位和第三位。税收痛苦指数，是关于税负水平的另一种表述。对于这样的税负水平排名，我们当然不能苟同。这样的指数，也确实不能说明实际税负的高低。但是，两个必须面对、必须回答的问题是：为什么《福布斯》把我国排在了如此的位置？中国的税负水平究竟是重还是轻？

循着《福布斯》关于税收痛苦指数的测算方法，可以获知，它据以排名的指数值，是通过将各国主体税种的最高边际法定税率直接加总得到的。即将企业所得税、个人所得税、财产税、雇主社会保险、雇员社会保险和增值税（或销售税）最高法定税率直接加总。比如我国，在将企业所得税33%、个人所得税45%、财产税0%、企业缴纳的社会保险费44.5%、个人缴纳的社会保险费20.5%和增值税17%等几个税（费）种的最高边际税率直接加总后，得出的指数值为160（舒启明、刘新利，2006）。

这同我们以往使用的税负水平测算方法，可渭大相径庭。我们常用的测算方法，是以税收收入额做分子、同年GDP做分母，并以两者之比值——税收收入额占GDP的比重数字——作为评判的标准。比如2007年，在将全国税收收入加总求和（49449亿元）并同当年的GDP（249530亿元）求比，税负水平为19.82%。

两种测算方法及其评判结果的差异告诉我们，一国税负水平的衡量，可能至少有“法定税负”和“实征税负”两个尺度。问题在于，当分别操用这两个不同的尺度来评判中国现实的税负水平时，其结果，竟会让人们大跌眼镜。在今天的世界上，如果使用“法定税负”的标准，我国的税负可能处于高水平。但是，如果换一种标准，以“实征税负”来评判，我国的税负又绝对处于低水平。

一轻一重且反差如此之大，再次向我们印证了一个重要的现实国情：中国“法定税负”与“实征税负”之间的距离甚远。正是因为两者之间存有的距离甚远，才会令人们在税负水平的判断上呈现如此大的差异。

将上述的认识引申一步，还可发现，也正是由于模糊了存有甚远距离的“法定税负”与“实征税负”之间的界限，才会将人们一再地拖入围绕税负问题的激烈纷争。

几乎从现行税制开始实施的那一天起，我们便深陷下述矛盾现象的包围之中。一方面，来自企业和居民的关于税负加重的抱怨声不绝于耳。另一方面，政府部门又总是声称未采取任何增税的行动。乍看起来，很可能得出至少一方认识有误的判断。但深入一层，分别站在两方的立场上设身处地地仔细考究，又会意识到，无论企业和居民，还是政府部门，所道出的都是实情。企业和居民的税负，的确在加重。政府部门，也的确没有实施任何旨在增税的税制调整。税制未作任何调整，企业和居民的税负却在加重，如此的矛盾现象之所以出现，其中的谜底只能在于，在税收征管水平得以迅速提升的背景下，中国“法定税负”与“实征税负”之间的距离在一步步拉近。也就是说，企业和居民所称的税负加重，源于“实征税负”而非“法定税负”的提升。政府部门所称的税负未变，源于“法定税负”而非“实征税负”的稳定。“法定税负”未调，“实征税负”在增，这就是中国现实税负水平问题的一个重要实情。

结论6：评判中国现实的税负水平，必须两把尺子同时并用。以“法定税负”作为尺子，肯定会得出中国税负水平偏重的判断。以“实征税负”作为尺子，又会得出中国税负水平偏轻的判断。无论单独操用哪一把尺子，都难免片面性。只有同时操用两把尺子，才可能得到全面而客观的判断。

结论7：评判中国现实的税负水平，必须注意到“法定税负”与“实征税负”在迅速拉近的实情。只有在两个税负水平拉近的过程中赋予税负水平以“动态”的解释，才能比较准确地把握中国现实税负水平的脉搏。

四　税收与GDP分配格局

很多人都曾经有过这样的经历：每当税收增长特别是高速增长，就为之欣喜，就欢呼雀跃。一旦税收减少哪怕仅仅是增速下滑，就不禁愕然，就忧心忡忡。

如此的情形之所以会出现甚至频繁出现，同人们观察问题的视角有关。站在政府部门的角度，就税收论税收，或就税收论支出，税收当然越多越好。但是，倘若换一个角度，而跃升至覆盖整个经济社会全局的立场上看问题，便会发现，税收可并非越多越好。这是因为，税收收入终究是有归宿的，它并非天上掉下来的馅饼。

说到底，税收是一个分配问题。追根溯源，税收收入不过是GDP的一个组成部分。若打个比方，税收就如同装配在GDP分配“管道”上的“截流阀”。它所扮演的角色，就是在GDP的分配过程中，选择若干环节，把其中的一部分GDP转送至政府的口袋。在既定的GDP盘子内，税收收入的规模大了，企业和居民的收入规模就小了。税收收入的增速快了，企业和居民收入的增速就慢了。税收收入占的份额多了，企业和居民收入占的份额就少了。反之亦然。从此增彼减、此快彼慢、此多彼少的关系链条上考虑问题，税收增速与GDP增速之间的差异，不论是正向的，还是负向的，都是值得我们高度关注的一个重要问题。

远的不说，仅举近5年的情形为例。在2003—2007年，税收增速与GDP增速（按现价计算）之间的差额分别为：7.5%、8.0%、5.0%、7.2%和14.7%。与此相对应，城镇居民家庭人均可支配收入增速与GDP增速（按现价计算）之间的差额分别为：–2.9%、–6.5%、–3.6%、–2.6%和0.5%。农村居民家庭人均纯收入增速与GDP增速（按现价计算）之间的差额分别为：–7%、–5.7%、– 4.2%、–4.5%和–1.3%。[①]作为一个必然且影响深广的结果，税收收入占GDP的比重数字，也呈现了高度相关的变动：由15.1%，一步步提升至16.1%、16.8%、18.0%和19.82%。将上述几个系列的数字联

① 对GDP增速按现价调整，是出于与税收收入增速、居民收入增速具有可比性的考虑。其方法，前已述及。

系起来并加以对比，不难看出，这几年的GDP分配向何方倾斜以及税收超GDP增长的源泉出在何方。

其实，历史留给我们的，并非总是正向的记录。至少在改革开放初期，税收收入占GDP的比重，也曾有过一步步下滑的经历。若将视野扩展至改革开放的30年，由此看到的景象，极具戏剧性。以1994年分界，前15年和后15年，我们分别走出了一条方向相反、迥然相异的轨迹。

鉴于税收收入终归是财政收入的一个组成部分，并且，税收收入对于财政收入的意义，在改革前后和改革过程中发生了显著变化，[①]为了具有可比性，不妨以财政收入占GDP的比重作为考察的依据。

在改革开放刚刚启动的时候，为了加大市场配置社会资源的比重，我们曾将降低财政收入占GDP的比重作为改革的目标加以追求。为此，推出了一系列以“减税让利”、“放权让利”为主调的改革举措。在那些举措的交互作用下，财政收入占GDP的比重，从1978年的31.2%一路下滑。1980年为25.5%，1985年为22.2%，1990年为15.7%，1993年为12.3%，1994年进一步退居到10.8%。15年间，下降了20.4个百分点。

面对着日渐削弱的宏观调控能力和日益严峻的财政运行困难，在加强政府的宏观调控能力、实现财政状况根本好转的目标下，便有了1994年的财税改革。作为那一次改革的重要成果，财政收入占GDP比重下降的势头得以扭转。1995年，这一比重数字为10.3%，1997年提升至11%，2000年为13.5%，2005年为17.2%，2007年进一步提升至20.09%。14年间，提升了9.29个百分点。

将上述前后15年间的变化轨迹对接起来，可以清楚地看到，它恰似一个不完全对称的“V”字形。

问题还有复杂之处。同改革开放之前的情形有所不同，这里所说的财政收入，并非政府收入的全部。即便以有案可查的、由财政部门统一报送人民代表大会的各类预算规模而论，财政收入也只是其中的一般预算收入。除此之外，还有与一般预算并列、被称之为“线下”的基金预算收入、债务预算收入、预算外财政专户收入等几个类别的收入。若以政府收入为口

① 依可比口径，税收收入在财政收入中的所占份额，1978年为45.9%，1984年为57.7%，1991年94.9%，2001年为93.4%，2005年为90.1%，2007年为89.1%。

径，将上述各种类别的预算收入加总求和，并且，再将游离于预算之外的制度外收入引入视野，政府收入占GDP的比重便可能提升至30%以上。这个数字，相当于1978年的水平。

以此而论，再将上述前后15年间的变化轨迹对接起来，不无惊讶地发现，它已经恰似一个完全对称的“V”字形了。换言之，1978—2007年，在经过了近30年的市场化改革历程之后，以中国政府收入占GDP的口径而论，我们又回到了改革的起点。

事情并没有到此结束。2008年，即使在宏观经济形势发生较大变化，税收收入和财政收入增长势头有所回落的情况下，前三个季度的税收收入和财政收入增幅依然分别维持在24%和25.8%的高水平。照此计算，即便把第四季度增幅还可能进一步下滑的因素考虑在内，全年税收收入和财政收入分别超过60000亿元甚至达到更高规模，[①]已经没有悬念。而且，往前看，如果不出大的意外，或者现行税制不做大的调整，在今后的一个时期，税收收入和财政收入双双超GDP增长的局面，依然会与我们相伴而行。这就意味着，我们仍会沿着这个“V”字形右半部的一方轨迹继续前行。

静下心来，面对如此的呈现在中国资源配置格局上的“体制复归”景象，我们自然会萌生某种迷惑。在此基础上，再引入当前面临的诸如居民可支配收入相对下降、储蓄率偏高、国内消费率偏低等方面的矛盾因素，我们又必然会添增加快解决问题的紧迫之感。

现在看来，在经历了改革开放30年变局的今天，我们特别需要重申GDP的基本平衡式，即GDP ＝ 消费＋投资＋政府支出 ＝ 消费＋储蓄＋税收。它告诉我们，对于GDP，可从供给和需求两个侧面来分析。从供给面上，GDP就是消费＋储蓄＋税收。从需求面上，GDP就是消费+投资+政府支出。在GDP既定的条件下，它们相互之间的关系，肯定是此增彼减、此快彼慢、此多彼少的。对于税收收入规模、税收收入增速、税收收入占GDP比重等问题的讨论，不能离开这个基本平衡式。忘记这个平衡式，对形势的判断就可能出问题，所推出的举措也可能相悖于宏观经济社会政策

① 数字来源于人民网，2008年10月24日。

的取向。

结论8：税收并非天上掉下来的馅饼。有关税收增速与GDP增速之间差额问题的所有根源，都集中在GDP的分配格局上。离开GDP分配格局这个大道理，单纯地谈论税收增长，都难免片面之嫌。

结论9：对类似税收增长这样的宏观变量的分析，一定要上升至宏观层面。只有站在关乎政府、企业和居民全局利益的高度，从关乎整个经济社会发展的立场上考虑问题，才有可能真正地贴近现实，也才有可能恰如其分地评估其可能的经济社会影响。

结论10：将改革开放30年间税收收入占GDP比重的变化轨迹统统收入眼底，可以发现的一个基本事实是：我们已经到了重新审视社会资源配置格局并重新评估目标取向的时候。

五 税制改革的理由

至少从2003年中共十六届三中全会正式提出“分步实施税收制度改革”的那一天算起，[①]我们就开始了为启动新一轮税制改革而鼓与呼的历程。我们总在说，新一轮税制改革迫在眉睫。然而，迄今为止的新一轮税制改革进程，又总是给人以“雷声大，雨点小”的感受。于是，人们肯定要问，新一轮税制改革的理由究竟是否足够充分？

就一般的层面而言，关于税制改革的理由，清晰地认识并把握好如下的事实可能是必要的：

环顾一下身边的世界并审视一下人类社会的发展史，可以发现，税制改革是一个永恒的主题。在包围我们的各种经济制度中，税收制度的变化频率可能是最高的。此其一。

税制改革之所以是一个永恒的主题，税收制度的变化频率之所以最高，其最基本的原因无非在于，税收制度必须植根于当时当地的经济社会环

① 在中共十六届三中全会所通过的《中共中央关于完善社会主义市场经济若干问题的决定》第20条款中，税制改革的主要方面，被概括为8个项目：改革出口退税制度；统一各类企业税收制度；增值税由生产型改为消费型，将设备投资纳入增值税抵扣范围；完善消费税，适当扩大税基；改进个人所得税，实行综合和分类相结合的个人所得税制；实施城镇建设税费改革，条件具备时对不动产开征统一规范的物业税，相应取消有关收费；在统一税政前提下，赋予地方适当的税政管理权；创造条件逐步实现城乡税制统一。

境，必须跟上经济社会环境的变化进程。此其二。

诞生于1994年的中国现行税制，至今已经有了15年的历史。这15年来，虽然免不了修修补补，但基本的格局没有发生大的变化。相比之下，中国经济社会环境所发生的变化，绝对可以用“翻天覆地”来形容。可以说，现行税制与现实的经济社会环境已经发生了偏离。此其三。

在当前的中国，税收制度同其赖以依存的经济社会环境之间的不相匹配现象，已经越来越清晰地呈现在我们面前。若不对税收制度进行与时俱进的调整，税收制度肯定会伤害经济社会发展，甚至产生越来越大的负面影响。此其四。

进入到具体层面，其表现是多方面的，甚至可以拉出一个长长的清单。仅从贯彻落实科学发展观和构建社会主义和谐社会的角度，所能举出的例子，就有如下几条：

比如，就整个税制体系的布局而言，现行税制的格局是以间接税为主体的。流转税收入占到了全部税收收入的70%左右。这样的税制格局，对于有效地取得收入，当然相对有利。但是，对于有效地调节贫富差距，则就不那么有利。这是因为，由诸税种所构成的税制体系就像是一个交响乐队。每个税种的共同任务虽然都是取得收入，但除此之外，每个税种也都有其特殊的角色定位——担负着不同的任务。相对而言，直接税较之间接税，具有更大的调节作用。间接税较之直接税，则具有更大的收入作用。所以，逐步增加直接税并相应减少间接税在整个税收收入中的比重，从而，逐步提升中国税收的调节贫富差距的功能并使其同取得收入的功能兼容，应当成为我国税制改革的方向。

又如，就直接税的布局来说，目前能够纳入现行直接税体系的，主要是处于流量层面的个人所得税。迄今为止，中国还没有真正意义上的财产税。既有的房产税和城市房地产税，尽管在名义上可以归为财产税，但其设定的纳税人并非着眼于个人。以传统意义上的“单位”作为基本纳税人的这两个税种，自然不是直接税。鉴于人与人之间的贫富差距要通过流量和存量两个层面表现出来的，并且，存量是基础性的，在相当程度上决定着流量，尽快地开征财产税，结束财产保有层面的无税状态，从而建立起至少在收入和财产两个层面全方位调节贫富差距的直接税税制体系，显然要提上议事日程。

再如，就具体税种的制度设计来说，现行的个人所得税，实行的是分类所得税制。表面上是一个税种，但实际上，它是由11个类别的个人所得税而构成的。如此的税制格局，其优点是便于源泉扣缴，不易跑冒滴漏，故而收入功能色彩浓重。但缺点是不适合调节收入分配差距需要，故而调节功能色彩淡薄。因为，人与人之间的收入差距，是在加总求和所有来源、所有项目收入的基础上的综合收入差距。将个人所得划分为若干类别、分别就不同类别征税，固然也能起到一些调节作用，但毕竟不全面的，甚至可能挂一漏万。让高收入者比低收入者多纳税并以此调节居民之间的收入分配差距，就要实行综合所得税制——以个人申报为基础，将其所有的所得综合在一起，一并计税。这既是各国个人所得税制历史演变的基本轨迹，也应是中国个人所得税制的改革取向。

还如，就税负水平的设计而言，如果说，在15年前，我们必须以偏高的“法定税负”水平来实现既定的“实征税负”目标，那么，在15年后的今天，随着税务部门征管水平和纳税人诚信水平的逐步提升和“实征税负”与“法定税负”之间距离的迅速拉近，我们已经不再需要留有以往那么大的“征管空间”了。并且，鉴于中共“十七大”已经提出了“提高居民收入在国民收入分配中的比重”的目标，更鉴于当前的宏观经济形势变局已经到了为企业和居民适当减负的时候，因而，把相对偏高的“法定税负”降下来，从而让中国税收回归与宏观经济环境相契合的正常增长轨道，不仅是十分必要的，也是完全可能的。

凡此种种，都可构成全面启动并完成新一轮税制改革的理由。而且，理由也足够充分。留给我们的任务，就是乘势而上，通过与时俱进的税制改革行动，把“十一五”规划已经绘就的新一轮税制改革蓝图付诸实施。

结论11：可以列出的启动新一轮税制改革的理由很多，但最根本的一条就是，现行税制同其所植根的经济社会环境之间发生了偏离。

结论12：瞻前顾后，消除障碍经济社会发展的税制因素，让税收制度跟上经济社会的发展进程，从而使我们收获一个与经济社会发展环境相匹配的税收制度，是当前中国必须尽快完成的一个重要任务。

主要参考文献

高培勇:《税收的宏观视野》,《税务研究》2002年第2—3期。

金人庆:《中国当代税收要论》,人民出版社1992年版。

谢旭人:《谢旭人答记者问》,《中国财经报》2006年6月13日。

财政部税政司:《正确看待税收收入超GDP增长》,财政部网站2008年9月11日。

杨斌:《对税收与GDP应同步增长理论的质疑》,《税务研究》2008年第9期。

舒启明、刘新利:《税负痛苦指数不能说明实际税负的高低》,国家税务总局网站2006年3月9日。

国家税务总局计划统计司:《增值税征收率变动与金税工程二期效果宏观分析》,2005年。

许善达:《在中国税收高层论坛2004上的演讲》,http://www.finance.sina.com.cn/roll/20040424/1551737。

财政部综合计划司:《中国财政统计(1950—1991)》,科学出版社1994年版。

《中国统计年鉴(2008)》,中国统计出版社2008年版。

(原载《税务研究》2008年第11期)

新一轮积极财政政策：进程盘点与走势前瞻

一　引言

鉴于经济周期性变化的规律并同1998—2004年所实施的积极财政政策相区别，至少在研究层面，可以将始自2008年第4季度且当前正在实施中的积极财政政策称之为“新一轮积极财政政策”。

从2008年11月初国务院常务会议决定宏观经济政策转向调整的那一天算起，迄今为止，新一轮积极财政政策在我国的实践已经跨越两个预算年度，历时一年零两个月。这一年多来，新一轮积极财政政策的相机调整与中国宏观经济形势的频繁变化如影随形，亦步亦趋，两幅图景交汇在一起，好似演奏了一曲扣人心弦的交响乐。

在宏观经济政策转向调整一年多之后，不久前闭幕的2009年中央经济工作会议，在全面分析国际国内经济形势的基础上，做出了继续实施积极的财政政策和适度宽松的货币政策的重大决策。可以预期，在2010年乃至今后更长一段时间，新一轮积极财政政策将在延续过去一年多来的扩张取向并与时俱进的进行相机调整的同时，在夺取应对全球性金融危机冲击的全面胜利、保持经济平稳较快发展并为“十二五”规划的启动实施奠定良好基础方面，进一步发挥“更直接、更有力、更有效”的作用。

这意味着，在当前这一年度交替、承上启下的特殊时刻，我们面临着两项互为关联的任务：系统盘点过去一年多来的实践进程，前瞻未来一年乃至今后更长一段时间的可能走势。它们，构成了本文聚焦的主题。

先后进入本文视野的，主要有如下三个方面的内容：其一，同1998—2004年的积极财政政策相比，新一轮的积极财政政策有什么新的特点？其二，在过去一年多来的时间里，在积极财政政策的旗帜之下，都推出了哪些具体举措并取得了怎样的效果？其三，前瞻2010年乃至今后更长的一段时间，立足于宏观经济政策的连续性和稳定性，在保持新一轮积极财政政策取向不变的前提下，我们还应进一步实施怎样的举措？

二 新一轮积极财政政策的实践特点

在既有的经济学教科书和经济学辞典中，积极财政政策还是一个有待于明晰论证的新概念。说到积极财政政策，人们立刻能够提及并作为参照系的，便是1998—2004年我国曾经实施的财政政策。在十几年前的那次东南亚金融危机中，我国曾以积极财政政策的名义实施了旨在拉动内需的扩张性财政操作。并且，在那7年间，正是凭借着一系列以扩张性财政操作为主要内容的宏观经济政策安排，我们取得了拉动GDP年均大约1—2个百分点的增长（高培勇，2004），并最终使经济走出通货紧缩的阴影，重返平稳较快发展的轨道。

认识到积极财政政策不过是扩张性财政政策的代名词，比较前后两轮积极财政政策之间的异同，从而归结并把握新一轮积极财政政策的实践特点，便成为首先进入人们视野的一个关键问题。事实上，不仅在新一轮积极财政政策启动之初，而且在其推进过程之中，甚至在其有了一年多来的实践经历并立足于谋划新一年实践内容的今天，无论从哪个方面看，这一问题都在必须回答之列。

以1998—2004年间的实践作为参照系，新一轮积极财政政策的特点似可从如下两个角度去归结和把握。

宏观调控中的“主攻手”

在1998—2004年间，我国宏观经济政策的格局是“松紧搭配”——积极的财政政策与适度从紧的货币政策相配合。当财政上的扩张与货币上的紧缩同时发生、两种政策手段分别向不同的方向作力的时候，我们很难说哪一种政策手段为主、哪一种政策手段为辅。与之有所不同，这一轮的宏观经济政策格局是“双松搭配”——积极的财政政策与适度宽松的货币政策相配合。当财政政策与货币政策共同致力于扩张、两种政策手段同时向一个方向作力的时候，便肯定有主辅之分了。

注意到当前这次全球性金融危机传递到了实体经济层面并演化为全球性产能过剩的危机，而且，与上一次发生在东南亚的那种带有“东方不亮西方亮”特点的区域性危机有所不同，这一次危机所波及的范围是全球性的。在全球性的产能过剩危机面前，几乎没有任何躲藏的选择空间，可以发现，以调低利率和增发货币为基本工作线索的适度宽松的货币政策，对于拉动企业投资和居民消费的功效，肯定要打折扣、甚至打相当大的折扣。进入2009年以来，几乎高达10万亿元“创天量”新增贷款投放，并没有如人们所预期的那样，带来居民消费价格指数（CPI）的相应上涨，[①]就是一个突出的事例。在“双松搭配”的宏观经济政策组合格局中，货币政策的扩张功效部分受阻，这一特殊的经济现象意味着，在全球性金融危机包围下的中国，由两种政策手段共担的拉动内需的重任，历史性地向财政政策一方倾斜了。

作为政府的收支活动，财政上实施扩张的基本工作线索，就是“增支+减税”。相对于货币政策的传导机制而言，无论增加财政支出，还是减少税收收入，都可由政府直接掌控。并且，必要时可以不计财政本身得失而专注于宏观经济效益。具有如此特点的财政政策的特殊功效，在这一次罕见的全球性金融危机中得到了淋漓尽致的体现。

环顾一下迄今为止的全球性反金融危机政策的实践，便可发现，不仅在中国，而且在全球范围内，各国政府所推出的一系列旨在应对金融危机的“经济振兴”或“经济刺激”举措清单，尽管覆盖了方方面面的内容，但其中的主体部分，都可归于财政政策的范畴。也就是说，在过去一年多来的时间里，发生在中国的这场旨在“保增长”的重大战役，在把新一轮积极财政政策推到宏观调控最前沿的同时，也使其担负起了“主攻手”的角色。

① 截至2009年10月底，我国的CPI仍为负数。直到11月底，方由负变正，达到 0.6 %。

在这一轮反金融危机的宏观调控体系中担当“主攻手”，可以说是新一轮积极财政政策的一个重要特点。

两翼并举的“全方位”扩张

前面说过，财政政策从来都是以政府的收入与支出作为行动载体的。具体到旨在扩张性的财政政策，它的基本工作线索，就是在财政收入一翼“少收钱”——实施“减税”；在财政支出一翼“多花钱”——实施“增支”。换言之，“增支+减税”即是扩张性财政政策的几乎全部的内容。①

在1998—2004年间，尽管那时也曾不断地有来自社会各界的要求减税的呼声，但7年下来，积极财政政策的基本内容始终圈定在“增支”的范畴内。只不过，当时的“增支”主要是以举借长期建设国债的方式融资的。如果说上一轮积极财政政策实践的重心主要放在了增加财政支出这条线索上，而未在财政收入一翼——特别是在减税方面——有所作为或作为甚少的话，那么，这一次实施的新一轮积极财政政策，则是支出与收入同时并举、两条线索协同作战。

2008年12月初举行的中央经济工作会议，即开宗明义地把“较大幅度增加公共支出，实行结构性减税”界定为新一轮积极财政政策的内容，并由此开启了财政上的一系列扩张性操作。在其中，不仅有扩大财政支出的传统举措，也有结构性减税的新动作。就扩大财政支出而言，不仅有增加政府公共投资的项目，也有增加中低收入群体收入以及实施家电下乡、汽车下乡等方面的安排。就结构性减税而言，不仅涉及诸如增值税转型、两个企业所得税法合并等份额较大的税种的减收，也有包括个人所得税、二手房交易税负、股票交易印花税等份额相对较小的税种的减收。故而，这一次所实施的新一轮积极财政政策，把包括“增支”、“减税”在内的几乎所有的扩张性手段都用上了。

着眼于并实施两翼并举的“全方位”财政扩张，可以说是新一轮积极财政政策的另一个重要特点。

---

① 从原理上讲，无论财政赤字，还是举借国债，都属于融资方式的选择。通过它们，既可以支撑财政支出的扩大，也可以充作弥补减税的财源。故而，严格说来，只有增支和减税，才是处于第一层面的扩张性财政政策的内容。

三 过去一年多来的操作：一份大致清单

回过头来仔细地盘点一下过去一年多来的扩张性财政操作的具体内容，可能是必要的。这可以分两个预算年度和“增支”和“减税”两个基本工作线索来说（财政部，2009）。

增加公共支出

先看“增支”。当2008年11月初国务院常务会议作出宏观经济政策转向调整重大决策的时候，在那个预算年度，实施扩张性财政操作的时间只有不足两个月。在如此短的时间内，政府推出了两项颇具应急性的“增支”举措：一是新增安排。即在2008年预算盘子的基础上，增加中央政府公共投资支出1040亿元，用于保障性安居工程建设。另一是提前安排。即将原定在2009年安排的地震灾后恢复重建资金支出200亿元提前至2008年安排。两项“增支”合计1240亿元。

进入2009年之后，各项增加支出的举措密集出台，力度进一步加大：

第一，增加政府公共投资支出。在上年年末增加安排保障性住房支出、地震灾后恢复重建资金支出1240亿元的基础上，增加中央政府公共投资支出4875亿元。连同正常年间安排的公共投资支出，整个2009年的中央政府公共投资支出总额达到9080亿元。这些投资，主要用于农业基础设施及农村民生工程建设（2081亿元）、保障性住房建设（493亿元）、教育和医疗卫生等社会事业建设（713亿元）、地震灾后恢复重建（1300亿元）、节能减排和生态建设（680亿元）、自主创新和技术改造及服务业发展（452亿元）以及包括铁路、公路、机场和港口等在内的基础设施建设（2317亿元）。

第二，增加对农民的各种补贴支出。在上年的基础上，增加中央财政安排的粮食直补、农资综合补贴、良种补贴、农机具购置补贴四项补贴支出200.4亿元，增长19.4%。除此之外，还分别安排了家电下乡补贴200亿元和汽车下乡补贴50亿元。由此，2009年中央财政安排的对农民的各种补贴支出合计达到1480.8亿元。

第三，增加对城市中低收入群体的补贴支出。通过提高城乡低保补助水平、春节前向城乡低保等困难家庭发放一次性补助、增加企业退休人员基本养老金、提高优抚对象等人员抚恤补贴和生活补助标准、对困难群体直接发放一次性生活补贴等途径，在不断提高中低收入群体收入方面投入2208.33亿元。

第四，增加用于保障和改善民生方面的支出。比如，中央财政用于“三农”的支出安排7161.4亿元，比上年增加1205.9亿元，增长20.2%；中央财政用于教育、医疗卫生、社会保障、就业、保障性住房、文化方面与人民群众生活直接相关的民生支出安排7284.63亿元，按可比口径，比上年增加1653.34亿元，增长29.4%。

第五，增加支持科技创新和节能减排方面的支出。比如，中央财政安排科学技术支出1461.03亿元，比上年增加297.74亿元，增长25.6%；用于促进企业加快技术改造和技术进步的技改贴息资金支出200亿元；用于支持节能技术改造、淘汰落后产能等方面的资金支出495亿元；用于扶持中小企业发展的资金支出96亿元。

实行结构性减税

再看减税。其实，早在2008年1月1日，以实施“两法合并”后的企业所得税新税法为标志，便已经启动了具有减税意义的行动。只不过，最初的减税是作为新一轮税制改革的一部分、以税制改革的名义推出的。在此之后，伴随着美国次贷危机的蔓延以至酿成全球性金融危机，结构性减税的概念应运而生并成为新一轮积极财政政策的一个重要工作线索，从而有了进一步的行动。

正是在这种背景下，提高个人所得税工薪所得减除费用标准、暂免征收储蓄存款和证券交易结算资金利息个人所得税、降低住房交易环节税收负担、调高部分产品出口退税率、取消和降低部分产品出口关税、下调证券交易印花税税率并改为单边征收、调整汽车消费税政策、允许困难企业阶段性缓缴社会保险费、降低四项社会保险费率等税费减免举措陆续出台，最终将整个2008年的减税规模拉升到大约2800亿元的水平。

以此为基础，在2009年，实行结构性减税演化为更大规模的进一步行动。一方面，推出了全面实施消费型增值税、实施成品油税费改革、取消和停征100项行政事业性收费等新的税费减免举措。另一方面，继续执行

2008年已经实施的提高个人所得税工薪所得减除费用标准、调高部分产品出口退税率、取消和降低部分产品出口关税、降低证券交易印花税税率并改为单边征收、暂免征收储蓄存款和证券交易结算资金利息个人所得税、降低住房交易税收等一系列税费减免政策。从而拿出了涉及9个税费项目、共减轻企业和居民负担约5500亿元的“减税大单”。

将如此的减税规模与我国的财政收支盘子联系起来并以2009年的预算数字为依据，可以发现，5500亿元的减税规模，大体占到全国财政收入（66230亿元，不含从中央预算稳定调节基金调入的505亿元）的8.3%和全国财政支出（76235亿元）的7.2%。不论从哪个角度看，这都不是一个小数。

透过如上的大致清单，我们所看到的新一轮积极财政政策，已不再是停留于理论上的抽象概念，而是看得见、摸得着，具有实实在在内容的一系列具体行动。

诸如此类的各项扩张性财政举措的陆续推出并逐步到位，无疑是促成当前我国经济呈现转折性积极变化的重要力量。如果说，中国经济率先实现总体回升向好势头、有效遏止了经济增长明显下滑态势这一难得成绩的取得，主要来源于宏观经济政策的拉动（朱之鑫等，2009），那么，在此基础上，还可以补上一句话：其中的主要政策力量，就来源于新一轮积极财政政策。

四　基本判断：“不变”与“变”的抉择

盘点以往实践经历的目的，当然是谋划未来。当我们大致把握了过去一年多来新一轮积极财政政策实践的基本特点和基本轨迹之后，如下的问题便接踵而来：2010年乃至更长一段时间的新一轮积极财政政策之路该如何走？

按照中央经济工作会议的部署，如下的两条显然已在定论之列：

其一，鉴于当前全球经济仍存在着相当的不确定性，全球性金融危机的影响依然存在；鉴于当前中国经济回升的基础尚不稳固，仍然离不开宏观经济政策层面的拉动，保持积极财政政策的连续性和稳定性至关重要。这就是说，已经实施了一年多的新一轮积极财政政策的扩张性取向必须坚持，不应也不能改变。新一轮积极财政政策还有相当长的一段路要走。

其二，宏观经济政策本身的特点就是“逆风行事”，它是要随经济形势的变化而适时调整的。取向不变，并不意味着2010年要全盘“照搬”或“复制”过去一年多的政策内容。事实上，即便在过去的一年多的时间里，新一轮积极财政政策的具体内容也是处于不断调整之中的。也就是说，在保持取向不变的前提下，2010年的新一轮积极财政政策，必须根据变化了的新形势和新情况，在力度、节奏、重点等方面做相应的调整。

“不变”之中有“变”，在“不变”的取向之下酝酿并实施“变”的内容，可以说是2010年乃至更长一段时间内新一轮积极财政政策的一个重要特点。

不妨大致勾勒一下2010年新一轮积极财政政策的总图景。

从“不变”的角度看，进入“不变”之列的，当然首先是财政上的扩张性取向。既然要延续财政上的扩张性取向，在宏观经济的大势未有根本性改变的条件下，便仍然需要“增支”、“减税”两个工作线索的同时并用、协同作战。即是说，两翼并举的“全方位”财政扩张格局，也应在“不变”之列。进一步看，既然要保持宏观经济政策的拉动效应，在宏观经济政策搭配格局未有根本性改变的条件下，便仍然需要新一轮积极财政政策在宏观调控体系中发挥主要作用。即是说，新一轮积极财政政策的“主攻手”角色，也应是“不变”的。

从“变”的角度看，进入“变”的序列的，应首先是政策的实施重点。迄今为止，就“增支”和“减税”的主要举措而言，其基本的着眼点，大都放在了直接增加公共投资或间接拉动民间投资方面。这固然是必要的，但是，既然当前宏观调控的重点已经由全力保增长转移到促进发展方式转变上来，并且，也只有最终的消费需求被真正拉动起来并步入正常轨道，我国经济的回升才会有坚实的基础。故而，无论“增支”还是“减税”，当前最需要调整的，便是把新一轮积极财政政策的实施重点，由以往相对偏重投资适时转移到着力拉动消费需求上来。除此之外，随着全球经济逐步走出低谷，最困难的时候已经过去，并且，通货膨胀预期的压力已经日渐增大，致力于扩张的新一轮积极财政政策，也应审时度势，适时地降低扩张力度，相应地放慢实施节奏。

无论是“不变”，还是“变”，对于我们来讲，如下的基本事实是不可回避的。那就是，政策的实施成本——财政收支的暂时困难。因为，在反危机的年代，不仅经济不景气甚或经济增速的下调会带来财政收入的减少和财政支出的增加，而且，基于财政扩张需要而实施的“增支+减税”的政策安排，更是以财政收支不平衡为前提的。

然而，面对此状，更需强调放眼全局而不计局部得失的道理。从历史的轨迹看，必要时宁肯以财政收支的不平衡来换取经济社会的稳定发展，毕竟是我们在财政政策选择问题上始终遵循的基本原则。这次也不例外。算经济社会发展的大账，若能以财政收支困难的暂时加大换得一个经济尽快回暖和尽快回归平稳较快发展轨道的局面，无论从哪方面看，都是值得付出的代价。否则，倘若我们满足于尚不稳定的经济回升势头且顾虑财政收支困难的进一步加大而动摇继续实施新一轮积极财政政策的决心，或者，在新一轮积极财政政策的继续深化和完善问题上裹足不前，那么，且不说经济增长乏力甚至经济萎缩的形势很可能进一步发展，即使单就财政本身的日子而言，由经济不景气所带来的收入下滑、支出上扬的局面也难以根本扭转。换言之，以财政收支的暂时困难所带来的，将不仅是经济的较快平稳发展和经济发展方式的转变局面，而且，有了这个基础，财政本身的日子也才会逐步好过起来。

五　具体建议：2010年的“增支”

说到这里，已经到了回答2010年乃至更长时间新一轮积极财政政策之路如何走的时候。这仍要区分“增支”、“减税”两个工作线索分别来说。

说起“增支”，人们立刻想到的，往往是用于实施财政扩张的传统举措——增加政府公共投资支出。而且，还会立刻提及这一次实施的反危机举措中的所谓4万亿元投资计划。然而，一旦将增加公共投资与所谓4万亿元投资计划联系起来，透过过去一年多来的实践进程，如下的事实可能是必须澄清的：

4万亿元并非全部是政府的公共投资。以目前中国政府可以支配的财力规模计（前面说过，即便在实施财政扩张的2009年，全国财政收入和全国财政支出分别为66230亿元和76235亿元），4万亿元的投资支出绝对是政府财力不可承受之重。事实上，在这次反危机的实践中，中央政府能够拿出且拟定的公共投资计划规模只有1.18万亿元。至于4万亿元投资计划，不过是根据投资拉动效应原理而推算、由1.18万亿元公共投资支出所可能引致的一系列投资规模的总和。此其一。

1.18万亿元也并非中央政府一年的投资支出。以目前中央本级财政所能支配的财力规模计（2009年，中央本级支出规模为14976亿元），1.18万亿元的公共投资支出绝对是中央政府一年的财力不可承受之重。事实上，在这次的反危机实践中，1.18万亿元的公共投资支出是要分作三年来拨付的。按照计划，2008年安排1040亿元，2009年安排4875亿元，2010年安排5885亿元。此其二。

即便就一个特定年度的公共投资支出而论，如2009年的4875亿元，它也并非能够即时见效的投资。按照一般的运行规律，一笔特定的公共投资支出，从拨付到使用，起码要经过三个阶段：在途资金、到位资金和在建资金。其中，在途资金指的是处于财政系统内部调拨过程中的公共投资资金，到位资金指的是由财政系统进入到建设单位的公共投资资金，在建资金指的是建设单位实际投入使用的公共投资资金。易于看出，只有到了第三阶段——在建资金，公共投资支出本身以及其可能带来的投资拉动效应才会真正得以释放。而由在途资金到到位资金，再到在建资金，按照公共投资本身的规律计，可能要经历一个漫长的过程。此其三。

就政府的公共投资支出花了如此多的笔墨，无非想说明，在有关2010年“增支”举措的安排上，对于公共投资的效应，既不可过分夸大，更不宜于神话，尤其要特别关注并尽力避免蕴涵其中的“时滞”因素可能带来的影响。这是因为，在宏观经济形势变化频率之高的今天，公共投资支出上可能出现的“时滞”，不仅会贻误战机，而且可能由此带来“逆向调节”之效——本应在经济处于低谷时产生的扩张效应，推延到了经济上升阶段，从而助长通货膨胀预期。这可以从过去一年多来的增加公共投资支出实践中得到印证。

有鉴于此，在2010年，无论从哪个方面看，都应把政府“增支”的重心或重点由公共投资支出移向公共消费支出。除了保证完成在建项目的必要投资支出之外，政府的“增支”对象，应当向加大对民生领域和社会事业的支持保障力度倾斜，并且，“增支”的主要着眼点放在刺激最终消费需求上。

进一步的分析还可以发现，不同收入群体在消费需求上存在着巨大的差异。针对不同收入群体而在“增支”上选择不同的方略，不仅是必要的，也是可能的。

对于广大的低收入群体而言，其消费需求不足的深层原因在于收入水平相对较低。所以，对于他们，可“直接给钱”——通过财政“增支”上的安排，直接增加他们的可支配收入规模，以求通过其可支配收入的增加来拉动消费的扩大。比如，着眼于发挥新一轮财政政策在调整国民收入分配格局中的作用，通过增加财政补助的规模，较大幅度提高城乡低保对象等低收入群体的收入水平，提高其消费能力。并且，由此增加居民收入在国民收入分配中的比重和劳动报酬在初次分配中的比重，拉近居民之间的收入分配差距。再如，在优化政府公共投资支出结构的前提下，重点安排民生工程、基础设施和节能环保项目等，由此带动和引导消费需求，拉动经济增长。

对于中高收入群体而言，其消费需求不足的深层原因在于社会保障制度有欠完善。所以，对于他们，可“代其埋单”——通过财政“增支”上的安排，建立起行之有效的医疗、退休、教育等社会保障制度体系。并且，通过完善社会保障制度体系、减少其“后顾之忧”的行动，实现拉动消费的目的。比如，进一步优化财政支出结构，加快以改善民生为重点的社会建设。以此为基础，稳定和改善居民消费预期，促进即期消费，拉动消费需求。又如，进一步调整财政支出结构，严格控制一般性支出，重点加大“三农”、教育、就业、住房、医疗卫生、社会保障等民生领域的投入。同时，根据社会事业发展规律和公共服务的不同特点，积极探索有效的财政保障方式，建立健全保障和改善民生的长效机制，等等。

六　具体建议：2010年的“减税”

说起“减税”，即使是当前有严格界定的“结构性减税”，如果以“减税”的着眼点——拉动需求特别是拉动最终消费需求——为考察尺度，那么，如下的两个问题无疑是要区分并说清的。这就是，政府减多少种税和政府减多少税。前者说的是“减税”涉及的税种个数，后者则说的是“减税”涉及的税收规模。两者显然不是一回事。

不妨以2008年的全国税收收入规模为盘子加以说明。在我国现行的税收体系中，除了一种税——固定资产投资方向调节税——暂时免征之外，目前处于有效运行状态的共有18种。在2008年，按照国家税务总局的统计口径，全国税收收入为57862亿元。其中，依所占份额高低排列，增值税收入为42.7%，企业所得税收入为21.2%，营业税收入为13.2%，个人所得税收入为6.4%，消费税收入为5.7%。除此之外的其他税种收入加总求和，其所占份额不过10.8%。

易于看出，2010年也好，其他的年份也罢，从拉动需求特别是拉动最终消费需求的目标看，“减税”的主要着眼点，应当放在政府减了多少税而非政府减了多少种税上。这即是说，在当前的中国，讨论并谋划“减税”问题或方案，我们所应聚焦或关注的，是所占份额居于前列的几个较大税种。如增值税、企业所得税、营业税、个人所得税和消费税，这几个税种的收入份额，合并占到了全国税收收入盘子的将近90%。

进一步看，上述几个税种的情形各异，在“减税”问题上，还需要实施不同的安排。所占份额位居第三的营业税，由于其系地方的主体税种，又是现行分税制财政体制的根基所在，在未下决心对现行分税制财政体制进行颠覆性变革之前，这一税种不宜大动。所占份额位居第五的消费税，并非一个独立的税种，而是一种附加税。其主要的功能在于调节消费，拉近贫富差距。在现行税收体系的调节功能相对较弱、我们又亟待强化税收调节功能的条件下，就总体而言，在消费税的调整上，宜做加法而非减法。这样一来，留给我们的主要选择空间，便是增值税、企业所得税和个人所得税三个税种了。

鉴于企业所得税的改革已经基本到位且已收获了抵御全球性金融危机的特殊实效，2010年面临的主要任务，是继续完善企业所得税法相关配套政策，我们的分析重点，可以主要放在增值税和个人所得税上。

先看增值税。注意到增值税系现实中国的第一大税种，要使“减税”真正带来实效，当前我国的“减税”重点应当也必须锁定在增值税上。

从2009年1月1日起，增值税在全国范围内实施的由生产型转为消费型的改革，给企业带来的最大变化，说到底，就是企业购入设备所付出的款项，可以冲抵增值税的计税基数从而免征增值税。它既体现着对企业固定资产投资的一种激励，又可说是政府能够拿出的最大的一笔减税单。据估算，这一项减税动作，一年下来，将减少大约1200亿元的税收收入。

但是，应当看到，与操用在其他税种上的减税举措有所不同，增值税转型毕竟只是政府推出的一项有利于减轻企业税负、激励企业投资的政策安排。除了小规模纳税人可以直接按调低了的征收率计税之外，对于一般纳税人而言，这项政策能否产生预期的效应或者其实际的效应究竟有多大，最终还要取决于企业对这项政策安排的反应。只有在企业真的着手技术改造、真的扩大设备投资的条件下，它才能据此去抵扣其应缴的增值税税款。增值税转型的减税效应，也才能真正“落袋为安”——进入企业的腰包。否则，如果企业的投资行为不因此而调整，或者，其调整的程度远低于人们的预期，那么，它便很可能只是政府所放飞的、等待人们去抓的“树林子里的鸟”。

问题的复杂性在于，面对全球性的产能过剩，企业难有足够的投资热情或投资动力，我们对于增值税转型减税效应的预期，不能不有所保留并备有预案。倘若2009年增值税转型的减税效应未能如所期望的那样发挥出来，并且，经济形势的变化需要在税收上采取更有力的扩张措施，那么，2010年，在增值税转型改革上可以考虑的选择，便是进一步“割肉”：在财政收支状况允许和其他税种改革配套进行的条件下，将房屋、建筑物投资纳入抵扣范围，允许抵扣全部的固定资产投资，从而实行完全意义上的消费型增值税。

再看个人所得税。作为一个兼顾收入与调节功能的现代税种，在现实我国的税收收入格局中，个人所得税份额不大。然而，相对于其他税种，特别是隐含于价格之中、间接征收的各种流转税，人们对于个人所得税的敏感程度甚高。这固然与我国纳税人税收意识淡薄、对于税收常识的把握“缺位”有关，但在当前的这次全球性金融危机中，可以看到，尽管政府已经先后拿出了增加工资薪金所得额扣除标准和暂免征收存款利息所得税两项举措，并且一年将减少大约460亿元的税收收入，人们仍然对进一步减轻个人所得税的负担充满期待。因而，从长期看，很有必要在个人所得税税负的进一步减轻上有所回应。

鉴于当前以进一步增加工资薪金所得额扣除标准为主要内容的“小步微调”已经基本走到尽头，也鉴于个人所得税的“小步微调”并不能带来中低收入者负担的有效减轻，更鉴于新一轮税制改革方案早已确定了个人所得税制的“综合与分类相结合”改革方向，将减税的意图与税制改革的目标相对接，可以明确的一个重要事实是，个人所得税税负的减轻也好，改革也罢，必须着眼于做“大手术”：采取实质性的举措，尽快增大综合计征的分量，加速奠定实行综合计征的基础。以此为契机，实施“个性化”的所得费用扣除并将其调整制度化，从而让高收入者比低收入者多纳税并以此调节居民之间的收入分配差距。

事实上，从个人所得税制的发展规律看，这一步迟早要走。认识到这是一个不可回避的基本趋势，在2010年，积极创造条件，尽快地迈出这一步，可以也应当成为我们的备选方案。

主要参考文献

朱之鑫等：《朱之鑫等在国务院新闻办发布会上介绍当前宏观经济形势》，2009年8月7日，http：//finance.people.com.cn/GB/9812309.html。

高培勇：《由“积极”转向“中性”：财政政策经历艰难抉择——关于近期财政政策取向问题的讨论》，《财贸经济》2004年第8期。

财政部：《关于2008年中央和地方预算执行情况与2009年中央和地方预算草案的报告——2009年3月5日在第十一届全国人民代表大会第二次会议上》，新华社2009年3月15日。

中国税务年鉴编辑委员会：《中国税务年鉴（2008）》，中国税务出版社2009年版。

（原载《财贸经济》2010年第1期）

当前经济形势与2012年财政政策

一 引言

每年一度的中央经济工作会议历来有两大任务：评估当前的经济形势、布局来年的经济政策。于去年年末举行的2011年中央经济工作会议也不例外，在全面评估当前国内外经济形势的基础上，作出了继续实施积极的财政政策和稳健的货币政策的部署。

以美国雷曼兄弟公司宣布破产倒闭为标志、始自2008年的这轮国际金融危机，迄今已历时4年。与此相伴随，在这4年中，围绕着国际金融危机的演变进程，历次中央经济工作会议所确立的宏观经济政策基调，也一直处于频繁调整状态。不妨就此做一简单的梳理：

2008年中央经济工作会议：保持经济平稳较快发展，实施积极的财政政策和适度宽松的货币政策；

2009年中央经济工作会议：保持宏观经济政策的连续性和稳定性，继续实施积极的财政政策和适度宽松的货币政策；

2010年中央经济工作会议：以加快转变经济发展方式为主线，实施积极的财政政策和稳健的货币政策；

2011年中央经济工作会议：稳中求进，继续实施积极的财政政策和稳健的货币政策。

由此观之，从实施“积极加适度宽松”相搭配到继续实施“积极加适度宽松”相搭配，再从实施“积极加稳健”相搭配到继续实施“积极加稳健”相搭配，可以说是这4年来中国宏观经济政策布局所走出的一个基本轨迹。

但是，中国的宏观经济政策一向有“名”“实”之别，其间有着很大的回旋余地。比如，名义上的“积极”，并不一定意味着其实际内容就是扩张的。以“积极”之名，有可能行的是“稳健”之实。同样，名义上取“稳健”字眼，也不一定意味着其实际内容就是中性的。以“稳健”之名，有可能行的是扩张或紧缩之实。而且，进一步说，即便在相同的宏观经济政策称谓或相同的宏观经济政策搭配下，也往往蕴涵着不同的实际内容。比如，从今年的“实施”到明年的“继续实施”，并不意味着要将今年的政策安排全盘复制到明年。操用“继续实施”的表述，无论在总量还是在结构层面，都有可能意味着显著的调整或变化。

所以，对于中国宏观经济政策的解读不应也不能停留于字义层面。脱出字面意义的局限而深入到其实际内容的安排，从两者的结合上认清并把握当前的国内外经济形势和中央经济工作会议精神，进而勾勒2012年的积极财政政策操作“路线图”，正是本文所聚焦的主题。

二 当前经济形势：四个基本判断

关于当前的国内外经济形势，目前人们所能达成的一个普遍共识是，欧美经济形势正在经历的新一轮持续震荡，对尚处于缓慢复苏中的全球经济形成了极大的冲击。这种冲击，在短期内难有根本性改变，甚至可能延续一个相当长的时期（李扬，2011）。受此影响，未来的中国经济将可能呈现怎样的走势？无疑是我们必须回答的问题。

第一，注意到经济全球化的深刻变化和深入发展，如此严峻而复杂的全球经济环境，必将严重拖累已经极大地融入经济全球化之中的中国经济。最重要的是，这一进程还在继续，其影响范围还在扩展。鉴于外需市场趋冷、内需仍旧不足，转变经济发展方式的努力也非短期可以奏效，中国经济很可能由此而进入一个经济增长速度的下滑期。换言之，中国经济不会独善其身，未来的经济运行充满变数。

第二，从迄今为止的这一轮国际金融危机的运行轨迹看，2008年末和2009年初无疑是包括中国经济在内的全球经济最为困难的区间。将其作为参照系并仔细审视处于震荡中的全球经济态势，可以确认，尽管欧美经济短期内难以走出持续震荡的局面，但从根本上说来，它绝非无药可医、无路可走。尽管外部的不确定性会给中国经济造成持续拖累，但从总体上看来，这种不利影响的程度不会高于2008年末和2009年初。

第三，与其他新兴经济体主要源于大量非常规刺激措施而导致的流动性过剩有所不同，当前中国的物价上涨势头，既有通货膨胀因素的拉动，也有成本上升因素的推动。这两种因素分别形成的对于物价上涨的拉力和推力，不仅在短期内难以缓解，而且，从长期看，它们都可能会使居民消费价格指数（CPI）在高位运行。更严峻的问题在于，在当前的中国，物价上涨一旦与以收入分配矛盾为代表的各种社会矛盾相交织，用温家宝（2011）总理的话讲，将足以影响社会的稳定和人心的向背。故而，从保持社会大局稳定的大计出发，相对而言，在经济增长和物价水平两者之间，物价上涨仍将是我们面临的主要矛盾。

第四，在经历了主要依靠增加政府支出和扩大公共投资的几番反危机操作之后，其“粗放型”扩张对于中国经济结构的负面作用已经逐渐凸显。在当前的中国，较之于危机前，调结构的任务显得更为紧迫。鉴于导致此轮国际金融危机的基本原因在于全球经济结构的失衡，中国被拖入国际金融危机之中的根本原因也在于经济结构不平衡的“软肋”，而无论就全球经济而言，还是就中国经济来说，结构问题的解决都绝非短期内所能奏效的事情。故而，身处长期低迷的外部环境以及传统经济结构难以为继的内部压力，在稳增长和调结构两大目标之间，我们将面临两难选择。

三 在“积极”与“稳健”之间跳舞：财政政策的活动平台

由上述几个方面的分析可以看出，在国内外经济形势已经发生实质性变化的背景下，2012年的宏观经济政策，即便在名义上仍旧维持“积极加稳健”相搭配的格局，并且，操用的是“继续实施”的字面表述，相对于以往，特别是2011年，其实际内容也应当且必须作出相当的调整。这种调整，至少包括如下几个方面：

其一，当前宏观调控的主要任务是预调和微调，其扩张性操作可以相对从容。我们尚不需要推出类如2008年末和2009年那样的超剂量、大规模的扩张性措施，不应也不宜于反应过度。

其二，当前国内外经济形势的变化，并不足以改变2011年以来宏观经济政策目标的排序。也即是说，立足于当前中国的基本国情，权衡经济增长和物价水平，我们仍应将稳定物价总水平作为首要任务。

其三，即便经济下滑趋势已经有所显露，即便当前宏观调控的着力点之一在于增加政策的刺激力度，其扩张性操作也必须着眼于“精细化”——在稳增长与调结构之间寻求平衡。换言之，绝不能出于稳增长的需要而重蹈牺牲调结构目标的覆辙。

具体到积极财政政策的操作，就实际内容而言，可以分别从总量和结构两个层面加以把握：总量看赤字，结构看收支。

在总量层面，可以从把握财政预算赤字的增减变化入手。财政扩张力度的大小，直接决定于预算赤字的规模及其边际效应。今年的预算赤字比去年多，意味着今年的财政政策是趋向于扩张的；今年的预算赤字与去年一般多，意味着今年的财政政策是趋向于中性的；今年的预算赤字比去年少，则意味着今年的财政政策是趋向于紧缩的。

在结构层面，可以从把握增支和减税的对比关系入手。在既定规模的财政预算赤字约束下，可以有增加支出和减少税收两种操作。一般而言，鉴于支出和税收的乘数差异，增加支出较之减少税收，所带来的扩张性效应往往更大、更直接。减少税收较之增加支出，所带来的扩张性效应则相对柔和、相对间接。

至此，立足于当前的国内外经济形势和上述的宏观经济政策基调，由总量和结构两个层面的线索，可以大致勾勒出2012年的积极财政政策操作“路线图”：

就总量而论，将通过举借国债弥补的赤字和动用中央预算稳定调节基金弥补的赤字合并计算，2012年的预算赤字或将与2011年的规模大致持平，或将在2011年的基础上有少许增加。这就意味着，实施财政扩张的力度将有所节制，而不会或不必再现以往的全面或大规模扩张的势头。根据2011年全国财政预算数字（财政部，2011），当年通过举借国债和动用中央预算稳定调节基金弥补的财政赤字分别为9000亿元和1500亿元，两项合计，当年预算赤字总额为10500亿元。以此为基础，2012年的预算赤字，宜掌握在略高于10500亿元的水平。

就结构而论，有别于以往以“增支”为重心的操作，“减税”将成为继续实施财政扩张的主要载体。财政扩张主要载体的这一“易位”过程，不仅意味着其扩张力度的相对趋缓，而且，也是更重要的，它意味着实施财政扩张与推进结构调整两个目标的兼顾或融合。换言之，以减税而非增支为主要载体，主要通过民间可支配收入的增加而非政府直接投资的增加实施财政扩张，将有助于在实现“稳增长”目标的同时，兼收“调结构”的功效。依上述数字，以略高于10500亿元的预算赤字总额计，2012年的减税规模，宜掌握在不少于6000亿元的水平。

顺便指出，从不久前发布的2011年全国财政收入情况可以看到，以全国财政收入103740亿元的规模计算，当年的全国财政收入“超收”额即高达14020亿元。超收额分别占到当年全国财政收入总额和当年全国财政收入“增收”额的13.5%和67.9%。毋庸置疑，这肯定会进一步推高已经引致颇多争议的当前中国的宏观税负水平，从而面临较大的有关减税的舆论压力。故而，即便把实施财政扩张的一系列因素统统考虑在内，按照如此的财政收入实力，实施一定规模的减税不仅是必要的，也是有可能的。换言之，在2012年，我们既有必要也有能力实施较大规模的减税。

综合总量和结构两个线索上的效应，可以认定，2012年积极财政政策的总体态势，是在“积极”与“稳健”（或称“扩张”与“中性”）之间跳舞：一方面，鉴于国内外经济形势的不确定性，特别是鉴于中国经济增长可能出现的下滑势头，要求我们采取积极的措施加以应对。故而，要预留相应的财政扩张空间。另一方面，鉴于物价上涨的压力和调整经济结构的需要，也要求 “积极加稳健”相搭配的宏观经济政策效应在总体上保持中性状态。故而，要适当控制财政扩张的力度。也就是说，一头是“积极”或“扩张”，另一头是“稳健”或“中性”。两极之间的地带，构成了2012年积极财政政策的活动平台。

四　结构性减税与税制改革的方向相对接

关于减税，迄今我们看到的来自官方的正式提法是结构性减税。作为一个至少使用了十几年之久的老概念（金人庆，2002），结构性减税并非第一次被派上实施财政扩张的用场。早在20世纪90年代后期，它就曾作为积极财政政策的一个重要线索而被引入反危机的操作。始自2008年的这一轮国际金融危机，又使结构性减税一词不胫而走并在反危机实践中扮演了重要角色。只不过，在上述两个时段，结构性减税并非积极财政政策的重心，而主要是作为配角，在以增加政府支出、扩大公共投资为主要内容的积极财政政策操作中发挥的是辅助作用。

在老话重提、曾经的“配角”变身为今天的“主角”之后，结构性减税的操作更要讲究艺术。既不能不问青红皂白，统统砍下一块，实施“一刀切”，也不能眉毛胡子一把抓，见什么减什么，实施“一勺烩”。显而易见的是，结构性减税有别于全面性减税。其最重要的特点在于目标的双重性，一方面要通过减税，实实在在地减轻企业和居民的税收负担水平。另一方面，减税的同时也有增税，要通过“有增有减”的结构性调整，求得整个税收收入结构的优化。也即是说，将减税操作与税制改革的方向相对接，是结构性减税的题中应有之义（高培勇，2011）。

说到税制改革的方向，特别是着眼于优化税制结构的改革，自然要涉及对我国现实税收收入结构的判断和“十二五”时期的税收改革规划。

不妨以2011年为例。按照国家税务总局口径（国家税务总局收入规划核算司，2011）的统计，在当年全部税收收入中，来自流转税的收入占比为70%以上。除此之外，来自所得税等其他非流转税税种的收入合计占比，不足30%；来自各类企业缴纳的税收收入占比，为92.06%。除此之外，来自居民缴纳的税收收入占比，只有7.94%。

上述数字，明白无误地告诉了我们两个基本事实：在当前，我国税收收入的70%以上，都是间接税。而间接税，作为价格的构成要素之一，通常可直接嵌入商品售价之中，属于可通过价格渠道而转嫁的税；我国税收收入的90%以上，都是由企业缴纳的税。而由企业缴纳的税，作为其生产或经营成本的构成要素之一，通常也要极力挤入商品售价之中，属于有可能通过价格渠道而转嫁的税。可以说，由企业法人缴纳、走商品价格通道，既是我国现实税收运行格局的两大典型特征，也集中揭示了我国现行税制结构以及由此而形成的现实税收收入结构的失衡状况。

我们已经看到，这种严重失衡的现行税制结构和现实的税收收入结构，不仅在国内的经济社会发展进程中遭遇了一系列的麻烦，而且在全球经济走入持续震荡的背景下，其弊端也越来越充分地显露出来。

比如，如此高比例、大剂量的间接税收入，集中于商品价格渠道向全社会转嫁或疏散，不仅使得税收与物价之间处于高度关联状态，在现实生活中确有推高物价之嫌。而且，一旦遇到通货膨胀压力较大、物价上涨趋势明显的情形，如去年，便可能推动税收与物价的交替攀升，甚至使政府控制物价水平的努力平添不确定因素。在某种意义上，可以说，中国税收已经演化成为商品价格的不可承受之重。

再如，如此高比例、大剂量的税收收入，集中来源于各类企业的缴纳，不仅在名义上会加重各类企业的税收负担，使得中国企业的税收负担水平至少在名义上整体偏重。而且，注意到不同规模企业之间的竞争能力差异，在事实上，也会加重小微企业相对于大中型企业的税收负担。在某种意义上，可以说，中国税收已经成为企业负担的不可承受之重。

又如，对间接税收入以及对企业纳税收入的过度依赖，不仅使得绝大部分中国税收的归宿不易把握，在事实上会成为整体上由广大消费者负担的“大众税”，而且，也会在相当程度上转移政府本应给予其他税类或税种的注意力，在事实上淡化以所得税和财产税为代表的直接税建设。从而，使诸如调节收入分配、拉近贫富差距之类的现代税收功能的发挥，在事实上处于难以谈起的境地。

还如，注意到中外税制结构之间存在的巨大差异，对间接税收入以及对企业纳税收入的过度依赖，不仅会推高境内商品相对于境外商品的价格水平，从而削弱境内商品和境内企业的国际竞争力，而且会通过出口退税环节，在事实上形成对进出口商品价格水平的差别影响。在欧美经济形势面临相当不确定性、贸易保护主义泛滥的今天，这显然会进一步带来或激化国际贸易领域的摩擦。

诸如此类的例子，还可列出许多。所有这一切都说明，如同中国现实的经济结构处于非调整不可的关口一样，中国现行的税制结构以及由此而形成的税收收入结构也已经到了非调整不可的地步。调整的方向是不言而喻的，这就是：在适当降低宏观税负水平的前提下，减少间接税，增加直接税；减少来自企业缴纳的税，增加来自居民缴纳的税。

也正是基于这样的认识，在正在实施中的中国“十二五”规划纲要第四十七章第三节中，专门写入了如下一段话：“按照优化税制结构、公平税收负担、规范分配关系、完善税权配置的原则，健全税制体系，加强税收法制建设。”

将有关结构性减税的讨论放入如此的背景之下，立刻可以得出的结论便是：在2012年的积极财政政策操作中，应当且可以进入减税视野的，主要是那些由企业缴纳、走价格通道转嫁的间接税或流转税。

五 减税的主要对象锁定增值税

在中国现行的税制结构下，可归入间接税或称流转税的税种主要有四个：增值税、消费税、营业税和关税。除了关税有其自身的特点、同进出口贸易的状况直接相关之外，其余的三个税种，并不是平分秋色的。其中，增值税块头儿最大，它的收入占比，在2011年，是全部税收收入的37.75%。消费税和营业税的收入占比，则分别为9.41%和14.29%。对于这几个税种，在操作上当然要有所区别，有所侧重。

如前所述，鉴于当前的经济形势和继续实施积极财政政策的需要，在财政所能承受的范围内，尽可能地放大结构性减税的效应，无疑是我们的重要着眼点。注意到增值税在所有流转税中的块头儿最大，同时注意到营业税改征增值税的改革试点方案已经公布，营业税终归要被增值税“吃掉”的趋势已经不可逆转。特别是，倘若不同时出台其他的配套措施，实施“扩围”后的增值税收入所占份额，将一下子蹿升至50%以上。再注意到消费税的特殊性质——主要针对奢侈品等征收的附加税，对于它的增减方案，历来争论很大，难以达成共识。结构性减税的主要对象，无疑应当锁定于增值税。

令人欣慰的是，已经公布并在上海实施的营业税改征增值税改革试点方案，恰好为我们打开了这一通道。作为一个减税效应极大化的选择，这一方案，从总体上讲，至少可在如下三个方面带来实实在在的减税效应：

相对于增值税，营业税的一个重要缺陷就在于它存在着重复征税现象。随着增值税逐步“扩围”至营业税的“地盘”，因营业税无抵扣而导致的重复征税现象，将会通过相关行业改缴营业税为增值税而趋于减少，从而使相关行业原承担的税负水平将由此得以减轻。此其一。

在2009年实行增值税转型改革之后，相对于营业税，增值税的税负水平已经得以削减。随着增值税逐步“扩围”至营业税的“地盘”，因增值税转型改革而带来的两税税负失衡矛盾——随增值税税负的下降而使营业税税负相对上升，将会通过相关行业改缴营业税为增值税而趋于缓解，从而使相关行业原承担的税负水平将由此得以减轻。此其二。

现行增值税的标准税率和低税率分别为17%和13%，随着增值税逐步“扩围”至营业税的“地盘”并新增两档较低税率——11%和6%，增值税的整体或平均税负水平将由此得以拉低。而且，往前看，随着整个税制改革的进程，增值税整体或平均税率的下调已是大势所趋。这意味着，未来增值税的税率级次和水平，很可能会有兼并和进一步的削减动作。此其三。

更令人欣慰的是，这一具有极大减税效应改革方案的适用范围，并不限于上海。除上海之外，其他地区亦可以根据自身情况申请加入改革试点。迄今为止，已有以北京、江苏和深圳为代表的几个省市递交了加入改革试点的申请。故而可以预期，随着2012年在上海试行并可能逐步推广至全国其他地区的这一方案的实施，营业税改征增值税的减税效应将日益显露出来。

可以看出，不同于以往的税收改革举措，作为现实中国第一大税种的增值税，它的变化，牵一发而动全身。在营业税改征增值税改革试点并逐步向全国推广的基础上，不仅是增值税，而且包括其他流转税税种在内，都将迎来一场旨在降低税负水平并进一步完善流转税税制的重要改革。由此而腾出的相应空间，还将为增加以财产税、个人所得税为代表的直接税、进而推动旨在优化税制结构的整体税收改革铺平道路。

六　改善民生系增加支出的重心地带

前面曾有提及，积极财政政策的操作历来有两个工作线索：增加支出与减少税收。在2012年的积极财政政策布局中，结构性减税固然是重心，但并不意味着可以忽略或没有增加支出的安排。只不过，与以往有所不同，2012年的增加支出操作，属于配角，主要着眼于发挥辅助作用。故而，当围绕减税操作的讨论暂告一段落之后，我们的聚焦点自然要移向另一翼——增加支出。

说到增加支出，前面也曾提及，财政扩张的主要载体之所以由“增支”转为“减税”，一个十分重要的考虑就在于，我们要在稳增长与调结构两大目标之间寻求平衡。其实，这种平衡的实现，不仅仅体现在主要载体的“易位”上，而且，有关增加支出的项目选择及其结构安排，也是一个可以依托的重要抓手。

鉴于当前的扩张性操作可以相对从容，鉴于稳定物价总水平仍然是我们的首要任务，更鉴于稳增长和调结构两大目标必须兼容，尤其是不能再走以牺牲调结构换取保增长的老路，2012年增加支出的重心地带，应当也必须锁定于改善民生——加大财政投入力度，切实办好涉及民生的大事要事（新华社，2011）。即是说，增加支出的重点，要由以往相对偏重投资适时转移到着力拉动消费需求上来。

具体而言，有关“增支”的安排，除了继续着眼于优化投资结构之外，当前最重要的工作，就是要通过一系列以改善民生为主要线索的支出项目及其规模的增加，来拉动消费需求。其中，比较重要且须特别关注的项目有：着力于支持落实最低工资制度，促进提高低收入者劳动报酬；着力于促进增加农民收入；着力于基本实现新型农村社会养老保险和城镇居民社会养老保险制度全覆盖，提高城乡居民最低生活保障水平、部分优抚对象待遇和企业退休人员基本养老金；着力于支持建立企业职工工资正常增长和支付保障机制；着力于增加财政补助规模，提高城乡居民特别是中低收入者的收入，切实减轻困难群众在教育、医疗、住房等方面的负担；着力于大力支持保障性安居工程建设，如此等等。

可以预期，以结构性减税为重心并辅之以以改善民生为主线索的一系列增加支出的操作，收支两翼彼此协调、互相策应，2012年的积极财政政策操作，将有可能走出一条与当前国内外经济形势相契合、同整个宏观经济政策布局相协调的路子。

主要参考文献

李扬:《关于当前国内外经济形势和宏观经济政策》,《中国社会科学报》2011年11月15日。

温家宝:《若通胀与腐败结合将影响人心向背》,中国经济网2011年9月14日。

金人庆:《当代中国税收要论》,人民出版社2002年版。

高培勇:《结构性减税要对接税制改革方向》,《中国财经报》2011年12月27日。

财政部:《2010年中央和地方预算执行情况与2011年中央和地方预算草案的报告》,《人民日报》2011年3月17日。

《中华人民共和国国民经济和社会发展第十二个五年规划纲要》,《人民日报》2011年3月16日。

国家税务总局收入规划核算司:《税收月度快报》2011年12月。

新华社:《中央经济工作会议12月12日至14日在北京举行》,《人民日报》2011年12月14日。

(原载《财贸经济》2012年第2期)

宏观经济政策格局的若干重要变化

随着2012年中央经济工作会议落下帷幕，中国的宏观经济政策格局已经发生了至少四个方面的重要变化。这些变化，将在很大程度上左右着2013年以及未来一个时期中国经济的走向，对中国经济社会的发展进程产生十分重大的影响。

宏观政策定位：实现“经济健康持续发展和社会和谐稳定”

以往举凡涉及宏观经济政策功能定位问题的时候，一般都是立足于经济发展领域的，而且都是要突出经济快速增长或以经济快速增长为核心的。回顾一下历次中央经济工作会议的提法，就会发现，20世纪90年代，我们曾经操用过“持续快速健康”。进入21世纪之后，先后操用过“持续快速协调健康”、“平稳较快”、“又快又好”、“又好又快”，近两年又回到“平稳较快”。换言之，宏观经济政策的功能定位，总是少不了一个对于经济增长要求的“快”字。

与以往有所不同，这一次中央经济工作会议围绕宏观经济政策功能定位的表述，操用的是“实现经济健康持续增长和社会和谐稳定”，不仅破天荒的第一次少了一个“快”字，而且，还同社会发展相对接，将宏观经济政策视野延伸到社会发展领域。这显然是一个很重要的变化。

以“健康持续”而不再是“平稳较快”来表达我们对于经济发展的追求，并且，将“社会和谐稳定”与“经济健康持续发展”并列，共同作为宏观经济政策的功能定位，至少向我们揭示了如下几层意思：

第一，随着我国工业化进入中后期，经济由高速增长转为中速增长并进入个位数增长阶段。对于这一规律性现象，人们已经渐趋达成共识。

第二，随着这一轮国际金融危机的演变进程，人们对于这场危机的长期性和深刻性，也已经渐趋成共识。比如，已经有这样的判断，世界经济低速增长态势仍将延续，何时走出危机，目前难以预测；我国发展的重要战略机遇期在国际环境方面的内涵和条件发生很大变化，不再是简单纳入全球分工体系、扩大出口、加快投资的传统机遇，而是倒逼我们扩大内需、提高创新能力、促进经济发展方式转变的新机遇；经济增长下行和产能相对过剩矛盾有所加剧，我们必须抱有忧患意识，等等。

第三，随着经济增长速度的放缓，经济发展的立足点必须转到提高质量和效益上，转而追求尊重经济规律，有质量、有效益、可持续的速度。对于这一点，人们已经渐趋达成共识。并且，以此为基础，也已经形成了五个具体的衡量标准，即无水分的增长、伴之以就业增加的增长、经济增长与居民收入增加同步的增长、伴之以效益增加的增长、资源环境可支撑的增长。

第四，随着当前中国的各方面社会矛盾步入高发期和凸显期，人们对于中国的经济增长和社会大局稳定之间的关系，对于发展、稳定和改革之间的关系，也已经有了高度的共识。将“社会和谐稳定”与“经济健康持续发展”并列，共同作为宏观经济政策的功能定位，从而将经济发展领域同社会发展领域相对接，将经济的健康持续发展与社会的和谐稳定相联系，也就成为一个相当重要的选择而纳入宏观经济政策的视野。

宏观政策作用：兼容“逆周期调节与推动结构调整”

传统经济学意义上的宏观经济政策，历来是作为反经济周期的工具来发挥作用的。所谓“逆风行事”——经济衰退时期实施扩张性操作，通货膨胀时期实施紧缩性操作，便是对其所具有的宏观调控作用的恰当概括。在我国的实践中，起码自1998年亚洲金融危机以来，无论是最初的“积极适当配”，还是后来的“积极稳健配”、“双稳健配”，以及近几年的“积极适当宽松配”、“积极稳健配”，可以说，不同时期的宏观经济政策都是立足于其逆周期调节的作用而布局的。

与以往单纯致力于发挥逆周期调节的作用有所不同，这一次的中央经济工作会议，操用的表述是“充分发挥逆周期调节和推动结构调整的作用”。换言之，2013年的宏观经济政策，必须兼具逆周期调节和推动结构调整两个方面的效能。这自然是有深刻的原因和考虑的。

第一，随着全球经济的持续震荡和不平衡、不协调、不可持续的问题更加突出，越来越多的事实已经表明，这一轮的国际金融危机，系周期性因素和结构性因素相交织的产物且主要由经济结构失衡所引致。真正意义上的复苏不可能在现有的经济结构基础上实现。要使经济走上健康持续发展的轨道，必须加大经济结构战略性调整力度，彻底转变经济发展方式。

第二，当下的中国经济，正陷于“经济增长下行压力和产能相对过剩”矛盾相交织的怪圈之中。针对其中任何一个矛盾方面的宏观调控操作，若不能同时施效于另一个矛盾方面，则最终于这一对矛盾的缓解无效。只有双管齐下，兼容逆周期调节和推动结构调整两种效力，方可能让宏观经济政策的布局对接上中国经济的现实。

第三，在反危机的过程中避免伤及经济结构，或者说，不以伤及经济结构为代价换取反危机目标的实现，在当前，留给我们的几乎唯一的选择，就是从产业结构的调整入手，通过化解产能过剩矛盾、缓解经济下行压力，最终实现以结构调整推进经济增长或经济增长与结构调整彼此兼容。

宏观政策目标：兼顾“稳增长、调结构、控物价与防风险”

在这一轮反危机的操作中，最初的宏观经济政策目标是锁定于“保增长”的。当把保增长作为压倒一切的任务时，我们自然可以集中力量打歼灭战，全力加以追求。后来，随着经济形势的缓解和变化，保增长为“稳增长”所替代，同时，宏观政策目标也逐渐多了起来——在稳增长之后，先是因流动性过剩驱使物价上涨而添加了“控物价”，后来又随经济结构问题日益突出而添加了“调结构”，以至形成了由“稳增长、调结构和控物价”所组成的所谓三重目标。

2013年，随着前几年反危机操作中举借的各种债务陆续进入清偿期，财政金融领域存在的风险隐患逐渐凸显，守住不发生系统性、区域性金融风险的底线，便成为加强和改善宏观调控的一项重要任务。于是，这一次的中央经济工作会议，在上述三重目标的基础上，又将“防风险”添加到宏观经济政策系列性目标的行列中，从而形成了由“稳增长、控物价、调结构和防风险”所组成的四重目标。

问题在于，当目标不再是一个，而是三个、四个甚至多个时，我们便不得不将宏观调控资源分散使用，着眼于同时攻取多个阵地、同时实现多重目标。这实际上向我们传递了如下几个方面的信息：

第一，作为兵力分散的一个重要结果，2013年的宏观调控操作，应当也只能在稳增长、调结构、控物价和防风险之间百般周旋、左右逢源。这意味着，当前宏观经济调控的空间已经被大大压缩，空间相对狭窄。

第二，即便稳增长的需要已经变得十分紧迫，即便要把稳增长放在更加重要的位置，我们也不能像过去曾经做到的那样，全力追求或把主要的精力投向于稳增长，而必须兼顾多重目标的实现或平衡。

第三，在多重目标的牵制之下，当前的宏观调控颇似一场“拔河赛”——哪一方面的压力（形势严峻程度）来得大，宏观调控的资源配置便会向那一方面倾斜。故而，宏观调控的目标排序或作力重点难免摇摆不定。

宏观政策搭配：在“积极稳健配”的名义下趋向于稳健

以中央经济工作会议作出继续实施积极的财政政策和稳健的货币政策的决策为标契机，我国已连续实施两年的“积极稳健配”宏观经济政策搭配格局延续至第三个年头。然而，此“积极稳健配”非彼“积极稳健配”，我国的宏观经济政策历来有名实之别。在相同的宏观经济政策称谓下，往往隐含着不同的实质内容。仔细地盘点一下中央经济工作会议的相关部署，便会看到，相对于以往，2013年的“积极稳健配”系一种趋向于稳健的宏观调控安排。

第一，鉴于当前欧美日等主要发达经济体正在陆续推出新一轮量化宽松政策，由此必将带动全球主要货币大量放水，潜在通胀和资产泡沫的压力再度全面加大，其溢出效应必将影响我国；鉴于我国的财政金融领域存在的风险隐患正在蓄积和凸显，随政府换届可能出现新一轮的地方融资平台冲动；也鉴于以往流动性过剩带来的通胀压力始终未能缓解，包括外部输入和内部新增在内的新一轮通胀压力正在生成，凡此种种，都将极大地牵制或压缩货币政策的作为空间，使其不得不将其主要精力投入于控物价和防风险。

第二，从构成积极财政政策的三个支点——增赤、减税和扩支——看，2013年的财政赤字固然会相应增加，但在欧洲主权债务危机、美国“财政悬崖”以及我国财政金融领域风险隐患等方面因素的阴影下，财政赤字必须控制在3%的国际安全线以内；减少税收显然是2013年积极财政政策的主要载体，但常识告诉我们，较之于扩大支出，减少税收带来的扩张性效应相对较小、相对间接；扩大支出的操作固然可用，但在2013年将不能不有所节制。各级政府不仅要厉行节约，严格控制一般支出，而且要把钱用在刀刃上——非做不可、不干不成的重要事项。所有这些，都将在一定程度上减弱积极财政政策操作所能产生的扩张性效力。

第三，在边际效应递减规律的作用下，扩张性操作的药效已经有所下降。这意味着，即便再操用类如2008年和2009年那样的超剂量、大规模的经济扩张措施，其所能产生的扩张作用也不会达到当年的程度。这同时意味着，为了实现有质量、有效益、可持续的经济增长，在不断转变经济发展方式、不断优化经济结构中实现经济的健康持续增长，我们必须兼顾稳增长、调结构、控物价和防风险等多重目标，在逆周期调节和推动结构调整之间走出一条彼此协调、互相照应的路子。

（原载《经济日报》2013年2月8日）

复杂多变经济形势背景下的宏观政策抉择

一 引言

在全面评估国内外经济社会形势的基础上，2012年的中央经济工作会议做出了继续实施积极的财政政策和稳健的货币政策的重大决策。从而，我国已经连续实施两年的“积极稳健配”宏观经济政策格局延续至第三个年头。

由此追溯，从2008年算起，围绕这一轮国际金融危机的爆发、蔓延和变化，我国的宏观经济政策格局大致经历了两种类型：“积极适度宽松配”和“积极稳健配”。前者指积极的财政政策和适度宽松的货币政策相搭配，系2008—2010年所实施。后者指积极的财政政策和稳健的货币政策相搭配，自2011年实施至今。

再上溯至1998年，面对亚洲金融危机的袭扰，当我们第一次启用积极财政政策的时候，与之相搭配的是所谓“适当”的货币政策，从而形成的是“积极适当配”。时隔3年之后，随着经济形势的好转，在2001年，适当的货币政策为稳健的货币政策所取代，又形成了积极的财政政策和稳健的货币政策相搭配的“积极稳健配”。再到后来，从2005年起，积极的财政政策为稳健的财政政策所取代，进而形成了稳健的财政政策和稳健的货币政策相搭配的所谓“双稳健配”，并由此延续至2008年。

迄今我国宏观经济政策格局所走出的这一基本轨迹，至少告诉我们如下几个基本事实：

（1）与经济学教科书上有关“扩张”、“紧缩”、“中性”等典型宏观经济政策的概念有所不同，在我国，无论所谓“积极”、“适当”，还是所谓

“稳健”、“适度宽松”，都是颇具文学色彩的表述，并未伴之以内涵与外延明确的政策含义界定（项怀诚，2002）。

（2）时至今日，即便人们已经习惯于在概念上将积极等同扩张、稳健等同中性、从紧等同紧缩，但是，在操作层面，我国的宏观经济政策仍有着很大的回旋余地。比如，名义上的“积极”，并不一定意味着其实际内容就是扩张的。以“积极”之名，有可能行的是“稳健”之实。同样，名义上取“稳健”字眼，也不一定意味着其实际内容就是中性的。以“稳健”之名，有可能行的是扩张或紧缩之实。

（3）宏观经济政策格局的形成固然同经济形势的变化相关，但是，即便在相同的宏观经济政策称谓或相同的宏观经济政策格局下，也可能蕴涵着不同的实际内容，甚至意味着显著的调整或变化。比如，从2011年的“实施”到2012年的“继续实施”，再到2013年的“继续实施”，并不意味着要将2011年的政策安排全盘复制到2012年、2013年。在“继续实施”的旗号下，无论在总量还是在结构层面，都有可能蕴涵着差异很大的内容。

上述种种，实际上，给我国宏观经济政策的认识和操作增添了困难。面对这种困难或解决问题的几乎唯一的出路，就是小心行事，仔细体味，脱出字面意义的局限而深入操作层面的实际内容，并且，在全面把握国情、世情变化的基础上，还原出一幅宏观经济政策布局的真实图景。

二　震荡中前行：2013年中国经济的大势所在

尽可能全面地把当前国内外经济形势的各种表现或因素一一收入视野，可以看到，尽管尚有一系列不确定因素存在，但沿袭2012年的轨迹，继续“在震荡中前行”可谓2013年我国经济的大势所在。

作出这一判断的基本依据是：

1. 全球经济正在经历一个十分痛苦且相对漫长的深度转型调整过程

人们曾用“百年不遇、前所未有”来形容这轮危机的特殊性。不过，在最初，这种特殊性更多地指向危机的波及范围和影响深度，当然也包括持续时间。换言之，尽管已经认识到这轮危机与以往的危机极为不同，但总体上还是将其视作周期性危机，所操用的还多半是应对周期性危机的疗术。其结果，我们已经看到，无论是欧美日等发达经济体，还是以金砖五国为代表的新兴经济体，自陷入这一轮危机以来，尽管都操用了超剂量、大规模的经济刺激措施，也尽管多曾有过宣布呈现复苏迹象甚至已经实现复苏的举动，但事实上，其经济并未如以往或所期望的那样顺利迈上周期性回升的轨道，而是大都经历了一个持续震荡的过程。时至今日，不仅发达经济体的经济持续低迷，债务危机此起彼伏，而且新兴经济体也相继进入了经济减速行列，进而呈现了全球经济低速增长的态势。

之所以如此，现在看来，其根本的原因就在于，这轮国际金融危机并非传统意义上的单纯的周期性危机，而是结构性和周期性因素相交织的危机，甚至更多的是由结构性因素所导致的危机。正因为它主要是由全球性经济结构调整所引致的危机，全球经济将不得不经历一个十分痛苦且相对漫长的深度转型调整过程，从而走出一条持续震荡的轨迹。

毋庸讳言，在这个深度转型调整的过程中，中国不可能置身局外。这不仅是因为，在经济全球化深刻变化和深入发展的条件下，全球经济已经深度交织在一起，你中有我，我中有你。只要全球经济不太平，包括中国在内的任何国家和地区都难以独善其身。而且也因为，甚至是更为重要的，中国经济本就是全球经济体系的一个部分，这个世界任何角落发生的事情，与全球各国、各个地区都有关系，任何国家和地区均不可能置身局外（李扬，2012）。这当然意味着，中国经济的前行之路充满变数。

2. 中国经济不仅面临着结构调整的重重压力，而且已经进入增速下滑轨道

其实，早在这轮危机爆发之前，中国经济结构不平衡、不协调、不可持续的矛盾便已暴露无遗并为人们所深刻认知。正是基于如此的背景，也早在这轮危机爆发之前，我们便已启动了一系列旨在调整经济结构的空前行动。只不过，这轮国际金融危机的到来打乱了这一进程，使得我们不得不暂时部分地放下调整经济结构的努力，转而去全力实施旨在保增长的操作。

然而，在持续了为期几年的以扩大政府投资换取经济增长的扩张性操作之后，其“粗放型”扩张对于中国经济结构的负面作用逐渐凸显。我们不无沮丧地发现，在当前的中国，较之于危机之前，久已存在于我国经济体中的结构性矛盾，非但没有减弱，反而变得更加突出。与此同时，伴随着我国步入工业化中后期的进程，人口红利减少、劳动力成本上升，向大力发展服务业的调整又不可避免地导致了社会劳动生产率增速以及经济整体增长速度的放缓，这一切，一方面使得经济结构失衡矛盾进一步演化为产能相对过剩矛盾，另一方面，经济下行压力与产能相对过剩矛盾交织在一起，也使得我国经济的发展面临着更加严峻的空前挑战。

认识到经济结构的调整必将伴随着经济的震荡，转变经济发展方式的努力也非短期可以奏效，我们不得不认可这样一个基本事实：中国经济不仅会由此进入一个增长速度的下滑期，而且可能由此而进入一个持续的震荡期。事实上，回首一下进入这一轮国际金融危机以来中国经济增速所走出的轨迹，就会看到，中国经济的减速和震荡已经发生。

3. 中国经济面临的震荡终归是复苏进程中的震荡，而非另一轮危机的到来

在复杂而多变的国内外经济形势背景下，中国经济固然要在持续震荡中前行，但是，应当指出的是，无论如何，它的基本态势仍然是前行。它所面临的震荡，终归是复苏进程中的震荡，而非另一轮危机的到来。这就意味着，中国经济既不会有所谓V形反弹——在触底之后，经济增速再度回到9%、10%以上的水平并得以持续，也不会呈现所谓W形或L形的运行轨迹——在触底之后，经济一个短暂回升过程后再度触底，或者长期在底部徘徊而未有回升迹象。在2013年以及未来的一个时期内，中国经济极可能在一个较之以往高速度（过去30余年平均增长速度为9.8%）偏低一些的增速（如7%—8%）平台上，进入所谓中速增长时代。

持这种分析，除了上述的若干方面原因之外，值得提及的，至少还有如下几个理由：

其一，从迄今这一轮国际金融危机的运行轨迹看，2008年末和2009年初无疑是全球经济最为困难的区间。将其作为参照系并审视当前处于震荡中的国内外经济态势，可以发现，无论在欧美日等发达经济体那里，还是在以“金砖五国”为代表的新兴经济体，尽管各项经济指标并不尽如人意，但经济增速大都未跌至2008年和2009年的地步。只要经济运行处于2008年末和2009年初水平之上的区间，它所经历的波动也好，震荡也罢，都属于复苏进程中的波动和震荡。

其二，在陷入全面而深刻的结构性矛盾的背景下，尽管欧美日等发达经济体的经济短期内难以走出持续震荡的局面，但从根本上说来，它绝非无药可医、无路可走。过去一年来围绕美国的财政悬崖和欧洲的主权债务危机而经历的一系列事件，便是很好的例证。

其三，更为重要的是，经过了为期几年的反国际金融危机操作，相对于危机爆发之初的那种心中不免无底，不免有些惊慌失措，甚至不免超剂量用药的短时格局，在今天，面对国际金融危机，我们毕竟已经得到了些历练，积累了些经验，也摸索出了一些应对这种特殊危机的办法和规律。故而，面对新的挑战和机遇，我们的宏观调控艺术更臻于成熟，宏观经济政策布局更趋于合理。

三 宏观经济政策：同时指向双重作用与多重目标

1. 与以往相比，2013年的扩张性操作有所不同

显而易见，在国际金融危机趋向长期化和中国经济震荡中前行的背景下，无论是“积极适度宽松配”，还是“积极稳健配”，宏观经济政策的总的倾向都是扩张的。有所区别的，只不过在于扩张的力度和结构。2013年的“积极稳健配”格局，当然在总体上属于扩张性的宏观调控操作。

注意到从2008年开始的这一轮扩张性操作，迄今已实施5年。在连续实施了5年的扩张性操作之后，相对于以往，2013年的扩张性操作至少有三点不同：

其一，在边际效应递减规律的作用下，扩张性操作的药效已经有所下降。即便再操用类如2008年和2009年那样的超剂量、大规模的经济扩张措施，其所能产生的扩张作用也不会达到当年的程度。

其二，如前所述，在扩张性经济政策自身规律的作用下，“粗放型”扩张对于结构调整的负面作用已经有所显现。较之于危机之前，我们今天面

临的结构调整压力更大、任务更重，也更加紧迫。

其三，随着全球经济的持续震荡和不平衡、不协调、不可持续的问题更加突出，越来越多的事实已经表明，真正意义上的复苏不可能在现有的经济结构基础上实现。要使经济走上健康持续发展的轨道，必须加大经济结构战略性调整力度，彻底转变经济发展方式。

这意味着，即便“世界经济低速增长态势仍将延续”，即便“经济增长下行和产能相对过剩矛盾有所加剧”，即便宏观经济政策的基本面仍需维持扩张的总体倾向，我们也不能简单操用类如2008年和2009年那样的超剂量、大规模经济扩张措施，更不能以牺牲调结构为代价来换取经济增长目标的实现。这同时意味着，为了实现有质量、有效益、可持续的经济增长，在不断转变经济发展方式、不断优化经济结构中实现增长，我们必须兼顾稳增长、调结构、控物价和防风险等多重目标，在逆周期调节和推动结构调整之间走出一条彼此协调、互相照应的路子。

2. 兼容逆周期调节与推动结构调整双重作用

传统经济学意义上的宏观经济政策，历来是作为反经济周期的工具来发挥作用的。所谓“逆风行事”——经济衰退时期实施扩张性操作，通货膨胀时期实施紧缩性操作，便是对其所具有的宏观调控作用的恰当概括。在我国的实践中，起码自1998年亚洲金融危机以来，无论是“积极适当配”和“积极稳健配”，还是“积极适当宽松配”或“双稳健配”，可以说，不同时期的宏观经济政策都是立足于其逆周期调节的作用而布局的。

然而，与以往单纯致力于发挥逆周期调节的作用有所不同，2013年的宏观经济政策，同时指向于发挥逆周期调节和推动结构调整两个方面的作用。换言之，2013年的宏观经济政策，必须兼具逆周期调节和推动结构调整两个方面的效能。这自然是有深刻的原因和考虑的。

这一轮的国际金融危机，系周期性因素和结构性因素相交织的产物且主要由经济结构失衡所引致。不调整经济结构，全球经济也好，中国经济也罢，都将难以呈现真正意义上的复苏，从而回归健康持续的正常发展轨道。此其一。

当下的中国经济，正陷于“经济增长下行压力和产能相对过剩”矛盾相交织的怪圈之中。针对其中任何一个矛盾方面的宏观调控操作，若不能同时施效于另一个矛盾方面，则最终于这一对矛盾的缓解无效。只有双管齐下，兼容逆周期调节和推动结构调整两种效力，方可能让宏观经济政策的布局对接中国经济的现实。此其二。

在反危机的过程中避免伤及经济结构，或者说，不以伤及经济结构为代价换取反危机目标的实现，在当前，留给我们的几乎唯一的选择，就是从产业结构的调整入手，通过化解产能过剩矛盾、缓解经济下行压力，最终实现以结构调整推进经济增长或经济增长与结构调整彼此兼容。此其三。

3. 兼顾稳增长、调结构、控物价和防风险多重目标

在这一轮反危机的操作中，最初的宏观经济政策目标是锁定于保增长的。当把保增长作为压倒一切的任务时，我们自然可以集中力量打歼灭战，全力加以追求。后来，随着经济形势的缓解和变化，保增长为稳增长所替代，同时，宏观政策目标也逐渐多了起来——在稳增长之后，先是因流动性过剩驱使物价上涨而添加了控物价，后来又随经济结构问题日益突出而添加了调结构，以至形成了所谓系列性目标。2013年，随着前几年反危机操作中举借的各种债务陆续进入清偿期，财政金融领域存在的风险隐患逐渐凸显，守住不发生系统性、区域性金融风险的底线，便成为加强和改善宏观调控的一项重要任务。于是，在稳增长、控物价、调结构的基础上，防风险又被添加到宏观经济政策系列性目标的行列中。

当目标不再是一个，而是三个、四个甚至多个时，我们便不得不分散兵力——宏观调控资源——了。着眼于同时攻取多个阵地、同时实现多重目标，自然要成为宏观调控操作的重要立足点。这实际上告诉我们，作为兵力分散的重要结果，2013年的宏观调控操作，应当也只能在稳增长、调结构、控物价和防风险之间百般周旋、左右逢源。这也意味着，即便稳增长的需要已经变得十分紧迫，即便要把稳增长放在更加重要的位置，我们也不能像过去曾经做到的那样，全力追求或把主要的精力投向于稳增长，而必须兼顾多重目标的实现或平衡。打个可能不十分恰当的比方，这就好似一个被具有不同价值取向的诸多位大人管束的孩子，谁的话都得听，谁都得罪不起。其结果，一方面是宏观调控的政策空间被大大压缩，另一方

面，则是宏观调控的目标排序或作力重点难免摇摆不定——哪一方面的压力（形势严峻程度）来得大，宏观调控的资源配置便向那一方面倾斜。

“双重作用”非“单一作用”，“多重目标”非“单一目标”，并且，受困于“双重作用”、“多重目标”的牵制，从而不得不在双重作用、多重目标之间徘徊，可能是对当下我国宏观经济政策抉择状况的恰当概括。

四 “积极稳健配”：财政政策担当“主攻手”

在“积极稳健配”的宏观经济政策格局中，尽管总体上属于扩张性操作，积极财政政策和稳健货币政策扮演的角色和肩负的任务当然有所不同：鉴于当前主要欧美日等发达经济体正在陆续推出新一轮量化宽松政策，由此必将带动全球主要货币大量放水，潜在通胀和资产泡沫的压力再度全面加大，其溢出效应必将影响我国；鉴于我国的财政金融领域存在的风险隐患正在蓄积和凸显，随政府换届可能出现新一轮的地方融资平台冲动；也鉴于以往流动性过剩带来的通胀压力始终未能缓解，包括外部输入和内部新增在内的新一轮通胀压力正在生成。凡此种种，都将极大地牵制或压缩货币政策的作为空间，使其不得不将其主要精力投入控物价和防风险。从而，稳增长和调结构的重任将主要落在财政政策身上。这意味着，2013年的扩张性操作，积极财政政策要作为主力部队而担负起“主攻手”的角色。

常识告诉我们，作为一种扩张性的宏观调控操作，无论在何种背景下，也无论从哪个角度看，积极财政政策的实际内容都将落实于增加赤字、减少税收和扩大支出三个线索。换言之，实施财政扩张，总是要从增加赤字、减少税收和扩大支出入手。2013年的积极财政政策，自然也不例外。

1. 增加赤字

增加赤字之所以必要，其基本的道理在于，赤字固然是实施财政扩张性操作的必要条件，但并非有赤字就一定会有扩张效应的产生。从根本上说，财政是否具有扩张效应以及财政扩张的力度究竟有多大，直接决定于财政赤字的规模及其边际效应。财政赤字的规模大，其所产生的扩张性效应才会大。今年的财政赤字比去年多，才可能使今年的财政政策实际效应趋向于扩张；今年的财政赤字与去年一般多，意味着今年的财政政策实际效应趋向于中性；今年的财政赤字比去年少，则意味着今年的财政政策实际效应趋向于紧缩。

为了实施财政扩张，2013年的财政赤字自然要在2012年的基础上有所增加。将通过举借国债和动用中央预算稳定调节基金弥补的财政赤字（分别为8000亿元和2700亿元）合并计算，2012年财政预算赤字的总量为10700亿元。考虑到：（1）2013年的经济低速走势更趋明显，受此影响，财政收入增速可能进一步下滑。（2）实施财政扩张以及其他方面的支出需要进一步增加，财政收支矛盾有可能更加凸显。（3）较之以往，中央预算稳定调节基金的存量为数不多，2012年的财政超收也相对减少，弥补赤字只能更多地依赖于举债。故而，可以预期，2013年，通过举债弥补的财政赤字增加额，当以数千亿元计。以此为基础，加上动用中央预算稳定调节基金弥补的赤字，整个财政预算赤字水平，将可能突破12000亿元大关，甚至摸高13000亿元。

2. 减少税收

在既定财政预算赤字的约束下，可以有减少税收和扩大支出两种操作。一笔特定数额的财政赤字，既可以支撑减税，也可以支撑扩支，亦可以同时支撑减税和扩支。这取决于积极财政政策扩张力度的把握。常识也告诉我们，鉴于税收和支出的乘数差异，一般而言，扩大支出较之减少税收具有更大、更直接的扩张性效应。减少税收较之扩大支出，则带来的扩张性效应相对较小、相对间接。考虑到兼容双重作用、兼顾多重目标的当下宏观经济政策格局并权衡各方面利弊得失，可以认为，2013年的积极财政政策，应当也必须以实施结构性减税为重心。

之所以以结构性减税而非以扩大政府支出为重心，其基本的道理就在于，以减税作为扩张性操作的主要载体，主要通过民间可支配收入的增加而非政府直接投资的增加实施经济扩张，一方面可有助于实现逆周期调节的稳增长目标，另一方面，也是更重要的，将更多的投资决策权交给市场，更大程度、更广范围发挥市场在资源配置中的基础性作用，有助于避免政府直接投资的“粗放型”陷阱，从而更好地发挥积极财政政策对于推动结构调整的作用。正是出于这种考虑，事实上，在2012年，特别是从2012年下半年起，结构性减税已经演化为积极财政政策的主要载体。进入2013年，这种格局不仅不会、也不应有大的改变，而且，在双重作用、多重目标的牵制下，结构性减税对于实施财政扩张的作用将愈加凸显，甚至可能成为关系此轮宏观调控操作成败的主要因素。

这就意味着，2013年的财政预算赤字，至少应有一半以上、甚至更多的份额用于支撑结构性减税的推进。

3. 扩大支出

至于扩大政府支出，对于实施财政扩张无疑也是必要的。在以往的宏观经济政策格局中，扩大政府支出的操作曾作为主要载体而立下汗马功劳。也正是凭借着以扩大政府支出为主要载体的操作，我们才得以在国际金融危机肆虐、蔓延的情势下率先走上回升向好轨道。但是，鉴于宏观经济形势已经发生重要变化，鉴于宏观经济政策格局已经做出重大调整，特别是兼顾逆周期调节和推进结构调整的需要已经日趋凸显，2013年的扩大政府支出操作将不能不有所节制。各级政府不仅要厉行节约，严格控制一般支出，把钱用在刀刃上——非做不可、不干不成的重要事项。而且，即便是必须增加的公共投资支出，也要在增加并引导好民间投资的同时，着眼于打基础、利长远、惠民生，又不会造成重复建设的基础设施领域。这就意味着，在2013年的财政预算赤字中，用于支撑扩大政府支出的部分应少于往年，起码要少于用于支撑结构性减税的数额。

五　“营改增”：宏观调控操作的主战场

作为积极财政政策的主要载体，有关结构性减税的推进路线和具体安排，在2013年的宏观经济政策格局中，肯定是最为亮丽的一道风景线。这不仅是因为，当下的宏观调控，必须兼容双重作用、兼顾多重目标，结构性减税恰是在如此的“拔河”比赛中能够兼容各方面因素的适当选择，而且因为，在当下的宏观经济政策抉择中，结构性减税也是最能赢得国人共识的一个宏观调控举措。在某种意义上说，结构性减税已经成为当前中国宏观调控操作的主战场。

推进结构性减税，固然可有多种选择。比如，存在于现行税制体系中的18种税，似都可以作为减税的对象，统统砍上一刀。但是，将现行税制体系格局与“十二五”税制改革规划相对接，或者，即便仅仅出于均衡税收收入体系的考虑，减间接税而非直接税，减收入所占份额较大的主要间接税而非所占份额微不足道的零星间接税，无疑是推进结构性减税的重点。正因为如此，与以往的情形有所不同，2013年的中央经济工作会议在论及结构性减税问题时，使用了“结合税制改革完善结构性减税政策”的表述。

进一步说，在现行税制体系中，收入所占份额较大、可称为主要间接税的，分别是增值税、营业税和消费税。2012年，这三个税种的所占份额分别为 39.8%、15.6%和9.0%。将这三种税放置于税制改革的棋盘上并同税制改革的既有进程相对接，便会发现，只有增值税，才最适宜作为结构性减税的主要对象。其中的道理不难解释。

其一，根据“十二五”税制改革规划，营业税的前途已经锁定为改征增值税，营业税终归要被增值税“吃掉”的趋势已经不可逆转。至迟到“十二五”结束，它就要纳入增值税体系之中。

其二，消费税的基本征税对象是奢侈品和与能源、资源消耗有关的商品。对于消费税的任何减少，都要牵涉国家的收入分配政策和节能减排政策安排，历来难以达成共识，不能不格外谨慎。

其三，在现行税收体系中，增值税块头儿最大，系当前中国的第一大税种。它的任何变动，哪怕是轻微的变动，都会极大地影响到税收收入全局，牵涉它的减税效应可能是最大化的。

故而，相比之下，减少增值税，或者说，以减少增值税为主，显然是实施结构性减税的几乎唯一的正确选择。

令人不无欣慰的是，目前正在上海等地试行的“营改增”方案，本身就是一项涉及规模最大、影响范围最广的结构性减税举措，为实施增值税税负的削减搭建了一个很好的平台：

（1）随着营业税改征增值税，因营业税无抵扣而导致的重复征税现象，将会通过相关行业纳入增值税覆盖范围而趋于减少。从而使相关行业原承担的税负水平将由此得以减轻。

（2）随着营业税改征增值税，因增值税转型改革而带来的两税税负失衡矛盾——随增值税税负的下降而使营业税税负相对上升，将会通过相关行业纳入增值税覆盖范围而趋于缓解。从而使相关行业原承担的税负水平将由此得以减轻。

（3）随着营业税改征增值税并新增两档较低税率，因普遍适用17%和13%两档较高税率而呈现的以往增值税整体税负偏高格局，将会通过相关行业适用11%和6%两档较低税率，而使增值税的平均税率水平以及整体税负水平趋于下降。

事实上，上海一年来的"营改增"试点情况已经表明，它所带来的实际减税效应远远超过预期水平。鉴于"营改增"的试点范围已经扩大至北京、江苏、安徽、福建、广东、天津、浙江、湖北等多个省市，更鉴于"营改增"的试点范围不仅最终要推广至全国所有地区，而且要覆盖所有服务业领域，即便做最保守的估算，它所带来的减税规模起码可以数千亿元计算。

在2013年，锁定结构性减税这一主要载体并以增值税作为主要减税对象，其操作的基本路径可有如下选择：

选择之一：进一步加快推进扩大"营改增"试点范围进程。"营改增"试点的地区范围越大，涉及的产业领域越多，结构性减税的规模效应也就越大。瞄准"营改增"试点地区范围和产业领域的扩大目标并采取切实有效的行动加以推进，显然有助于实现落实结构性减税之效。

选择之二：在"扩围"的同时，相应调低增值税标准税率。将原本基于制造业的运行特点而设计的增值税税制覆盖至服务业，一方面不能不考虑服务业的运行特点并作适应性调整，另一方面，也不能不将包括制造业和服务业在内的两个产业相对接，在两者融为一体的条件下重启制度安排。兼容两个产业的需要并着眼于长远，在"扩围"的同时，还须酌情着手"降率"——从整体上降低增值税的现有标准税率，使其平均税负水平有更实质性下降。

参考文献

项怀诚:《积极财政政策是政治智慧》,《华夏日报》2002年8月17日。

李扬:《转型发展的关键是提高效率》,载《2013年：中国经济形势分析与预测》,社会科学文献出版社2012年版。

高培勇:《推进结构性减税：规模界定、目标选择和具体路径》,《光明日报》2012年8月13日。

新华社:《中央经济工作会议12月15日至16日在北京举行》,《人民日报》2012年12月16日。

（原载《财贸经济》2013年第2期）

以“常态”思维认识当前的财政经济形势

随着中国经济步入新的发展阶段，我国的财政收入增速呈现了下滑态势。对此，社会各界极为关注。在某种意义上，它系当前我国围绕经济形势变化而伴生的一个热点问题。议论多，反响大，至少说明，它在人们眼中是有陌生之感的。不少年轻人可能从未经历过，颇多年长者可能已经久违了。对于这一既相对陌生又极为现实的客观经济现象，很需要我们以新的理念和新的视界迅速理解、深入研究。

一　财政收入形势的判断与所操用的参照系直接相关

对于财政收入形势，人们给出的判断往往与其所操用的参照系（标准）直接相关。参照系不同，结论往往有所不同，有时甚至可能出现完全不同的结果。

比如，以今年1—8月累计情况计，全国财政收入89027亿元。对于这一数字的分析，在我国，常常是以“以往”中国财政收入的增长轨迹作为参照系的。但是，“以往”毕竟可长可短，总要有个区间范围。区间选择的不同，会导致分析结论的差异。

将“以往”界定为去年同期，便会发现，今年全国财政收入增速为8.1%。同2012年1—8月全国财政收入增速10.8%相比，增幅回落了2.7个百分点。

将“以往”拓展至前10年，便会发现，同2003—2012年全国财政收入年均增速22.39%相比，今年的全国财政收入增幅回落为14.29个百分点。

将“以往”再往前拓展至前19年，又会发现，同1994—2012年全国财政收入年均增速20.2%相比，今年的全国财政收入增幅回落为12.1个百分点。

将“以往”进一步拓展至前34年，那么，同1979—2012年全国财政收入年均增速15.2%相比，今年的全国财政收入增幅回落便为7.1个百分点。

倘若将“以往”界定为改革开放以后至1994年以前的15年，即1979—1993年，那么，同1979—1993年全国财政收入年均增速8.94%相比，今年的全国财政收入增幅回落仅为0.84个百分点。

可以看到，在我国财政收入增长的历史轨迹上，伴随着“以往”界定区间即参照系的转换，围绕今年以来财政收入增幅回落状况的判断，变化颇大。以财政收入“超高速增长”的10年（2003—2012年）作为参照系，自然会得出当前财政收入增幅回落过大、形势极为严峻的结论；以财政收入“高速增长”的19年（1994—2012年）作为参照系，当前财政收入增幅的回落便相对小一些了，不那么严峻了；以包括财政收入低速增长和高速增长在内的改革开放以来34年（1979—2012年）作为参照系，当前财政收入增速的回落幅度便以个位数计算了，甚至成为可以接受的现象了。再进一步，若以改革开放初期财政收入增幅持续下滑的15年（1979—1993年）作为参照系，当前财政收入增速的回落幅度便变得极其微小，甚至谈不上什么回落，几乎可以忽略不计。

这实际上启示我们，对于当前我国财政收入形势的判断，不必也不宜忧心忡忡，反而应当且可以取相对从容和乐观的态度。

二　当前财政收入增速的下滑也是一种符合规律的经济现象

将财政收入增速的下滑置于历史发展的长河中特别是放在国际金融危机的特殊背景下加以审视，如下几个方面的事实，不能不收入视野：

经济决定财政，这是一个早已为人们熟知的基本规律。经过30多年的改革开放，中国经济已经步入新的发展阶段。人口红利减少、劳动力成本上升，向大力发展服务业的调整又不可避免地导致社会劳动生产率增速以及经济整体增长速度的放缓。换言之，随着中国经济由高速增长转为中速增长并进入个位数增长阶段，财政收入的增速自然会相应减低。此其一。

当前正在经历的这一轮国际金融危机，并非传统意义上的单纯的周期性危机，而是结构性和周期性因素相交织的危机，甚至更多的是由结构性因素所导致的危机。鉴于它主要是由全球性经济结构调整所引致，也鉴于中国经济已经与全球经济深度交织在一起，中国自身经济结构的调整任务亦十分繁重，我们将不得不经历一个十分痛苦且相对漫长的深度转型调整过程。在这一过程中，随着经济的持续震荡和增速放缓，财政收入也会由此进入一个持续的震荡期和增长速度的下滑期。此其二。

持续多年的中国财政收入高速甚至超高速增长现象，是从1994年开始的。在此之前，我们也曾经历过持续多年的财政收入增速下降。一减一增、先减后增，30多年间所走出的这一财政收入“V”状运行轨迹告诉我们，1994年之后的财政收入持续高速增长，在很大程度上，是对以往财政收入增速持续下降的矫正，具有相当的补偿性质。既然是补偿，那么，这种补偿便不会是无止境的。在补偿到达某一节点之后，它必然要回归正常轨道。此其三。

1994年之后的财政收入持续高速增长，是在1994年财税改革之后出现的。在很大程度上，它可以归结为1994年财税改革的产物，具有相当的改革红利性质。既然是改革红利，那么，这种红利效应的释放便不会是持续放大的。受收益递减规律的影响，在红利效应释放一段时间之后，它肯定要步入递减状态。这即是说，财政收入的持续高速增长，特别是高于甚至远高于经济增速的财政收入增长，系某一发展阶段的特殊现象。只有与经济增速相适应的财政收入增长，才是生活中的常态。此其四。

当前中国财政收入的主体是税收收入。在现行的税制体系下，70%以上的税收收入来自增值税、营业税和消费税等间接税。这样一种“向间接税一边倒”的税收收入格局意味着，我国税收收入的绝大部分要作为价格的构成要素之一，附着于价格之中。它既与商品和服务的价格绑在一起，它既随价格的涨跌而升降，随价格的轻微变化而剧烈动荡，那么，当经济高速增长时，税收收入的增速便可能高于经济增速。当经济增速放缓或低于以往增速时，税收收入的增速便可能低于经济增速。故而，只要我国的现行税制体系以及由此决定的我国现实税收收入格局不改变，中国经济增速的下滑带来税收收入和财政收入增速的更大幅度的下滑，当属意料之中的事情。此其五。

注意到当前财政收入增速的下滑并非仅仅是我们被迫接受的现实，而且是经济发展规律的作用使然，在某种意义上，它系处于深度转型调整期的中国经济在财政收入线索上的一个必然反映，我们更应以寻常心坦然加以面对。

三　放眼宏观，当前的财政形势几乎谈不上什么严峻

上述的分析，都是基于公共财政收入的数据、在一般预算口径的基础上作出的。更为复杂的问题在于，在当前的中国，公共财政收入或称一般预算收入并不等于全部政府收入。除了公共财政收入之外，中国政府还有如下几个方面的收入：政府性基金预算收入、社会保险预算收入和国有资本经营预算收入。

以2013年的预算数字计算，在包括上述所有四类预算收支的盘子中，公共财政预算收入所占的比重，仅为65%上下。其余的三类预算收入所占比重数字加总，高居35%左右。这意味着，对于财政收入增速下滑影响的分析，绝不能停留于公共财政预算收入口径，而应伸展至包括四类收入在内的所谓“全口径”政府收入层面作宏观分析。

一旦将聚焦点伸展至政府性基金预算收入、社会保险预算收入和国有资本经营预算收入，则可以见证与公共财政预算收入迥然相异的另一番景象。

不妨以目前能够获得数据支撑的政府性基金预算收入和社会保险预算收入为例说明。按照财政部公布的数据，今年1—6月份，全国政府性基金收入21061亿元，比去年同期增加5870亿元，增长38.6%。全国社会保险基金收入15276亿元，比去年同期增长15.6%。上述两类政府收入，较之于同期公共财政收入的增幅（10.8%），分别高出27.8个和4.8个百分点。“全口径”政府收入视野下的一减一增、此减彼增这一具有体制转轨时期特点的特殊现象告诉我们，单纯就公共财政收入的变化作一般预算收支口径上的考察，可能会作出财政形势因此变得严峻起来的判断。但如果对包括四类收入在内的所谓“全口径”政府收入作通盘考虑、统筹安排，或者“堤内损失堤外补”，算大账后的结果，当前中国的财政形势几乎谈不上什么严峻。

换一个角度，脱出自我纵向比较的局限而放眼全球作国际间的横向比

较，还可以进一步加深我们的认识。

以2012年具有代表性意义的国家和地区的数字为例，其财政收入的增速分别为：OECD国家如澳大利亚8.54%，奥地利4.27%，加拿大3.54%，法国5.85%，德国5.59%，日本2.1%，英国0.54%，美国5.21%，比利时4.52%，丹麦-1.29%，芬兰1.55%，希腊-5.6%，荷兰1.71%，冰岛8.05%，爱尔兰1.44%，挪威6.57%，葡萄牙-12.54%，西班牙0.6%，瑞典2.1%，瑞士-0.4%，意大利2.47%。新兴市场经济体和我国周边国家（地区）如印度0.04%，俄罗斯0.03%，新加坡-2.16%，中国台湾2.65%。

无论是以属于发达经济体的OECD国家财政收入增速作为参照系，还是以属于新兴市场经济体的国家财政收入增速作为参照系，抑或以我国周边国家和地区的财政收入增速作为参照系，当前我国财政收入的增速都高出甚至远远高出国际的一般水平。

这又进一步启示我们，将8.1%的当前财政收入增幅放在当今世界的棋盘上，完全可以视作一个正常状态下的好指标。

四　“过紧日子”即是“过正常日子”

关于当前中国财政收入增速下滑问题的讨论进行到这里，可以立刻得出的基本结论是：在经历了长达近20年的财政收入高速甚至超高速增长之后，伴随着我国经济增速进入换挡期，财政收入的增速也要换挡。这即是说，在我国经济进入新的发展阶段的宏观背景之下，我国的财政收入已经走出特殊的发展时期而回归正常轨道。从这个意义上讲，财政收入增长速度掉一些具有必然性。当前所说的财政要“过紧日子”，即是从此要“过正常日子”。

认识到我国财政收入增速已经回落到一个新的平台上，并且，这一态势已经不可逆转，我们只能也必须操用“常态”视界——静观其变、平心静气、小心翼翼，以从此“过正常日子”的理念和视界承受住财政收入增速换挡的压力，妥善做好下一步的财政收支安排以及相关财政政策布局。这至少包括如下几个方面：

第一，鉴于我国宏观经济形势已经发生重要变化，更鉴于政府支出规模过大不利于经济结构调整和经济持续健康发展的事实，稳定既有政府支出规模及其占GDP比重，并使其不再进一步扩大或提升，无疑是必要的。这意味着，各级政府不仅要厉行节约，严格控制一般支出，把钱用在刀刃上——非做不可、不干不成的重要事项。而且，即便是必须增加的公共投资支出，也要在增加并引导好民间投资的同时，着眼于打基础、利长远、惠民生又不会造成重复建设的基础设施领域。

第二，鉴于经济结构优化既是当前中国经济发展的重要课题，又是今后中国经济发展的重要潜力所在，更鉴于化解产能过剩、解决经济结构调整问题的根本出路在于彻底转变政府职能，在稳定既有政府支出规模及其占GDP比重的同时，进一步调整和优化政府支出结构，也无疑是必要的。这意味着，我们必须摒弃以扩大政府投资和建设支出换取经济增长的传统思维定式，并适时作出向民生领域支出倾斜的政策抉择。

第三，鉴于我国当前财政收支面临的压力与现行政府预算管理格局的不规范密切相连，更鉴于“公开透明规范完整”已经成为政府预算制度改革的重要目标，通过全面深化财税体制改革，全面规范政府的收支行为及其机制，更无疑是必要的。这意味着，下一步的财税体制改革必须正视并突破主要来自政府内部的既得利益格局的阻碍，真正下决心把实行“全口径”政府预算管理落实到位。以财税体制改革所创造并释放的巨大红利，减轻和化解当前的财政收支压力。

第四，鉴于我国宏观经济政策运行框架已经作出重要调整，更鉴于当前我国宏观经济政策的重要着力点在于“稳”，保持政策的连续性和稳定性，并以此稳定市场预期、向社会释放推进经济结构调整的坚定信号，当然更是必需的。这意味着，面对经济增速和财政收入增速的“双换挡”，我们必须沉住气，坚持实施积极的财政政策和稳健的货币政策。只要宏观经济运行处于合理区间和主动调控范围之内，就不因财政收支的压力和财政形势的变化而对宏观经济政策作大的调整。以财政政策和货币政策格局的稳定，让市场学会自我调节，为市场的自我调节留足必要空间，进而营造公平竞争的市场环境，奠定使市场在资源配置中起决定性作用的坚实基础。

（原载《人民日报》2013年10月24日）